Die Backbibel

Die Backbibel

Vom Bauernbrot bis zur Schokotarte

Paul Allam & David McGuinness

Inhalt

Die Geburtsstunde einer Bäckerei	8
Über dieses Buch	10
Bevor Sie beginnen	13
Zutaten	15
Arbeitsgeräte	20
Brot	25
Grundlagen und Techniken	27
Starterkulturen	41
Sauerteig	49
Spezialbrote	63
Hefebrote	96
Olivenölbrote	120
Klein- und Feingebäck	145
Grundlagen und Techniken	146
Croissants und Plundergebäck	166
Pasteten und gefüllte Teigtaschen	192
Tartes, Quiches und Co.	247
Noch mehr Süßes	297
Kuchen, Kekse & Muffins	298
Desserts	343
Register	357

Die Geburtsstunde einer Bäckerei

Die Geschichte der Bourke Street Bakery begann in einem klapprigen, alten Auto. Wenn zwei Freunde über ihre Träume und Ziele reden, kommen schon ein paar Kilometer zusammen. Sechs Monate lang fuhren David und ich kreuz und quer durch Sydney auf der Suche nach der perfekten Lage. Irgendwann, zwischen endlosen Stunden auf der Straße, unterbrochen von einem gelegentlichen Imbiss, begannen wir Rezepte zu testen. Wir stellten fest, unsere Ideen und Vorstellungen waren ziemlich ähnlich.

Unsere Bäckerei sollte rustikal, heimelig und zeitlos sein. Die Leute sollten sich bei uns wohlfühlen und wir wollten Backwaren anbieten, die sie jederzeit gern kauften. Vor allem aber sollte es eine Bäckerei für die gesamte Gemeinde sein. Dabei lag uns die Qualität der Produkte mehr am Herzen als ein durchgestyltes Ambiente. Wir beide waren Köche, die sich bereits im Brotbacken und in der Konditorei versucht hatten. David hatte mehr Erfahrung mit Kuchen und Gebäck, ich wusste besser mit Brot Bescheid, so war die Verteilung der Aufgaben klar.

Nach einigen Fehlstarts fanden wir schließlich den Laden in der Bourke Street 633 in Surry Hills, Sydney. Die Bourke Street Bakery verströmt unglaublichen Charme und Atmosphäre und ihre Lage nahe einer Methadonklinik und dem Hochhaus der Housing Commission inmitten von Restaurants, Künstlerateliers und mondänen Straßen trägt auf ihre Weise dazu bei. Es war der perfekte Standort und den Vorbesitzern Crissy und J. C. sei Dank, dass sie uns die Räumlichkeiten verkauften und wir endlich unseren Traum wahrmachen konnten.

Das Erste, was wir verkauften, war eine Rosinenschnecke und eine Plundertasche. Es war kurz nach sieben am Dienstag, dem 5. Juli 2004, von Müdigkeit keine Spur, aber das würde schon noch kommen. Wir spürten nur die Aufregung, die Angst vor dem Ungewissen und den Erfolgsdruck, der sich zwangsläufig einstellt, wenn man ein Geschäft aufbaut. Es sollte der einzige Tag der ersten sechs Monate bleiben, an den wir uns erinnern konnten. Danach verlief alles wie im Rausch.

David und ich rackerten rund um die Uhr, von vier Uhr morgens bis neun am Abend, jeden Tag. Die wenigen Stunden, die wir mit unseren Partnerinnen verbrachten, hatten wir ständig Kämpfe auszufechten. Starrköpfe, die wir waren, schien es uns nichts auszumachen. Jeden Tag ging es ein bisschen aufwärts, doch gerieten wir bald in einen Teufelskreis. Wir waren zum Erfolg verdammt, doch je mehr wir verkauften, desto mehr mussten wir produzieren und wir waren zu ängstlich, um es anderen zu überlassen. Außerdem trauten wir dem Frieden nicht. Nicht fähig oder willens, mehr Personal einzustellen und Löhne zu zahlen, schufteten wir weiter wie Besessene, gefangen in einer Art Sozialexperiment, ob es zwei Männer täglich 17 Stunden in einer Bäckerei miteinander aushalten.

Es waren harte Zeiten zu überstehen, doch schon ein Jahr später wurde der Platz knapp und David musste die Gebäckproduktion auslagern. So entstand die Bourke Street Bakery auf dem Broadway. Ungefähr ein Jahr lang karrten wir in aller Herrgottsfrühe Brote und Gebäck hin und her. Beide Läden brummten und so schauten wir uns erneut nach einer größeren Lokalität um, um beide Produkte dauerhaft wieder zusammenzubringen. In Alexandria wurden wir fündig und zwei Jahre kamen Brot und Gebäck wieder aus derselben Backstube. Dann, wie konnte es anders sein, begann abermals das Gezanke um Anschlagkessel, Waagen und Arbeitsflächen. Der Stauraum im Kühlhaus war heiß umkämpft und bevor alles im Chaos enden würde, siedelten wir die Konditorei erneut um. Im Sommer 2008 zog sie nach Marrickville und die gewonnenen Kapazitäten ermöglichten es uns, den Ausstoß noch einmal zu erhöhen.

Die Entwicklung der Bourke Street Bakery vollzog sich ganz und gar organisch. An jenem ersten Tag hatten wir keinerlei Plan. Wir nahmen uns Zeit und was wir machten, machten wir richtig. Zu keiner Zeit bemühten wir Marketing- oder PR-Leute. Wir waren der Überzeugung, dass wir jeden einzelnen Kunden, der den Laden betritt, selbst zu einer Art wandelnder PR-Maschine machen mussten. Und das geht nur, wenn das Produkt verdammt gut ist. So einfach ist das.

Wenn wir diejenigen nennen sollen, die uns in den ersten Tagen, Wochen und Monaten geholfen haben, so gebührt naturgemäß der Familie und den Freunden der größte Dank. Der Erfolg der Bourke Street Bakery und dieses Buch als krönende Sammlung ihrer wunderbaren Rezepte wären nicht möglich gewesen ohne unsere befreundeten Köche, die immer wieder einsprangen, Daves Bruder, der die Tischlerarbeiten übernahm, meine Schwester, die unsere berüchtigte braune Fassade aussuchte, unsere Ehefrauen, die bedienten, wuschen und uns anlächelten wie zwei hoffnungslose Fälle, unseren guten Freund Dan, der uns mit Rat und Kaffee gleichermaßen versorgte, meine Schwiegereltern, die uns an so manchem Tag allein die Hälfte des Umsatzes eintrugen, und meine Eltern, die die Regale und Kissen für den Laden beisteuerten und auch sonst immer für uns da waren.

Doch der größte Dank gebührt unseren Kunden für ihre treue Unterstützung.

Danke

Über dieses Buch

Backen ist eine Mischung aus Wissenschaft, uraltem Handwerk und bäuerlicher Romantik. Doch ist es nicht die Romantik, die Ihnen gleichbleibend gute Backresultate garantiert, es ist die Wissenschaft. Nicht, dass die ursprüngliche Verbundenheit mit der Natur auf der Strecke geblieben wäre. In der Bourke Street Bakery verarbeiten wir Biomehl, das wir direkt von einer Steinmühle beziehen, und abgesehen von unserem elektrischen Etagenofen und dem Teigmischer entspricht der Betriebsablauf fast dem einer Bäckerei aus dem 16. Jahrhundert.

Mit Zutaten von guter Qualität und ein bisschen Technik erledigt sich das Backen fast wie von selbst. Eine gute Waage und eine leistungsfähige Küchenmaschine sind dafür unerlässlich. Wir haben die Rezepte wieder und wieder getestet, doch hängt der Erfolg natürlich auch vom Arbeitsgerät und der Erfahrung jedes einzelnen Bäckers ab – nicht alle Küchenmaschinen arbeiten gleich und selbst in kommerziellen Bäckereien gibt es beträchtliche Unterschiede im Raumklima, und das gilt erst recht für Privatküchen. Auch können die Heizeigenschaften der Öfen erheblich voneinander abweichen.

Wenn Ihre ersten Versuche nicht exakt so gelingen wie auf den Bildern, verlieren Sie nicht den Mut. Versuchen Sie herauszufinden, woran es lag, und Sie werden das Problem in den Griff bekommen. Wenn Sie glauben, die Ursache erkannt zu haben, korrigieren Sie nur diesen Teil. Ändern Sie nicht zu viele Dinge auf einmal, damit Ihnen die Zusammenhänge zwischen Ursache und Wirkung klarer werden, nur so können Sie aus Ihren Fehlern lernen. Das mag zu Anfang etwas Zeit in Anspruch nehmen, ist aber ein nötiger Schritt auf dem Weg zum versierten Bäcker – der Erfolg wird sich einstellen und rechtfertigt die Mühe.

Bevor Sie beginnen

Für jeden Bäcker, und erst recht für den Hobbybäcker, ist es ungemein befriedigend, etwas mit den Händen herzustellen. Und es dann mit anderen zu teilen, ist noch mal so schön. Zu Hause für die Familie oder auch nur für sich selbst Brot oder Kuchen zu backen, kommt immer gut an, und egal wie das Ergebnis ausfällt, es ist allemal viel frischer als das Backwerk aus dem Supermarkt.

Wie in jedem Handwerk ist der richtige Umgang mit den Arbeitsutensilien genauso wichtig wie die Methode selbst – da macht das Backen keine Ausnahme. Mögen das Werkzeug Ihre blanken Hände sein und die Zutaten nichts weiter als Mehl, Wasser, Hefe und Butter, doch sollte man wissen, wie man das eine mit dem anderen bearbeitet.

Zutaten

Für dieses Buch sollte man sich das Credo der Bourke Street Bakery zu eigen machen: Entscheidend ist nicht so sehr ein äußerlich makelloser Eindruck des Endprodukts, sondern die Qualität der Zutaten, allen voran Mehl, Butter, Salz. Erstklassige Zutaten sind bereits die halbe Miete und je höher ihre Qualität, desto besser das Ergebnis.

Mehl

Die wichtigste Grundzutat für den Bäcker ist Mehl. Um eine Vorstellung davon zu bekommen, muss man sich den Aufbau eines Weizenkorns vergegenwärtigen. Da sich dieses Buch an den Hobbybäcker wendet, wollen wir es mit einem kurzen Überblick bewenden lassen.

Das Weizenkorn setzt sich im Wesentlichen aus drei Teilen zusammen, der Schale (Kleie), dem Mehlkörper (Endosperm) und dem Keim. Die Kleie, bestehend aus Frucht- und Samenschale, ist reich an Vitamin B und Ballaststoffen. Den größten Anteil am Korn hat der Mehlkörper, der überwiegend aus Eiweiß und Stärke besteht. Der Keim hat den höchsten Fettanteil.

Durch moderne Technik können Maschinen die Kleie vom restlichen Weizenkorn trennen. Zurück bleiben Mehlkörper und Keim; Letzterer wird gewöhnlich ebenfalls entfernt, da sein hoher Fettgehalt die Haltbarkeit des Mehls deutlich verkürzt. Die Backeigenschaften des Mehls hängen vom Eiweißgehalt ab und der kann je nach Weizenart sehr unterschiedlich sein.

Für Vollkornmehl wird das ganze Korn zermahlen. Da es wegen des höheren Fettanteils aus Schalen und Keimen leichter ranzig wird, ist seine Lagerfähigkeit beschränkt. Das gilt auch für Weizenkleie, die ebenfalls einen erhöhten Fettgehalt aufweist. Weißes Mehl, auch Auszugs- oder Kuchenmehl genannt, wird praktisch nur aus dem Mehlkörper gemahlen. Es ist erheblich länger haltbar.

Ausgesprochen gesund, da reich an wertvollen Inhaltsstoffen und Fetten, sind die vom Korn abgetrennten und gemahlenen Weizenkeime. Wenn Sie das nächste Mal ein Taboulé genießen, machen Sie sich bewusst, dass Sie hier geschälte ganze, grob zermahlene Getreidekörner vor sich haben.

Je nach Ausmahlungsgrad ist der Anteil der Randschichten des Korns und damit der Gehalt an wertvollen Inhalts- und Ballaststoffen im Mehl mehr oder weniger hoch. Gekennzeichnet wird er durch die Typenzahl. Weizenmehl ist in den Typen 405 (Haushaltsmehl für Kuchen und Feingebäck), 550 (helle Brote und Brötchen), 812 (helle Mischbrote, dunkles Gebäck), 1050 (rustikale Mischbrote, herzhaftes Gebäck) und 1600 (dunkle Mischbrote) erhältlich.

Bei herkömmlichem Auszugsmehl der Type 405 ist ein Großteil der wertvollen Inhalts- und Ballaststoffe des Getreidekorns verloren gegangen. Das liegt sowohl am hohen Ausmahlungsgrad als auch an der hohen Geschwindigkeit des Mahlprozesses, da die dabei entstehende Hitze zahlreiche Nährstoffe und Enzyme des Weizens zerstört.

Zum Brotbacken am besten geeignet sind Biomehle mit hohem Eiweiß- und Kleberanteil. Da die an Proteinen reichen Hartweizenmehle oft schwer zu bekommen sind – man findet sie in Bioläden, Reformhäusern und in manchen Bäckereien, wie der unseren (kommen Sie ruhig vorbei!) –, empfiehlt sich für Brote das backstarke Weizenmehl der Type 550. Der Handel bietet auch Mehlmischungen zum Brotbacken. Gutes Biomehl verleiht Ihrem Brot potenziell mehr Volumen und Geschmack als ein billiges Mehl von minderer Qualität. Wenn Sie sich schon die Zeit nehmen, einen Sauerteigstarter anzusetzen, sollten Sie auch nur Mehl von allerbester Qualität dafür verwenden.

Für Kuchen und Feingebäck ist Weichweizenmehl, das einen geringeren Eiweißgehalt aufweist, die richtige Wahl. Bei diesen Backwaren ist die Kleberbildung für die Struktur des Teiges nicht erforderlich. Herkömmliches Auszugsmehl der Type 405 ist mit seinem niedrigen Proteingehalt für diesen Zweck am besten geeignet. Es sorgt für die bei süßem Gebäck meist bevorzugte weiche bis krümelige Beschaffenheit des Teiges.

Allerdings hat Bioweizenmehl der Type 405 oft einen zu hohen Eiweißgehalt, der sich hemmend auf das Backtriebmittel auswirken kann. Bioweizenmehl hat einen wunderbar vollen, erdigen Geschmack, der jedoch andere Aromen leicht überlagert und darum bei sehr feinem Gebäck eher unerwünscht ist. Umgekehrt aber kann ein Kuchen von dem würzigen Aroma auch profitieren – letztlich ist es wie immer eine Frage des persönlichen Geschmacks und dem kommt man durch Ausprobieren am besten auf die Spur.

In der Bourke Street Bakery verwenden wir für unsere Sauerteigbrote ausschließlich Mehl von einer zertifizierten Biomühle mit Steinmahlwerk. Der langsame Mahlprozess erzeugt relativ wenig Hitze, sodass die Inhaltsstoffe des Getreidekorns weitgehend erhalten bleiben. Natürlich hat nicht jeder Hobbybäcker Zugang zu so einer Bezugsquelle, daher unser Rat: Suchen Sie einen vertrauenswürdigen Händler, der für qualitativ hochwertiges Mehl (vorzugsweise aus biologischem Anbau) bürgt. Selbst im gut sortierten Lebensmittelhandel findet man heute ausgezeichnete Mehle.

Salz

Ob beim Brot oder in einem Croissant, Salz erfüllt eine Fülle von Funktionen. Es sorgt für die Geschmacksbildung und dient als Stabilisator, um einem zu rasch verlaufenden Gärprozess der Hefe entgegenzuwirken. Im Kuchen sorgt es für die Balance zwischen Zucker und anderen Zutaten.

Für Brot ist Meersalz am besten geeignet, da es als naturbelassenes Produkt einfach besser schmeckt. Meersalzflocken müssen nicht zerstoßen werden, sie

lösen sich im Teig ganz von selbst auf. Dagegen ist Steinsalz zu intensiv, außerdem sind seine Kristalle zu groß, um sich im Teig vollständig aufzulösen. In der Feinbäckerei ist das gute alte Tafelsalz, das sich in jedem feuchten Medium rasch auflöst und gleichmäßig verteilt, die richtige Wahl.

Wasser

Zu Hause ist die Verwendung von Mineralwasser aus der Flasche durchaus eine Option. Das ist in der Bourke Street Bakery schlecht möglich, daher verwenden wir gefiltertes Leitungswasser. Gegen hochwertiges Wasser direkt aus der Leitung ist ebenfalls nichts einzuwenden. Wenn Sie einen Sauerteigstarter ansetzen, sollten Sie sicherheitshalber Wasser aus der Flasche verwenden – beim Füttern eines Neugeborenen würden Sie schließlich auch kein Risiko eingehen.

Ein wichtiger Faktor beim Backen ist die Temperatur des Wassers. Die meisten unserer Teige haben beim Verlassen des Mischers eine Temperatur von 26 °C. Je nach Jahreszeit kann es erforderlich sein, die Wassertemperatur entsprechend anzugleichen, denn über sie lässt sich die Temperatur des Teiges am einfachsten regulieren. Bei Feingebäck muss das Wasser in der Regel gekühlt sein, damit die Butter bei der Verarbeitung nicht schmilzt.

Butter

Butter ist in der Feinbäckerei ebenso wichtig wie das Mehl beim Brot. Wir importieren unsere Butter aus Europa, anfangs aus Dänemark, heute aus Belgien und verwenden grundsätzlich ungesalzene Butter. Salz hat nach unserer Überzeugung heute nichts mehr in der Butter verloren. Einst diente es der Konservierung, doch seit fast jeder Haushalt einen Kühlschrank hat, sollte sich das Thema erledigt haben. Egal ob beim Backen oder Kochen, es ist besser, die zugesetzte Salzmenge selbst zu bestimmen.

Je nach Art des Gebäcks erfüllt Butter unterschiedliche Funktionen, nicht zuletzt als Geschmacksgeber. Ein einfaches Croissant zum Beispiel steht und fällt mit der Qualität der Butter, wer daran spart, darf sich über ein minderwertiges Resultat nicht wundern.

In Europa hat die Standardbutter einen Mindestfettanteil von 82 Prozent, so ist man relativ sicher vor Fehlgriffen. Doch bei einigen Gebäcksorten ist ein fettreduziertes Produkt mit höherem Wasseranteil – fettreduzierte Butter (60–62 Prozent) oder Halbfettbutter (39–41 Prozent) – sogar von Vorteil, da es für eine leichtere, blättrige Struktur des Teiges sorgt.

Einmal ging uns in der Bourke Street Bakery unsere heiß geliebte Butter aus Dänemark aus. So mussten wir kurzfristig auf eine andere Butter ausweichen, die sage und schreibe 99 Prozent Fett enthielt. Das Ergebnis war schlicht eine Katastrophe, die Croissants troffen vor Fett und waren viel zu gehaltvoll. Das reinere Produkt ist also nicht immer die bessere Wahl.

Hefe

Wir verwenden kommerziell hergestellte frische Presshefe, die aus einem einzelligen Pilz gewonnen wird. Die Verwendung frischer Hefe wirkt sich günstig auf die Haltbarkeit unserer Brote aus. Für das Backen zu Hause ist Trockenhefe häufig die einfachere und praktischere Variante, doch wann immer möglich, sollten Sie frischer Hefe den Vorzug geben. Achten Sie aber bei frischer wie bei getrockneter Hefe auf das Haltbarkeitsdatum. Wenn Sie Trockenhefe statt frischer Hefe verwenden, müssen Sie die in der Zutatenliste angegebene Menge halbieren und in warmem Wasser (etwa zehn Prozent der im Rezept angegebenen Wassermenge) auflösen, bevor sie mit den anderen Zutaten vermengt wird.

Frische Hefe sollte in ihrer Verpackung im Kühlschrank gelagert werden – da sie atmen muss, ist es ratsam, sie nicht fest in Frischhaltefolie einzuwickeln. Frische Hefe hält sich in der Regel einen Monat, wobei ihre Triebkraft allerdings mit der Zeit nachlässt. Beide Handelsformen – frische und getrocknete Hefe – erfüllen als Triebmittel in Vorteigen oder Startern (siehe Seite 40–45) die gleiche Aufgabe. Sie setzen einen Gärprozess in Gang, bei dem Zucker in Kohlendioxid und Milchsäure umgewandelt wird, das Teigvolumen vergrößert sich, doch bei Trockenhefe vollzieht sich dieser Prozess schneller.

Supermärkte und Reformhäuser bieten immer mehr und neue Trockenhefeprodukte. Die Mehrzahl unserer Teige erfordert jedoch eine lange und langsame Führung, um Geschmack und Struktur zu entwickeln. Konventionelle Trockenhefe ist für Backzwecke besser geeignet als Instant-Trockenhefe, die schlicht zu schnell gärt. Würde man sie für unsere Rezepte einsetzen, gingen die Teige übermäßig auf, ohne sich ausreichend zu entwickeln. Trockenhefe hält sich viele Monate und länger, wenn man sie im Kühlschrank aufbewahrt oder einfriert.

Arbeitsgeräte

In einem Küchenladen zu stöbern, hat für viele etwas Therapeutisches (nicht wenige tun es aus Gewohnheit!) und irgendetwas findet man immer, das man unbedingt haben muss. Um erfolgreich zu backen, brauchen Sie nicht jedes Küchenzubehör, das jemals erfunden wurde – am Ende würde doch nur Ihre Küche aus allen Nähten platzen. Um Ihnen aber die Arbeit zu erleichtern und den Backvorgang zu optimieren, legen wir Ihnen folgende Hilfsmittel ans Herz.

Waage

Eine gute digitale Waage ist das wichtigste Arbeitsgerät des Hobbybäckers. Zuverlässige, handliche Waagen finden Sie in jedem vernünftigen Küchenfachgeschäft. Optimal ist eine elektronische Waage mit einer maximalen Kapazität von fünf Kilogramm und einer Feinabstufung von zwei Gramm. Wiegen Sie sämtliche Zutaten aus. In unserer Bäckerei ist beim Abmessen der Zutaten das Gramm Maß aller Dinge, da es das exakteste Ergebnis liefert. Ein Gramm ist ein Gramm, überall auf der Welt, was man von Esslöffeln, Teelöffeln oder den in Teilen der englischsprachigen Welt üblichen cups nicht behaupten kann. Sie variieren, je nachdem, wer abmisst. Wir leben in einer digitalen Welt, darum empfehlen wir zum genauen Abmessen unbedingt die Anschaffung einer elektronischen Waage.

Küchenmaschine

Wenn man regelmäßig backt, ist eine Küchenmaschine eine lohnende Investition. Am wichtigsten ist, dass sie einen leistungsstarken Motor hat. Der Motor treibt den Zahnkranz an, der wiederum den Knethaken oder Rührer in Bewegung setzt. Wird er zu heiß, droht er durchzubrennen, was in der Regel den Austausch der kompletten Maschine erforderlich macht. Das passiert meist dann, wenn man häufig sehr trockene und zähe Teige anrührt, die dem Motor alles abverlangen. Dabei ist es völlig unnötig, ihn auf diese Weise zu ruinieren. Wenn Sie merken, dass der Motor an seine Grenzen gerät, nehmen Sie den Teig aus der Schüssel und stellen ihn per Hand fertig.

Thermometer

Ein Küchenthermometer ist auch beim Backen ein nützliches Hilfsmittel, etwa wenn es darum geht, die Temperatur eines rohen Teiges zu bestimmen. Gängige Modelle bestehen aus einem langen Fühler, meist in Form einer metallenen Nadel, und einer digitalen oder analogen Anzeige. Bei uns verlässt der Teig mit einer Temperatur von 25–27 °C den Teigmischer. Hefe, frisch oder nicht, benötigt für die Umwandlung von Zucker in Kohlendioxid Wärme, da ist die exakte Bestimmung der Temperatur nicht ganz unwichtig.

Zeitschaltuhr

Ebenfalls sehr nützlich ist eine Zeitschaltuhr. Beim Backen geht es oft um Sekunden, da ist es entscheidend, in den Abläufen zeitlich genau orientiert zu sein, vor allem in den Phasen des Teigmischens und Backens. Viele Küchenmaschinen und Öfen verfügen über keine entsprechende Vorrichtung, also ist die Anschaffung einer sekundengenau programmierbaren Zeitschaltuhr durchaus zu überlegen.

Notizblock

Ein kleiner Block zum Festhalten wichtiger Beobachtungen ist Gold wert, denn man kann nur aus Fehlern lernen, wenn man sich auch an sie erinnert. Notieren Sie alles, was Ihnen in den verschiedenen Phasen der Teigbereitung und beim Backen auffällt, was Sie erwartet hatten und was nicht. Beim nächsten Versuch brauchen Sie dann nur in Ihren Notizen nachzulesen, um ein mögliches Problem von vornherein zu beseitigen.

Andere Hilfsmittel

Eine Handvoll kleinerer Utensilien kann Ihr Leben zusätzlich erleichtern, besonders wenn Sie regelmäßig backen. Hier eine Auswahl praktischer Werkzeuge:
- Ein Sägemesser oder Skalpell zum Einschneiden roher Laibe
- Ein Spachtel oder Schaber zum Säubern der Arbeitsplatte
- Eine Teigkarte zum Portionieren des Teiges
- Ein zusätzliches Ofenthermometer zur Kontrolle des Thermostats
- Ein festes Paar Ofenhandschuhe
- Ein Brot- oder Pizzabackstein (braucht einige Zeit, um heiß zu werden, deshalb vor dem Backen gut vorheizen). Das Prinzip besteht darin, dem Brot an der Unterseite sofort einen kräftigen Hitzeschub zu verleihen; der Teig geht deutlich besser auf als auf einem Blech gebacken.
- Ein Wassersprüher zum Befeuchten des Garraums
- Sprühöl zum Einfetten von Blechen und Formen
- Ein hitzebeständiger Spachtel
- Ein Pinsel mit Naturborsten
- Spritzbeutel – einige mittelgroße Ausführungen für salzige und einen für süße Zubereitungen mit einer Auswahl unterschiedlich großer Tüllen sind ausreichend.
- Zwei Kunststoffschüsseln von 2–3 Liter Fassungsvermögen zum Ansetzen der Starter

Brot

Grundlagen und Techniken

Geduld ist beim Backen keine Tugend, sondern eine Notwendigkeit. Ein guter Bäcker ist in der Lage, einen Teig zu führen, indem er die Kontrolle über die Umgebung hat, in der dieser entsteht. Doch wie im Leben läuft nicht immer alles nach Plan, sodass nicht selten der Teig die Führung übernimmt. Die Rezepte in diesem Buch sind als Leitlinien und nicht zu dogmatisch zu verstehen. Brotbacken ist eine Mischung aus Wissenschaft und kreativem Schöpfen, gerade das macht seinen Reiz aus. Wenn Ihnen Instinkt oder Erfahrung sagen, der rohe Laib ist reif für den Ofen, obwohl laut Rezept noch zehn Minuten Zeit sind, schieben Sie den Burschen hinein. Trauen Sie sich, schlimmstenfalls sind Sie um eine Erfahrung reicher.

Auch professionelle Bäcker sollten die Launen und Eigenarten ihrer Öfen und Teigmischer kennen. Die Kunst ist, zu erkennen, wie und warum sich der Teig verändert und welcher Zusammenhang zum verwendeten Arbeitsgerät besteht. Heizt Ihr Ofen beispielsweise im hinteren Teil stärker als im vorderen, müssen Sie das Brot häufiger umdrehen. Denken Sie daran, was beim Gehen des Teiges eigentlich geschieht – der Teig erwärmt sich, bindet Feuchtigkeit und geht auf –, und überlegen Sie, wie und wo Sie optimale Bedingungen dafür schaffen.

Wir glauben nicht an die einfache Formel, je besser die Maschinen, desto besser das Endprodukt. Hightech vom Feinsten macht noch keinen guten Bäcker. Technik, Know-how und vor allem Übung sind die wichtigsten Zutaten für gute Resultate.

Den Teig mischen und bearbeiten

Gliadin und Glutenin sind zwei im Mehl enthaltene Eiweiße, die in Verbindung mit Wasser lange dehnbare Fäden, den sogenannten Kleber bilden. Es hat die Aufgabe, Kohlendioxid in Form von kleinen Bläschen in seinem elastischen Teiggerüst einzuschließen, das in der Folge sein Volumen vergrößert – der Teig geht auf.

Um zu testen, ob ein Teig fertig ist, rollt man ein Teigstückchen zu einem Bällchen und zieht es dann behutsam mit den Fingern (wie Kaugummi) zu einer hauchdünnen Membran auseinander. Wenn sie durchsichtig ist und nicht reißt, haben Sie einen mustergültig entwickelten Teig. Lässt sich der Teig nur mühsam dehnen oder reißt er frühzeitig, muss er noch etwas stärker durchgearbeitet werden.

Wenn Sie Teig per Hand mischen und kneten, können Sie ziemlich sicher sein, dass er nicht übermäßig strapaziert wird. So gut wie jeder Teig lässt sich per Hand verarbeiten, allerdings können Teige mit höherem Wasseranteil wie Pizza- oder Olivenölteig ein bisschen widerspenstig sein. Die Zutaten werden grundsätzlich zunächst mit einem Rührlöffel in einer Schüssel grob vermengt, bevor man mit dem Kneten beginnt.

Um die Arbeit zu erleichtern, kann man Teige in drei Etappen mit fünf bis zehnminütigen Pausen dazwischen mischen und kneten. Das entlastet nicht nur Ihre Unterarme, sondern verbessert auch die Teigstruktur. Hilfreich ist, die Arbeitsfläche mit etwas Öl einzusprühen und regelmäßig von Teigresten zu säubern.

Denken Sie vor allem an eines: Beim Kneten ist die Technik entscheidend. Es geht darum, Luft einzuarbeiten, indem Sie den Teigkloß mit dem Handballen nach unten drücken und wegschieben, während Sie ihn mit der anderen Hand wieder zusammenfalten. Die elastischen Fäden des Klebers sorgen dafür, dass Luft eingeschlossen wird, und diese Luft lässt den Teig später anwachsen.

Wenn Sie einen Teig in der Küchenmaschine ansetzen, achten Sie darauf, dass die Schüssel ausreichend groß ist. Eventuell müssen Sie die Rezeptmenge halbieren oder dritteln. Stellen Sie sicher, dass die Zeitschaltuhr Ihres Geräts exakt funktioniert, und kratzen Sie regelmäßig die Teigreste vom Schüsselrand, damit die Zutaten restlos in die Mischung eingearbeitet werden.

Ruhen

Sowohl beim Brotbacken als auch in der Feinbäckerei gibt es Phasen, in denen der Teig ruhen muss. Dabei entspannen die Kleberfäden und ziehen sich in ihre ursprüngliche Lage zurück, ähnlich wie ein Muskel, der in der Entspannungsphase seine Ruheposition einnimmt. Der Teig entwickelt sich weiter, auch wenn er ruht. Diese erste Ruhephase, der Fachmann nennt sie Autolyse, erfolgt, nachdem das Mehl und Wasser vermengt wurden; es gibt dem Klebereiweiß Zeit, sich zu einem Teiggerüst zu verbinden. In unserer Bäckerei mischen wir den Starter mit dem Mehl und Wasser und lassen den Teig 20 Minuten ruhen, bevor wir Salz zugeben und ihn erneut durchwirken.

Vor dem Portionieren und Formen muss der Teig ebenfalls unbedingt ruhen, damit er formbeständig bleibt. Will man etwa aus Olivenölteig kleine Brötchen formen, muss dieser vor dem Rollen und Zuschneiden im Ganzen ruhen, bis sich der Kleber darin völlig entspannt und in seine ursprüngliche Position zurückgezogen hat. Entfällt das Ruhen, schrumpfen die Teiglinge nach dem Zuschnitt zusammen und verlieren ihre Form.

Erstes Gehen (Ruhen)

Das Gehen von Teigen vollzieht sich in zwei Phasen. Die erste erfolgt unmittelbar nach dem Mischen der Zutaten in einer leicht eingeölten Schüssel. Wenn der Teig in seiner endgültigen Form in einem Korb oder auf einem Blech liegt (siehe Seite 36), muss er ein zweites Mal ruhen. Das erste Gehen verlangt weder nach Feuchtigkeit noch nach hohen Temperaturen, eine Raumtemperatur von 20–22 °C ist völlig ausreichend.

Bei fast allen Rezepten in diesem Buch empfiehlt sich ein langsames erstes Gehen bei relativ moderaten Temperaturen. Es fördert die Aromabildung und verleiht dem Endprodukt einen insgesamt kräftigeren Geschmack.

Den Teig abschlagen (falten)

Das sogenannte Abschlagen des Teiges erfolgt im Laufe des ersten Gehens. Dazu faltet der Bäcker den Teig in zwei oder drei Teile zusammen (siehe Schritt-für-Schritt-Anleitung rechte Seite).

Das Abschlagen oder Falten dient mehreren Zwecken. Zum einen sorgt es für eine gleichmäßige Verteilung der Wärme und der für das Hefewachstum nötigen Nährstoffe, zum anderen reaktiviert es nach der Entspannungsphase das Klebereiweiß. Das Abschlagen lässt auch einen Teil des eingeschlossenen Gases entweichen, bevor es das Teiggerüst schädigt, so kann der Teig erneut Volumen bilden und wird kräftiger und stabiler. Das Abschlagen erfolgt gewöhnlich nach der Hälfte des ersten Gehens, manchmal wird es auch wiederholt. Anschließend muss der Teig fast immer noch mindestens eine weitere Stunde ruhen.

Den Teig formen

Ist der Teig abgeschlagen und das erste Gehen beendet, geht es ans Formen der Laibe. Nachdem das Mischen und Kneten erfolgt sind und der Teig gereift ist, geht es jetzt vor allem darum, ihm innere Spannung zu verleihen, damit er formbeständig wird. Der Teig sollte beim Formen nicht übermäßig durchgearbeitet werden, sonst geht ihm sprichwörtlich die Luft aus. In unserer Bäckerei formen wir vornehmlich runde Laibe und *batards*, das sind länglich ovale Brote von der Form eines Baguettes, nur kürzer und dicker.

Teilen Sie den Teig je nach Rezept in Portionen und verarbeiten Sie immer nur eine Teigportion zur selben Zeit. Die erste Portion auf eine saubere Arbeitsfläche

1. Zum Abschlagen den Teig auf der leicht bemehlten Arbeitsfläche rechteckig ausbreiten.

2. Das Rechteck gedanklich dritteln und die äußeren Drittel zur Mitte hin falten.

3. Den Teig vom unteren Rand aus erneut gedanklich in drei Teile teilen.

4. Das untere Drittel zur Mitte hin überschlagen.

5. Das obere Drittel darüberfalten, um das Abschlagen abzuschließen.

6. Bei einem Blick in den Teig erkennt man eine Reihe von Linien – sie kennzeichnen die durch das Falten entstandenen Teigschichten.

legen, diese aber nicht mit Mehl bestauben. Den Teig mit den hohlen Händen umschließen und entgegen dem Uhrzeigersinn drehen, bis sich ein kompakter Kloß mit glatter Oberfläche gebildet hat; dabei mit den Handflächen ständig Kontakt zum Teig halten. Den Teigball auf eine leicht bemehlte Unterlage legen und die anderen Teigportionen ebenso vorformen. Mit Frischhaltefolie bedecken und 20 Minuten ruhen lassen.

Anschließend werden die Teiglinge zu runden oder länglich ovalen Laiben geformt. Zum Formen eines runden Laibes den Teigball behutsam auseinanderziehen, bis er etwa doppelt so breit ist. Ein Teigdrittel zur Mitte hin falten und dann das gegenüberliegende Drittel darüberschlagen. Den Teig mit dem Handballen gegen die Arbeitsfläche drücken und dabei leicht nach außen schieben – dazu ist kein großer Kraftaufwand nötig, Ziel ist, dem Teig Spannkraft und Struktur zu verleihen. Reißt er, waren Sie zu grob. Den Teigball mit der einen Hand hin und her rollen und dabei mit der anderen Hand von außen nach innen einschlagen – wenn Sie etwas Mehl zu Hilfe nehmen, geht es einfacher. Das Ergebnis sollte ein kompakter, geschmeidiger Kloß mit deutlich erkennbarem Saum sein. Den Saum zum Verschließen mit den Fingern sorgfältig zusammendrücken und den Laib mit der Saumseite nach unten legen.

Zum Formen eines ovalen Laibes (siehe Fotos Seite 34–35) die vorgeformten Teigstücke ebenfalls zunächst dehnen, bis sie etwa die doppelte Breite haben. Die äußeren Teigdrittel wie beschrieben zur Mitte hin übereinanderschlagen. Dann die Ecken am oberen Rand des Teigstücks greifen und wie die Nase eines Papierfliegers nach innen einschlagen. Fest andrücken, damit sich keine Luftblasen bilden, und die Nase erneut einwärts falten. Dabei mit den Fingern sparsame Bewegungen ausführen und ständig Druck ausüben, damit der Teig innere Spannung aufbaut. Auf diese Weise den Teig bis zur Hälfte nach innen falten und dann den Saum mit dem Handballen fest andrücken, bis sich der Teig an der Naht verbunden hat. Den Teig mit beiden Händen weiter umfalzen und den Saum mit den Handballen andrücken. Darauf achten, dass er gerade verläuft und schließt; gegebenenfalls mit den Fingern etwas nachhelfen.

Der Verlauf des Saums ist ein wichtiger Aspekt beim Formen des Teiges. Bei einem runden Laib sollte er sich in der Mitte der Unterseite befinden, bei einem Baguette oder einem länglich ovalen Brot sollte die Naht schnurgerade durch die Mitte verlaufen. Legen Sie die geformten Laibe mit dem Saum nach unten auf das Blech, sonst besteht die Gefahr, dass sich die Naht beim Backen öffnet.

Verzögerte Gärung/Zweites Gehen (Ruhen)

Sie können das Brot in einem runden oder länglich oval geformten Korb – einem Banneton – gehen lassen. Ein Banneton ist ein Weidengärkorb, der mit Leinen ausgelegt und mit Mehl bestaubt oder, wenn er aus Rohr gefertigt ist, nur mit Mehl ausgestreut wird. Er hält das Brot in einer ebenmäßigen Form und begünstigt den

1. Den Teig mit den hohlen Händen umschließen und entgegen dem Uhrzeigersinn drehen, bis ein kompakter, geschmeidiger Ball entstanden ist. Dabei ständig Kontakt zum Teig halten.

2. Die vorgeformten Teigbälle auf der bemehlten Arbeitsfläche mit Frischhaltefolie bedeckt 20 Minuten ruhen lassen.

5. Für einen länglichen Laib die oberen Teigecken schräg nach innen einschlagen, wie wenn man die Nase eines Papierfliegers faltet.

6. Die Nase fest andrücken, unter Spannung nach innen falten und erneut andrücken.

3. Den Teigball nach dem Ruhen auf die doppelte Breite auseinanderziehen und das äußere Drittel nach innen einschlagen.

4. Das andere Drittel darüberfalten. Aus diesem Rohling können Sie einen runden oder einen länglich ovalen Laib formen. Für einen runden Laib den Teig rundherum nach innen falten und beständig drehen und rollen, bis ein geschmeidiger Ball entstanden ist. Dabei wie unter 7. beschrieben den Teig auf Spannung halten.

7. Den Teig mit sparsamen Bewegungen weiter einwärts falten und dabei ständig andrücken und mit den Fingern auf Spannung halten.

8. Den Teig weiter umschlagen, die Naht mit den Fingern zusammendrücken – beim fertigen Laib sollte sie durch die Mitte der Unterseite verlaufen.

abschließenden Gärprozess. Ersatzweise können Sie einen herkömmlichen kleinen Korb mit einem Küchentuch auskleiden, dieses mit etwas Mehl bestauben und den Teig mit dem Saum nach oben hineinlegen. Ist der Korb aus Peddigrohr, genügt es, ihn mit Mehl auszustreuen. In Ermangelung eines Korbes legen Sie den Teig mit dem Saum nach unten auf ein mit Backpapier ausgekleidetes Blech und bedecken es locker mit einer Plastiktüte. Frischhaltefolie ist nicht geeignet, da der Teig ausreichend Platz zum Aufgehen braucht. In jedem Fall aber sollte er gut bedeckt sein, damit die Oberfläche nicht austrocknet.

Sauerteigbrote müssen vor dem abschließenden Gehen einen verzögerten Gärprozess durchlaufen. Dazu wird der Teig in Körben acht bis zwölf Stunden im Kühlschrank gelagert. Während dieser verlangsamten Fermentation entwickelt das Brot seine charakteristische säuerliche Note.

Das abschließende Gehen lassen des Brots ist die Hürde, an der Hobbybäcker am häufigsten scheitern, vor allem, weil die erforderlichen Bedingungen dafür nicht ganz einfach herzustellen sind. Voraussetzungen sind 80 Prozent Luftfeuchtigkeit und eine konstante Umgebungstemperatur von 25–27 °C. Teig benötigt zum Aufgehen Wärme; Feuchtigkeit begünstigt diesen Prozess. Die Wärme aktiviert die Hefe, die sich von dem Zucker im Teig ernährt. Das dabei entstehende Kohlendioxid lässt den Teig „wachsen". In einer offenen Küche lässt sich ein stabiles feuchtwarmes Raumklima am besten erzeugen, indem man in einem Elektrokocher quasi „unter Verschluss" – sei es unter einem zeltähnlichen Dach aus Bettlaken oder in einem Schrank – kochendes Wasser verdampfen lässt. In einer geschlossenen Küche genügt es, den geöffneten Ofen anzuheizen und auf dem Herd in einem Topf Wasser verkochen zu lassen.

Es kann etwas kniffelig sein, zu erkennen, wann der Teig backfertig ist, denn es hängt von der Umgebung und dem bisherigen Verlauf der Teigbereitung ab. Doch gibt es einige Kriterien, die darüber Aufschluss geben können. Erstens sollte der Teig sein Volumen um mindestens ein Drittel, in der Regel sogar um zwei Drittel vergrößert haben. Zweitens sollte er bei einer Druckprobe mit dem Finger sofort, wenn auch langsam, zurückfedern. Hält sich der Eindruck sehr lange, bleibt er ganz bestehen oder entweicht Luft, ist der Teig zu spät dran. In diesem Fall können Sie nichts anderes mehr tun, als ihn möglichst schnell in den Ofen zu schieben. Schneiden Sie ihn nicht ein, sonst geht ihm die zum Aufgehen erforderliche restliche Luft auch noch aus. Bildet sich auf Fingerdruck keine Mulde oder federt der Teig nur sehr zögernd wieder zurück, muss er noch ein Weilchen gehen.

Den Teig einschneiden

Die fertig geformten Brotlaibe werden vor dem Backen häufig eingeschnitten. Es begünstigt das optimale Aufgehen während des Backvorgangs. Der Einschnitt setzt einen Teil der eingeschlossenen Luft frei, der nachrückende Teig stößt in die entstandene Lücke und bildet ein ansprechendes Muster. Wir schneiden nicht alle

1. Das Einschneiden geht am besten mit einem Skalpell oder einem kleinen Sägemesser. Dabei wird etwas Luft freigesetzt und der Laib entwickelt beim Backen eine ansprechende Form.

2. Wenn man einen runden Laib mit zwei gleich langen und tiefen Schnitten einkreuzt, geht er wunderbar gleichmäßig auf.

Brote ein, schon gar nicht bei Teigen mit hohem Wasseranteil. Einige Brote werden bereits vor dem letzten Gehen eingeritzt, sodass sich die Lücke lange wieder gefüllt hat, bevor sie in den Ofen wandern.

Am besten ist für diesen Zweck ein Skalpell geeignet, die zweitbeste Wahl ist ein kleines Messer mit Wellenschliff. Es gibt viele Arten von Einschnitten, doch wie so häufig ist weniger meist mehr. Beginnen Sie mit einem zwei Zentimeter tiefen Kreuz oder einer einfachen Linie durch die Mitte. Ein reizvoller Effekt lässt sich erzielen, wenn Sie die Klinge beim Schneiden leicht anwinkeln. Führen Sie den Schnitt senkrecht von oben nach unten durch die Mitte, geht der Teig ebenmäßig und völlig symmetrisch auf. Halten Sie das Messer dagegen im 45-Grad-Winkel und schneiden von rechts nach links, wirft sich die Kruste an einer Seite stärker auf als an der anderen und bildet eine Stufe.

Backen

Von den drei Hauptphasen – den Teig mischen, gehen lassen und backen – sollte das Backen am wenigsten Probleme bereiten. Sobald der Teig backfertig ist, nehmen Sie den Laib aus dem Gärkorb und legen ihn mit dem Saum nach unten auf ein mit Backpapier ausgekleidetes Blech. Denken Sie daran, den Ofen entsprechend der Rezeptanleitung vorzuheizen und die Temperatur kurz vor dem Einschieben herunterzustellen. Wenn Sie einen Pizza- oder Brotbackstein verwenden, legen Sie ihn während des Vorheizens in den Ofen. Man sollte auch mit einem Ofenthermometer prüfen, ob der Thermostat die richtige Temperatur anzeigt.

Um für ausreichend Feuchtigkeit im Garraum zu sorgen, schieben Sie das Brot in den Ofen, schließen die Tür nicht ganz und sprühen durch den Spalt zehn Sekunden lang Wasser aus einer Sprühflasche hinein. Ohne genügend Feuchtigkeit bildet der Teig sofort eine Kruste und geht in der Folge kaum noch auf.

Nach der Hälfte der Backzeit muss das Brot gewendet werden, damit es gleichmäßig gart. Liegt es auf einem Blech, brauchen Sie lediglich das Blech zu wenden, zum Drehen auf einer Steinplatte verwenden Sie am besten eine lange Küchenzange. Arbeiten Sie mit zwei Blechen in unterschiedlichen Etagen, müssen Sie die Bleche zusätzlich austauschen.

Nach dem Backen nehmen Sie das Brot mit einem Küchentuch aus dem Ofen und klopfen zur Garprobe gegen die Unterseite. Klingt es hohl, ist das Brot fertig. Lassen Sie es vor dem Anschneiden und Servieren etwas abkühlen – zeigt sich nach dem Anschneiden ein speckiger Streifen an der Basis, ist das Brot nicht ausreichend durchgebacken.

Starterkulturen

Wenn man Mehl und Wasser verrührt und an einem warmen Ort stehen lässt, bildet sich aus Bakterien im Mehl und in der Luft eine wilde Hefe. Diese ernährt sich von dem im Mehl natürlich vorhandenen Zucker und zersetzt ihn in Kohlendioxid (die aufsteigenden Bläschen) und Milchsäure (das säuerliche Aroma). Sobald diese Gärung begonnen hat, spricht man von einem Starter, der erste Schritt zum Sauerteigbrot. Wie jeder lebende Organismus muss ein Starter ernährt und herangezogen werden. Dabei sollte die Raumtemperatur möglichst konstant sein und der Starter fern von Stoffen wie Salz, Zucker oder Essig gelagert werden, die ihn beeinträchtigen können. Der Starter muss täglich mit Wasser und Mehl gefüttert werden und wird mit der Zeit zunehmend aktiver und vielschichtiger.

Es gibt mehrere Methoden, einen Starter zu füttern und zu führen. Einige empfehlen den Einsatz von Bioorangensaft oder Traubenschalen, andere die Zugabe von Rosinen, Joghurt, Honig, Kartoffelwasser oder Malz. Dahinter steht der Gedanke, dass Zusätze mit natürlich vorhandenen Kulturen die wilden Hefen rascher aktivieren und der enthaltene Zucker ihr Wachstum beschleunigt.

Am einfachsten geht das Ansetzen eines Weizen- oder Roggenstarters mit einem täglichen „Fütterungsplan". Füttern Sie Ihren Starter immer zur gleichen Zeit, am besten zum Frühstück – jeder braucht schließlich Frühstück. Wenn Sie in einer warmen Region leben, stellen Sie den Starter nach der ersten Woche für den Rest seines Lebens jede Nacht in den Kühlschrank. Tagsüber können Sie ihn bei Raumtemperatur lagern, doch an heißen Tagen, ab etwa 26 °C, sollte man ihn nach dem Füttern wieder kalt stellen. Je stärker er sich erwärmt, desto größer sein Appetit, sodass ihm die Nahrung ausgeht und er abzusterben beginnt. Die Temperatur muss niedrig genug sein, dass er bis zur nächsten Fütterung ausreichend Nahrung hat.

Weizenstarter

Dies ist ein Weizenstarter, wie wir ihn in der Bourke Street Bakery verwenden, doch geben Sie ruhig eine der auf Seite 41 erwähnten Zutaten hinzu. Wir empfehlen reife Bioweintrauben. Verwenden Sie zum Anrühren des Starters zwei saubere Plastikeimer oder -schüsseln.

Erster Tag
Ansetzen des Starters – arbeiten Sie mit einem Mischungsverhältnis von 50 Prozent Wasser und 50 Prozent Mehl. In einer großen Kunststoffschüssel 50 Milliliter Wasser mit 50 Gramm Bioweizenmehl verrühren.

Zweiter Tag
Erste Fütterung – das Gewicht des Starters beträgt jetzt 100 Gramm. Für die erste Fütterung weitere 50 Milliliter Wasser und 50 Gramm Biomehl mit einem Löffel verrühren, dann den Starter zugeben und behutsam untermengen. Mit Frischhaltefolie bedeckt über Nacht stehen lassen.

Dritter Tag
Zweite Fütterung – das Gesamtgewicht des Starters beträgt jetzt 200 Gramm. Zur erneuten Fütterung 100 Milliliter Wasser und 100 Gramm Mehl mit einem Löffel verrühren. Den Starter zugeben und sorgfältig, aber behutsam unterheben. Mit Frischhaltefolie bedeckt bis zum nächsten Tag stehen lassen.

Vierter Tag
Dritte Fütterung – der Starter bringt inzwischen 400 Gramm auf die Waage. Nun 200 Milliliter Wasser und 200 Gramm Mehl verrühren, den Weizenstarter hineingeben und sorgfältig vermengen. Erneut mit Frischhaltefolie bedeckt über Nacht stehen lassen.

Fünfter Tag
In diesem Stadium muss die Startermenge reduziert werden, sonst wird sie zu groß und zu träge für eine Verwendung. An Tag fünf beträgt die Gesamtmenge 800 Gramm, die Sie auf 100 Gramm verringern. Den Rest entsorgen Sie in der Biotonne oder verschenken ihn an backwillige Freunde.

Nach dem fünften Tag beginnt die ganze Prozedur von vorne; sie erstreckt sich insgesamt über drei Wochen (siehe Fütterungsplan auf Seite 44). In der vierten Woche erfolgt die abschließende Fütterung mit einer erhöhten Menge. Im Anschluss ist der Starter fertig für die Teigbereitung.

Roggenstarter

Ein Roggenstarter wird genauso angesetzt wie ein Weizenstarter, allerdings beginnt Roggenmehl schneller zu gären. Das Grundprinzip ist jedoch dasselbe. Da Roggenmehl deutlich mehr Wasser aufnehmen kann, beträgt das Mischungsverhältnis 60 Prozent Wasser und 40 Prozent Mehl.

Erster Tag
Ansetzen des Starters – in einer großen Kunststoffschüssel 60 Milliliter Wasser und 40 Gramm Bioroggenmehl mit einem Löffel sorgfältig verrühren. Mit Frischhaltefolie zudecken und über Nacht stehen lassen.

Zweiter Tag
Erste Fütterung – das Gewicht des Starters beträgt jetzt 100 Gramm. Die erste Futterration besteht erneut aus 60 Milliliter Wasser und 40 Gramm Roggenmehl. Beides mit einem Löffel verrühren, den Starter zugeben und sorgfältig, aber behutsam untermengen. Mit Frischhaltefolie bedeckt über Nacht stehen lassen.

Dritter Tag
Zweite Fütterung – der Starter wiegt jetzt 200 Gramm und wird mit 120 Milliliter Wasser und 80 Gramm Roggenmehl gefüttert. Mehl und Wasser verrühren, den Starter untermengen und erneut mit Folie bedeckt über Nacht stehen lassen.

Vierter Tag
Dritte Fütterung – inzwischen beträgt die Startermenge 400 Gramm. Die dritte Ration setzt sich aus 240 Milliliter Wasser und 160 Gramm Roggenmehl zusammen. Erneut beides mit einem Löffel verrühren, den Starter zugeben und untermengen. Über Nacht wieder mit Folie bedecken.

Fünfter Tag
Die insgesamt 800 Gramm Starter müssen am fünften Tag auf 100 Gramm reduziert werden. Den Rest können Sie in der Biotonne oder auf dem Kompost entsorgen oder Sie verschenken ihn an backwillige Freunde.

Setzen Sie wie bei dem Weizenstarter die Fütterung über drei Wochen fort (siehe Tabelle Seite 44–45) und passen Sie die Futtermengen entsprechend an. Roggenstarter schäumt nicht so stark wie Weizenstarter. Er steigt zunächst langsam auf und fällt dann völlig in sich zusammen, sobald ihm der für die Bildung von Kohlendioxid nötige Zucker ausgeht, sodass er nicht weiter aufgehen kann. Ein deutliches Zeichen, dass der Starter aktiv ist und nach Nahrung verlangt.

Fütterungsplan für Weizenstarter
Erste bis dritte Woche

Zeit	Wasser	Mehl	Gesamtmenge
TAG 1			
7 Uhr – Starter ansetzen	50 ml	50 g	100 g
TAG 2			
7 Uhr – Erste Fütterung	50 ml	50 g	200 g
TAG 3			
7 Uhr – Zweite Fütterung	100 ml	100 g	400 g
TAG 4			
7 Uhr – Dritte Fütterung	200 ml	200 g	800 g
TAG 5 *700 g des Sauerteigstarters wegwerfen und die restlichen 100 g erneut in der beschriebenen Weise füttern*			
7 Uhr – Erste Fütterung	50 ml	50 g	200 g
TAG 6			
7 Uhr – Zweite Fütterung	100 ml	100 g	400 g
TAG 7			
7 Uhr – Dritte Fütterung	200 ml	200 g	800 g

Nach der dritten Woche sollte der Starter kräftig genug sein, um ihn für die Teigbereitung einzusetzen. Unmittelbar vor der Verwendung muss er mit einer erhöhten Nahrungszufuhr aktiviert werden. Am Vortag oder am Tag der Teigbereitung nehmen Sie 100 Gramm Starter ab und füttern ihn dreimal (siehe Tabelle Seite 45). Nach der dritten Ration ist er am aktivsten.

Bei einem Roggenstarter müssen die oben genannten Mengen im Verhältnis 60 Prozent Wasser und 40 Prozent Roggenmehl angepasst werden. Am Vortag oder am Tag der Teigbereitung selbst nehmen Sie 100 Gramm Starter ab und füttern ihn wie in der Tabelle auf Seite 45 beschrieben mit entsprechend angepassten Mengen.

Weizenstarter – abschließende Fütterung
Vierte Woche

Zeit	Wasser	Mehl	Gesamtmenge
VORTAG UND TAG DER TEIGBEREITUNG			
13 Uhr – Erste Fütterung	50 ml	50 g	200 g
21 Uhr – Zweite Fütterung	100 ml	100 g	400 g
6 Uhr – Dritte Fütterung	200 ml	200 g	800 g

Nach diesem Zeitplan ist 13 Uhr der beste Zeitpunkt, um mit der Teigbereitung zu beginnen. Sie müssen sich nicht minutiös an diese Zeiten halten, eine Stunde früher oder später tut dem Erfolg keinen Abbruch. Sie können den Zeitplan auch insgesamt verschieben, je nachdem, wann Sie den Teig zubereiten möchten. Der Teig steht und fällt jedoch mit dem Starter. Wird er nicht fertig oder nicht sachgerecht geführt, macht es keinen Sinn, den Teig anzumischen.

Denken Sie daran, vor der Verwendung des Starters 100 Gramm abzunehmen und für einen späteren Gebrauch weiterzuführen. Falls Sie nicht regelmäßig Brot backen, kann er im Kühlschrank problemlos überdauern, solange Sie ihn alle zwei bis vier Tage füttern. Einige Tage, bevor Sie Brot backen möchten, müssen Sie ihn wieder herausnehmen. Am Tag selbst gönnen Sie ihm ein bisschen Zuwendung und drei anständige Mahlzeiten und dann kann es losgehen.

Sie können Weizenstarter auch einfrieren und vor der Verwendung mit der oben beschriebenen Behandlung wieder zum Leben erwecken. Achten Sie darauf, den Starter in einem keimfreien Gefäß einzufrieren, wenn er am aktivsten ist (zum Ende der dritten Fütterung).

Tipps zur Fütterung

- Verwenden Sie zum Ansetzen des Starters grundsätzlich Biomehl und Mineralwasser, es erhöht die Erfolgsaussichten.
- Verwenden Sie zum Füttern des Starters saubere Kunststoffschüsseln.
- Verschlagen Sie Mehl und Wasser nicht zu einer Paste – zum Mischen zuerst Mehl und Wasser verrühren, dann den Starter zugeben und kurz unterziehen. Es dürfen ruhig einige Mehlklümpchen verbleiben, damit die natürlichen Hefen sich ein bisschen anstrengen müssen.
- Sobald sich an der Oberfläche Gasbläschen bilden, ist der Starter aktiv; jetzt ist regelmäßiges Füttern entscheidend. Wichtig ist, dass dabei nicht sämtliche Luft wieder entweicht, also arbeiten Sie sorgfältig, aber sehr behutsam, wenn Sie den Starter unter die Mehl-Wasser-Mischung rühren.
- Roggenmehl gärt schneller als Weizenmehl. Sie können auch nach dem Fütterungsplan für einen weißen Starter vorgehen, jedoch das Weizenmehl in der ersten Woche durch Roggenmehl ersetzen, bis der Starter aktiv ist. Anschließend wird er in beschriebener Weise mit Weizenmehl gefüttert. Das Ergebnis ist so eine Art weißer Starter mit Beschleuniger.

Worauf man achten sollte

- Verläuft alles nach Plan, sollte der Starter nach ein bis zwei Wochen zu gären beginnen (erkennbar an den Luftblasen).
- Setzt sich eine klare Flüssigkeit auf dem Starter ab, ist die Umgebung zu kalt; siedeln Sie ihn also an einen wärmeren Ort um. Schlimmstenfalls kann es ein Hinweis sein, dass er eingegangen ist. Macht er nach zwei Wochen noch immer keine Anstalten zu gären, ist irgendetwas gründlich schiefgegangen und Sie müssen von vorne beginnen.
- Fällt der Starter wie ein misslungenes Soufflé in sich zusammen, ist er hungrig (aber aktiv) und die Umgebungsluft eventuell etwas zu warm. In diesem Fall muss er lediglich gefüttert und an einen kühleren Ort umgesetzt werden.
- Wenn der Starter förmlich schäumt und sein Volumen sichtbar vergrößert, fühlt er sich wohl, ist wohlgenährt und somit startklar für die Teigbereitung.

Sauerteig

Sauerteig ist die Seele der Backkunst. Dahinter steht ein Verfahren, das der Mensch bereits zu Zeiten der Pharaonen um 1400 v. Chr. beherrschte. Und trotz verfeinerter Methoden, modernem Arbeitsgerät und Computertechnologie hat es bis heute überlebt. In den 1920er-Jahren erfand man die Backhefe, die kommerzielle Brotbäckerei verlagerte sich zunehmend in riesige Fabriken und viele traditionelle Kleinbetriebe und regionale Sauerteigbrote verschwanden. Leider blieben bei der abgepackten Industrieware auch ein Großteil des Nährwerts, der Geschmack und das traditionelle Handwerk auf der Strecke und ausgerechnet dieses wattige, pappige Fabrikbrot ist heute in vielen Haushalten der Standard.

Doch ist nicht alles verloren. Einmal auf den Geschmack gekommen, lässt Sie Sauerteig nie wieder los. Wer nach einem gesunden, naturbelassenen Brot ohne Konservierungs- und sonstige Zusatzstoffe sucht, liegt bei natürlichem Sauerteigbrot goldrichtig. Sauerteig braucht Zeit, doch die Mühe lohnt. Alles beginnt mit dem Ansetzen eines Starters, der als Backtriebmittel dient. Doch ein Starter ist hungrig und verlangt regelmäßig nach Nahrung, was manch Alltagsgestressten vor Probleme stellt. Die Lösung ist einfach: Füttern Sie den Starter immer zur gleichen Zeit, so wird er Teil der täglichen Routine (siehe Seite 40–45). Das Füttern dauert nur zwei Minuten, doch bis zu einem voll entwickelten aktiven Starter können drei bis vier Wochen ins Land gehen. Glauben Sie nicht, das sei lange. Es gibt Starter auf dieser Erde, die bereits Hunderte Jahre alt sind. Unserer bringt es lediglich auf fünf Jahre – geradezu ein Baby.

Zutaten

400 g Weizenstarter (siehe Seite 42–45)

750 g Bioweizenmehl Type 550

400 ml Wasser

20 g (2 EL) Meersalz

Wenn Sie erst einmal einen aktiven, zuverlässigen Starter haben, wird Sauerteig zum Kinderspiel. Der einzige Haken ist, dass sich die Teigbereitung in mehreren, über den Tag verteilten Schritten vollzieht. Sie benötigen einen Ofen, Mehl, Wasser, Salz, Geduld und Hingabe. Damit Sie nicht zu früh rausmüssen, beginnen Sie mit dem Mischen des Teiges am Nachmittag des Vortages und legen ihn über Nacht in den Kühlschrank. Theoretisch könnten Sie ihn dann gleich nach dem Aufstehen an einem feuchtwarmen Ort 1–4 Stunden gehen lassen und anschließend backen. So haben Sie zum Mittagessen frisch gebackenes Brot – perfekt. Zum Mittag- und zum Abendessen ist frisches Brot ein Muss, zum Frühstück darf es gern getoastet sein. Dieses Sauerteigbrot hält sich mehrere Tage und ist hervorragend zum Toasten geeignet.

Den fertig gemischten Teig können Sie auch als Grundlage für die Spezialbrote auf den Seiten 62–95 verwenden.

Sauerteigbrot

Ergibt 1,5 Kilogramm Teig oder 3 Brote

Zubereitung

Zum Mischen per Hand den Starter mit dem Mehl und dem Wasser in eine geräumige Schüssel geben und mit einem großen Rührlöffel vermengen, bis sich die Zutaten verbunden haben. Den Teig auf die saubere Arbeitsfläche legen und mit den Händen etwa 10 Minuten kneten und zu einem Ball formen – in dieser Phase muss er nicht ganz glatt sein. Mit Frischhaltefolie zudecken und 20 Minuten ruhen lassen. Den Teig mit dem Salz bestreuen und weitere 20 Minuten kneten, bis er glatt und geschmeidig ist.

Wenn Sie den Teig in der Küchenmaschine bereiten, den Starter in die Rührschüssel geben und den Knethaken einspannen. Das Mehl und das Wasser hinzufügen und auf niedriger Stufe 4 Minuten kneten. Die Geschwindigkeit auf mittlere bis hohe Stufe stellen und weitere 3 Minuten kneten, bis sich ein grober Teig gebildet hat. Die Schüssel zugedeckt beiseitestellen und den Teig 20 Minuten ruhen lassen. Das Salz einstreuen und den Teig zunächst 1 Minute bei niedriger Geschwindigkeit und dann noch einmal 6 Minuten auf mittlerer bis hoher Stufe kneten, bis er glatt und geschmeidig ist.

Zur Kontrolle der Beschaffenheit ein Teigstückchen zu einer Kugel rollen und dann möglichst dünn auseinanderziehen. Reißt es sofort, ist der Teig nicht ausreichend geknetet – er sollte sich zu einer fast durchsichtigen Membran dehnen lassen. In dieser Phase beträgt die ideale Temperatur des Teiges 25–27 °C. Liegt sie darunter, sollten Sie ihn an einem etwas wärmeren Ort gehen lassen. Eine Schüssel mit Sprühöl einfetten, den Teig hineinlegen und mit Frischhaltefolie bedeckt bei Raumtemperatur etwa 1 Stunde gehen lassen.

Den Teig zum Abschlagen auf die leicht bemehlte Arbeitsfläche legen und mit den Händen zu einem etwa 2,5 Zentimeter dicken Rechteck ausbreiten. Ein Drittel des Teiges zur Mitte hin falten und das gegenüberliegende Drittel darüberschlagen. Den Teig um 90 Grad drehen und erneut dreifach falten. Zurück in die Schüssel legen und zugedeckt 1 weitere Stunde gehen lassen.

Den Teig mit einem stumpfen Messer oder einer Teigkarte in drei Portionen von je 500 Gramm teilen. Die Teigportionen nacheinander wie auf den Seiten 30–35 beschrieben zu länglich ovalen Laiben formen.

Drei kleine Gärkörbe mit Küchentüchern auslegen und leicht mit Mehl bestauben. Die Brote mit dem Saum nach oben hineinlegen. Bei Körben aus Peddigrohr genügt einfaches Bestauben mit Mehl. Alternativ können Sie die Laibe auch mit dem Saum nach unten auf ein mit Backpapier bedecktes Blech legen. Locker mit einer Plastiktüte zudecken und für 8–12 Stunden in den Kühlschrank stellen.

Die rohen Laibe aus dem Kühlschrank nehmen und an einem feuchtwarmen Ort (bei etwa 25 °C und 80 Prozent Luftfeuchtigkeit) gehen lassen, bis sich ihr Volumen um etwa zwei Drittel vergrößert hat – das kann je nach klimatischen Verhältnissen 1–4 Stunden dauern. Fallen sie schon bei geringfügiger Berührung in sich zusammen, sind sie zu lange gegangen. In diesem Fall sollten sie sofort, ohne sie zuvor einzuschneiden, in den Ofen geschoben werden. Hält sich der Fingerabdruck, sind sie nicht ausreichend gegangen. Federt der Teig unmittelbar und gleichmäßig zurück, ist er backfertig. Noch während der Teig geht, den Ofen auf maximaler Stufe vorheizen. Die Laibe aus den Gärkörben lösen, mit dem Saum nach unten auf ein mit Backpapier bedecktes Blech legen, einschneiden (siehe Seite 39) und in den Ofen schieben.

Den Garraum mit Wasser aus der Sprühflasche befeuchten und die Brote bei etwa 220 °C 20 Minuten backen. Die Brote drehen – mehrere Bleche gegebenenfalls umschichten – und weitere 10 Minuten backen. Zur Garprobe mit dem Finger gegen die Unterseite der Brote klopfen – klingen sie hohl, sind sie fertig. Die Gesamtbackzeit sollte nicht mehr als 40 Minuten betragen.

Sauerteig

Zutaten

400 g Weizenstarter (siehe Seite 42–45)
450 g Bioweizenmehl Type 550
150 g Bioweizenvollkornmehl
150 g Bioroggenmehl Type 1150
375 ml Wasser
20 g (2 EL) Meersalz

Früher kehrte man nach einem langen arbeitsreichen Tag regelmäßig die Mühle aus. Die verschieden Mehlreste wurden zusammengefegt, in Säcke verpackt und als „Müllermehl" verkauft, so sagt man jedenfalls. Dieses Brot heißt Müllerbrot, weil es aus dreierlei Mehl besteht – Weizen-, Weizenvollkorn- und Roggenmehl. Das weiße Mehl sorgt für eine lockere Beschaffenheit und ein luftige Krume, während Vollkorn- und Roggenmehl einen erdigen, rustikalen Geschmack und viele wertvolle Inhaltsstoffe beisteuern. Sie können den Teig auch als Grundlage für die Spezialbrote auf den Seiten 62–95 verwenden.

Müllerbrot

Ergibt 1,5 Kilogramm Teig oder 3 Brote

Zubereitung

Zum Mischen des Brotteigs per Hand den Weizenstarter mit dem Weizen-, dem Vollkorn- und dem Roggenmehl in eine geräumige Schüssel geben. Das Wasser zugießen und sämtliche Zutaten mit einem großen Rührlöffel vermengen, bis sie sich zu einem Teig verbunden haben. Anschließend den Teig auf der sauberen Arbeitsfläche etwa 10 Minuten kneten und zu einem Ball formen. Den Teigball mit Frischhaltefolie bedecken und 20 Minuten ruhen lassen. Das Salz zugeben, den Teig weitere 10 Minuten kneten und erneut zugedeckt 10 Minuten ruhen lassen. Anschließend den Teig noch einmal 5 Minuten durcharbeiten, bis er wirklich ganz glatt und geschmeidig ist.

Wenn Sie den Teig in der Küchenmaschine bereiten, den Starter in die Rührschüssel geben und den Knethaken einspannen. Die Mehle und das Wasser hinzufügen und erst 4 Minuten auf langsamer Stufe, dann weitere 3 Minuten auf mittlerer bis hoher Stufe kneten. Die Schüssel zudecken und den Teig 20 Minuten ruhen lassen. Das Salz einstreuen, 1 weitere Minute auf langsamer Stufe und dann noch einmal 4–5 Minuten bei mittlerer bis hoher Geschwindigkeit kneten, bis der Teig glatt und geschmeidig ist.

Zur Kontrolle ein Teigstückchen zu einer Kugel rollen und dann möglichst dünn auseinanderziehen. Reißt es bei der geringsten Spannung, muss der Teig noch länger geknetet werden – er sollte sich zu einer fast transparenten Membran dehnen lassen.

Eine Schüssel mit Sprühöl einfetten und den Teig hineinlegen. Mit Frischhaltefolie zudecken und bei Raumtemperatur (etwa 20 °C) 1 Stunde gehen lassen.

Zum Abschlagen den Teig auf der leicht bemehlten Arbeitsfläche zu einem Rechteck von etwa 2,5 Zentimeter Dicke ausbreiten. Ein Drittel des Teigs zur Mitte hin falten und das gegenüberliegende Drittel darüberschlagen. Den Teig um 90 Grad drehen und erneut dreifach falten. Zurück in die Schüssel legen und zugedeckt 1 weitere Stunde gehen lassen.

Den Teig mit einem stumpfen Messer oder einer Teigkarte in drei Portionen von je 500 Gramm teilen. Die Teigportionen einzeln wie auf den Seiten 30–35 beschrieben zu runden Laiben formen.

Drei kleine Gärkörbe mit Küchentüchern auslegen und leicht mit Mehl bestauben. Die Brote mit dem Saum nach oben hineinlegen. Bei Verwendung von Körben aus Peddigrohr genügt es, die Körbe mit Mehl auszustreuen. Sie können die Laibe auch mit dem Saum nach unten auf ein mit Backpapier ausgekleidetes Blech legen. Die Brotlaibe locker mit einer Plastiktüte bedecken und für 8–12 Stunden in den Kühlschrank stellen.

Die Brote aus dem Kühlschrank nehmen und an einem feuchtwarmen Ort bei etwa 25 °C gehen lassen, bis sich ihr Volumen um rund zwei Drittel vergrößert hat – das kann 1–4 Stunden dauern. Zur Kontrolle eine Druckprobe mit dem Finger machen. Federt der Teig gleichmäßig und unmittelbar wieder zurück, ist das Brot backfertig. Noch während der Teig geht, den Ofen auf maximaler Stufe vorheizen. Die Laibe aus den Gärkörben lösen, mit dem Saum nach unten auf ein mit Backpapier bedecktes Blech legen und einschneiden (siehe Seite 39).

Die Brote in den Ofen schieben, die Ofentemperatur auf etwa 220 °C reduzieren und den Garraum mit Wasser aus der Sprühflasche befeuchten. Die Brote 20 Minuten backen, dann drehen – mehrere Bleche gegebenenfalls umschichten – und weitere 10 Minuten backen. Aufpassen, dass die Brote nicht verbrennen. Zur Garprobe mit dem Finger gegen die Unterseite klopfen – klingen sie hohl, sind die Brote fertig. Insgesamt sollte die Backzeit 40 Minuten nicht überschreiten.

Zutaten

300 g Weizenstarter (siehe Seite 42 – 45)
800 g helles Biodinkelmehl
350 ml Wasser
15 g (1½ EL) Meersalz

Dinkel ist ein naher Verwandter des Weizens, als Kulturpflanze jedoch viel älter. In Europa wurde er schon vor Urzeiten angebaut. Der Hauptunterschied zum Weizen besteht in den fest mit dem Korn verwachsenen Spelzen, die sich durch Dreschen nicht entfernen lassen. Das erfordert eine spezielle Maschine, daher ist das Getreide bei Bauern nicht besonders beliebt und zudem teurer.

Viele glauben, Dinkelbrot enthalte kein Gluten; das stimmt nicht. Sauerteigbrot aus Dinkel enthält sogar eine ganze Menge davon, allerdings ist er weitaus bekömmlicher als der im Weizen enthaltene Kleber. Dieses Brot besticht durch sein wunderbares Karamellaroma und seine angenehme Konsistenz – wenn Sie ganz fest die Augen schießen, schmeckt es förmlich nach der guten alten Zeit.

Dinkelsauerteigbrot

Ergibt 1,5 Kilogramm Teig oder 3 Brote

Zubereitung

Zum Mischen des Sauerteiges per Hand den Starter, das Dinkelmehl und das Wasser in eine geräumige Schüssel geben und mit einem großen Rührlöffel vermengen, bis sich die Zutaten zu einem Teig verbunden haben. Den Teig auf der sauberen Arbeitsfläche etwa 10 Minuten kneten, zu einem Ball formen und mit Frischhaltefolie bedeckt 20 Minuten ruhen lassen. Das Salz zugeben und weitere 10 Minuten kneten. Erneut zugedeckt 10 Minuten ruhen lassen und noch ein letztes Mal 5 Minuten kräftig durcharbeiten, bis der Teig glatt und geschmeidig ist.

Wenn Sie den Teig in der Küchenmaschine bereiten, den Starter in die Rührschüssel geben und den Knethaken einspannen. Das Dinkelmehl und das Wasser hinzufügen und auf langsamer Stufe 4 Minuten kneten; dann die Geschwindigkeit auf mittlere bis hohe Stufe stellen und noch einmal 3 Minuten kneten. Die Schüssel zudecken und den Teig 20 Minuten ruhen lassen. Das Salz zugeben, erst 1 Minute auf langsamer Stufe und dann noch einmal 6 Minuten auf mittlerer bis hoher Stufe kneten, bis der Teig glatt und geschmeidig ist.

Zum Prüfen der Beschaffenheit ein Stückchen Teig zu einer Kugel rollen und möglichst dünn zu einer fast durchsichtigen Membran auseinanderziehen. Reißt sie schon bei der geringsten Berührung, muss der Teig noch etwas länger geknetet werden.

Eine Schüssel mit Sprühöl einfetten und den Teig hineinlegen. Mit Frischhaltefolie zudecken und bei Raumtemperatur (etwa 20 °C) 1 Stunde gehen lassen.

Zum Abschlagen den Teig auf der leicht bemehlten Arbeitsfläche zu einem Rechteck von etwa 2,5 Zentimeter Dicke ausbreiten. Ein Drittel des Teiges zur Mitte hin falten und das gegenüberliegende Drittel darüberschlagen. Den Teig um 90 Grad drehen und erneut dreifach zusammenfalten. Zurück in die Schüssel legen und zugedeckt 1 weitere Stunde gehen lassen.

Den Teig mit einem stumpfen Messer oder einer Teigkarte in drei gleich große Portionen von je 500 Gramm teilen. Die Teigportionen nacheinander wie auf den Seiten 30–35 beschrieben zu länglich ovalen Laiben formen.

Drei kleine Gärkörbe mit Küchentüchern auslegen und leicht mit Mehl bestauben. Die Brote mit dem Saum nach oben hineinlegen. Bei Verwendung von Körben aus Peddigrohr genügt einfaches Bestauben mit Mehl. Sie können die Brotlaibe auch gleich mit dem Saum nach unten auf ein mit Backpapier ausgekleidetes Blech legen. Locker mit einer Plastiktüte bedecken und für 8–12 Stunden in den Kühlschrank stellen.

Die Brote aus dem Kühlschrank nehmen und an einem feuchtwarmen Ort bei 25 °C gehen lassen, bis sich ihr Volumen um rund zwei Drittel vergrößert hat – das kann 1–4 Stunden dauern. Zur Kontrolle eine Druckprobe mit dem Finger machen. Federt der Teig unmittelbar und gleichmäßig wieder zurück, ist er backfertig. Noch während der Teig geht, den Ofen auf maximaler Stufe vorheizen. Die Laibe aus den Gärkörben lösen, mit dem Saum nach unten auf ein mit Backpapier bedecktes Blech legen und einschneiden (siehe Seite 39).

Die Brote in den Ofen schieben und den Garraum mit Wasser aus der Sprühflasche befeuchten. Die Brote bei etwa 210 °C 20 Minuten backen, drehen – mehrere Bleche gegebenenfalls umschichten – und weitere 10 Minuten backen. Gut aufpassen, dass sie nicht verbrennen. Zur Garprobe mit dem Finger gegen die Unterseite der Brote klopfen – klingen sie hohl, sind sie fertig. Insgesamt sollte das Backen nicht länger als 40 Minuten dauern.

Zutaten

550 g Roggenstarter (siehe Seite 43 – 45)
1,150 kg Bioroggenmehl Type 1150
20 g (2 EL) Meersalz
30 g (1 EL) Melasse (Reformhaus oder Naturkostladen)
650 ml Wasser

Reines Roggenbrot

Ergibt 2,4 Kilogramm Teig oder 3 Brote

Dieses Brot steht und fällt mit einem guten Roggenstarter. Roggenmehl hat nicht den hohen Kleberanteil des Weizens und daher nur eine geringe Fähigkeit, Luft einzuschließen und ein elastisches Teiggerüst zu bilden, das Volumen entwickelt.

Ein natürlich gesäuertes Brot aus 100 Prozent Roggenmehl hat eine recht dichte Krume. Roggenbrot hält sich länger frisch als andere Brote. Es gibt zwei Gründe, warum es nicht so schnell altbacken wird: Erstens ist es ist hygroskopisch, das heißt, es zieht Feuchtigkeit aus der Umgebungsluft an, und zweitens ist es nahezu frei von Kleber. Alles in allem ist Roggenbrot gesünder, bekömmlicher für den Magen, verträglicher für den Verdauungstrakt und besser für die Seele – aber ganz und gar nicht geeignet für einen Hamburger.

Roggenbrot braucht beim Gehen und Backen Unterstützung, daher verwendet man eine Brotform, die als eine Art stützendes Korsett während des Gehens dient. Beim Backen neigt Roggenbrot außerdem zum Austrocknen, auch dieser Angewohnheit wirkt die Form entgegen.

Zubereitung
Zum Mischen des Teiges per Hand den Starter, das Mehl, das Salz, die Melasse und das Wasser in eine geräumige Schüssel geben und mit einem großen Rührlöffel etwa 15 Minuten vermengen, bis sich die Zutaten zu einem Teig verbunden haben – anfangs ist die Angelegenheit etwas klebrig, lassen Sie sich davon nicht irritieren. Den Teig auf der sauberen Arbeitsfläche etwa 10 Minuten kneten und zu einem geschmeidigen, aber noch immer leicht klebrigen Kloß formen.

Für die Zubereitung in der Küchenmaschine den Roggenstarter in die Rührschüssel geben und den Knethaken einspannen. Das Mehl, das Salz, die Melasse und das Wasser hinzufügen und auf langsamer Stufe 8 Minuten kneten. Dann 1 weitere Minute auf schneller Stufe mischen, bis sich die Zutaten verbunden haben. Da Roggenmehl nur einen minimalen Kleberanteil hat und es daher nichts zu dehnen gibt, braucht der Brotteig nicht lange bei hoher Geschwindigkeit durchwirkt zu werden.

Eine Schüssel mit Sprühöl leicht einfetten und den Teig hineinlegen. Mit Frischhaltefolie zudecken und bei Raumtemperatur (etwa 20 °C) 1 Stunde gehen lassen.

Zum Abschlagen den Teig auf der leicht bemehlten Arbeitsfläche zu einem Rechteck von etwa 2,5 Zentimeter Dicke ausbreiten. Ein Drittel des Teiges zur Mitte hin falten und das gegenüberliegende Drittel darüberschlagen. Den Teig um 90 Grad drehen und erneut dreifach zusammenfalten. Zurück in die Schüssel legen und zugedeckt 1 weitere Stunde gehen lassen.

Den Teig mit einem stumpfen Messer oder einer Teigkarte in drei gleich große Portionen von je 800 Gramm teilen und einzeln weiterverarbeiten. Den Teig mit den hohlen Händen umschließen und auf der Arbeitsfläche gegen den Uhrzeigersinn drehen, ohne loszulassen, bis sich ein kompakter runder Kloß mit glatter Oberfläche gebildet hat. Auf eine leicht bemehlte Unterlage legen und mit Frischhaltefolie bedeckt 20 Minuten ruhen lassen.

Drei Kastenformen von 15 × 9 Zentimeter Größe und etwa 10 Zentimeter Tiefe leicht einfetten. Die Teigbälle einzeln formen: Den Teig auseinanderziehen, bis er doppelt so breit ist. Ein Teigdrittel zur Mitte hin falten und das gegenüberliegende Drittel darüberschlagen. Dann die oberen Ecken wie die Nase eines Papierfliegers nach innen falten und fest andrücken, damit sich keine Luftblasen bilden.

Den Teig beim Formen möglichst passgenau auf die Größe der Backformen abstimmen. Die Nase weiter nach innen falzen; dabei mit sparsamen Bewegungen arbeiten und ständig mit den Fingern Druck auf den Teig ausüben, damit er Spannung aufbaut und formbeständig wird. Auf diese Weise den Teig bis zur Hälfte einschlagen und den Saum durch Andrücken verschließen. Den Teig mit beiden Händen weiter auf Spannung bringen und in der beschriebenen Weise falten; dabei jedes Mal den Saum andrücken. Darauf achten, dass er gerade verläuft und wirklich schließt; tut er es nicht, mit den Fingern etwas nachhelfen. Die fertigen Laibe in die Formen legen und lose mit Frischhaltefolie bedecken.

Roggenteig geht am besten bei Raumtemperatur (etwa 20 °C), der Prozess dauert 6–12 Stunden. Von einem langsameren Verlauf bei geringeren Temperaturen profitiert Roggenteig nicht, da der Starter schlicht nicht stark genug ist. Der Teig sollte um etwa ein Drittel aufgehen; auf Fingerdruck federt er nicht zurück.

Den Ofen auf 200 °C vorheizen. Das Brot einschieben, den Garraum mit Wasser aus der Sprühflasche befeuchten und die Temperatur auf 150 °C reduzieren. Die Brote 25 Minuten backen, drehen und weitere 15 Minuten backen. Zur Garprobe die Brote aus der Form lösen und gegen die Unterseite klopfen. Klingen sie dumpf und hohl, sind sie fertig. Insgesamt sollte die Backzeit maximal 50 Minuten betragen. Zeigt sich beim Anschneiden eine speckige Schicht an der Basis, haben Sie das Brot ein wenig zu früh aus dem Ofen genommen.

Spezialbrote

Mit dem Weizen-, Müller- oder Dinkelteig aus dem ersten Kapitel können Sie eine ganze Reihe weiterer Brote zubereiten. Dazu brauchen Sie dem Grundteig nur verschiedene andere Zutaten wie Früchte, Gewürze oder Gemüse beizumischen. Wegen seines angenehm nussigen Aromas nehmen wir in der Bourke Street für diese Brote gern Roggenstarter. Er wirkt außerdem wie eine Art Schmiermittel, das die Einarbeitung der anderen Zutaten erleichtert.

Für die Brote in diesem Kapitel werden 700–900 Gramm Sauerteig benötigt. Eine Rezeptmenge Weizensauerteig ergibt 1,5 Kilogramm Teig, sodass 600–800 Gramm verbleiben. Sie können also zwei verschiedene Brote backen. Für einen größeren Laib folgen Sie derselben Anleitung und verlängern die Backzeit geringfügig – auf etwa 45 Minuten bei einem 800-Gramm-Brot.

Gehen Sie beim Untermischen der Extrazutaten vorsichtig zu Werke, sonst zerstören Sie das Teiggerüst. Kräftiges Rühren zerreißt die bereits entwickelten Kleberfäden. Die Zutaten dürfen nur behutsam untergehoben werden – wenige Minuten auf langsamer Stufe in der Küchenmaschine sollten genügen. Zwischendurch müssen Sie das Gerät ab und zu ausschalten und mit der Hand kurz nachhelfen. Das Mischen per Hand dauert etwas länger. Egal, was Sie untermischen, das Verfahren ist immer gleich.

Die Backzeiten können je nach Art der Zutaten etwas abweichen. Sie unterscheiden sich aber nicht wesentlich von denen eines einfachen Sauerteigbrots. Bei Zutaten mit einem hohen natürlichen Zuckergehalt, wie eingelegten Früchten, sollte man den Backvorgang in der Endphase jedoch gut im Auge behalten, da diese Spezialbrote leichter verbrennen.

Zutaten

Korinthen-Rosinen-Mix (ergibt 220 g)

50 g Korinthen

150 g Rosinen

140 ml Wasser

700 g Sauerteig (siehe Seite 50–51)

70 g ganze geröstete und gehäutete Haselnusskerne

85 g Roggenstarter

Dieses bei uns in der Bourke Street Bakery auch als *hazel razel* bekannte Brot wurde früher noch aus Hefeteig gebacken, bis es sich schließlich in ein wunderbares Sauerteigbrot mit ganzen Haselnüssen, Korinthen und Rosinen verwandelte. Wenn getoastet, sind die Nüsse noch knuspriger und aromatischer. Es schmeckt besonders gut mit Ricotta oder Marmelade bestrichen, und glaubt man unseren Kunden, eignet es sich auch hervorragend für einen Brotpudding.

Haselnuss-Rosinen-Brot

Ergibt 2 Brote

Zubereitung

Für den Rosinen-Mix die Korinthen und Rosinen in einer Schüssel mit dem Wasser übergießen. Mit Frischhaltefolie zudecken und über Nacht quellen lassen. Abgießen, abtropfen lassen und bis zur weiteren Verwendung beiseitestellen.

Nach der Anleitung auf Seite 50–51 einen Sauerteig zubereiten und so lange kneten, bis er sich, ohne zu reißen, zu einer hauchdünnen Membran dehnen lässt. 125 Gramm der eingeweichten Korinthen und Rosinen abwiegen und mit den Haselnüssen und dem Roggenstarter vermengen. Die Mischung behutsam unter den Sauerteig ziehen. Sie können die Zutaten vorsichtig per Hand unterheben oder in der Küchenmaschine auf langsamer Stufe 2–3 Minuten einarbeiten – das Gerät hin und wieder ausschalten und den Teig mit der Hand umwenden. Eine Schüssel mit Sprühöl einfetten und den Teig hineinlegen. Mit Frischhaltefolie zudecken und bei Raumtemperatur (etwa 20 °C) 1 Stunde gehen lassen.

Zum Abschlagen den gegangenen Teig auf der leicht bemehlten Arbeitsfläche zu einem Rechteck von etwa 2,5 Zentimeter Dicke ausbreiten. Ein Drittel des Teiges zur Mitte hin falten und das gegenüberliegende Drittel darüberschlagen. Den Teig um 90 Grad drehen und erneut wie oben beschrieben dreifach zusammenfalten. Zurück in die gefettete Schüssel legen und den abgeschlagenen Teig zugedeckt 1 weitere Stunde gehen lassen.

Den Teig mit einem stumpfen Messer oder einer Teigkarte in zwei gleich große Portionen von je etwa 500 Gramm teilen. Die Teigportionen einzeln wie auf den Seiten 30–35 beschrieben zu Rundlaiben formen.

Zwei kleine Gärkörbe mit Küchentüchern auslegen, leicht mit Mehl bestauben und die Teiglinge mit der Saumseite nach oben hineinlegen, sodass der Saum nach dem Stürzen auf das Blech zuunterst liegt. Körbe aus Peddigrohr erfordern kein Tuch, einfaches Bestauben mit Mehl genügt. Sie können die Laibe auch gleich mit dem Saum nach unten auf ein mit Backpapier ausgekleidetes Blech legen. Locker mit einer Plastiktüte bedecken und für 8–12 Stunden in den Kühlschrank stellen.

Die Brote aus dem Kühlschrank nehmen und an einem feuchtwarmen Ort bei etwa 25 °C gehen lassen, bis sich ihr Volumen um rund zwei Drittel vergrößert hat – das kann 1–4 Stunden dauern. Zur Kontrolle mit dem Finger eine Druckprobe machen. Federt der Teig spontan und gleichmäßig wieder zurück, ist er backfertig. Noch während der Teig geht, den Ofen auf maximaler Stufe vorheizen. Die Teiglinge auf ein mit Backpapier ausgelegtes Blech stürzen, einschneiden (siehe Seite 39) und in den Ofen schieben.

Den Garraum des Ofens mit Wasser aus der Sprühflasche befeuchten und die Temperatur auf 220 °C reduzieren. Die Brote 20 Minuten backen, drehen – mehrere Bleche gegebenenfalls umschichten – und weitere 10 Minuten backen. Aufpassen, dass sie nicht zu dunkel werden. Zur Garprobe mit dem Finger gegen die Unterseite der Brote klopfen – klingen sie hohl, sind sie fertig. Die Backzeit sollte insgesamt nicht länger als 40 Minuten betragen.

Anmerkung

Falls Sie die Menge der eingeweichten Rosinen und Korinthen anpassen müssen, rechnen Sie im Verhältnis ein Drittel Korinthen und zwei Drittel Rosinen – die Früchte müssen vor dem Untermischen exakt abgewogen werden. Reste können Sie in einem luftdicht verschlossenen Behälter bis zu 1 Monat im Kühlschrank aufbewahren – falls Sie sie bis dahin nicht längst über Ihr Müsli gestreut haben.

Zutaten

725 g Sauerteig (siehe Seite 50 – 51)

10 g getrocknete Berberitzen

40 g Korinthen-Rosinen-Mix (siehe Seite 64)

150 g getrocknete Feigen, in je 6 Spalten geschnitten

85 g Roggenstarter (siehe Seite 43 – 45)

Dieses Früchtebrot lässt keine Wünsche offen. Es schmeckt hervorragend getoastet zum Frühstück, passt ideal zu Käse und Wein und überzeugt wie das Haselnuss-Rosinen-Brot auf Seite 64 – 65 auch in einem Brotpudding. Berberitzen, die fleischigen, leuchtend roten Beeren des Sauerdorns, sind vor allem in der persischen Küche beliebt. Sie haben einen süßsäuerlichen Geschmack, ähnlich der Cranberry. Man findet sie im persischen Lebensmittelhandel oder im Feinkostladen.

Feigen-Berberitzen-Brot

Ergibt 2 Brote

Zubereitung

Nach der Anleitung auf Seite 50–51 einen Sauerteig zubereiten und so lange kneten, bis er sich zu einer hauchdünnen Membran dehnen lässt. Die Berberitzen, den Korinthen-Rosinen-Mix, die Feigen und den Roggenstarter vermengen und behutsam unter den Teig mischen. Sie können die Zutaten vorsichtig per Hand unterheben oder einfach in der Küchenmaschine auf langsamer Stufe 2 – 3 Minuten einarbeiten – das Gerät zwischendurch ein paar Mal ausschalten und mit der Hand etwas nachhelfen. Eine Schüssel mit Sprühöl leicht einfetten, den Teig hineinlegen und mit Frischhaltefolie bedeckt bei Raumtemperatur (etwa 20 °C) gehen lassen.

Zum Abschlagen den Teig auf der leicht bemehlten Arbeitsfläche zu einem Rechteck von etwa 2,5 Zentimeter Dicke ausbreiten. Ein Drittel des Teiges zur Mitte hin falten und das gegenüberliegende Drittel darüberschlagen. Den Teig um 90 Grad drehen und erneut dreifach zusammenfalten. Zurück in die Schüssel legen und zugedeckt 1 weitere Stunde gehen lassen.

Den Teig mit einem stumpfen Messer oder einer Teigkarte in zwei gleich große Portionen von je etwa 500 Gramm teilen. Die Teigportionen einzeln nach der Anleitung auf Seite 30 – 35 zu länglich ovalen Laiben formen.

Zwei kleine Gärkörbe mit Küchentüchern auslegen, leicht mit Mehl bestauben und die Teiglinge mit dem Saum nach oben hineinlegen. Bei Körben aus Peddigrohr genügt einfaches Ausstreuen mit Mehl. Sie können die Brote auch gleich mit dem Saum nach unten auf ein mit Backpapier ausgekleidetes Blech legen. Locker mit einer Plastiktüte bedecken und für 8–12 Stunden in den Kühlschrank stellen.

Den Ofen auf höchster Stufe vorheizen. Die Brote aus dem Kühlschrank nehmen und in einer feuchtwarmen Umgebung bei 25 °C noch einmal gehen lassen, bis sich ihr Volumen um zwei Drittel vergrößert hat – das kann 1–4 Stunden dauern. Zum Testen mit dem Finger die Druckprobe machen. Federt der Teig spontan und gleichmäßig wieder zurück, ist er backfertig. Die Brote auf ein mit Backpapier ausgelegtes Blech stürzen, einschneiden (siehe Seite 39) und in den heißen Ofen schieben.

Den Garraum des Ofens mit Wasser aus der Sprühflasche befeuchten und die Temperatur auf 220 °C reduzieren. Die Brote 20 Minuten backen, drehen – mehrere Bleche gegebenenfalls umschichten – und weitere 10 Minuten backen. Aufpassen, dass sie nicht zu dunkel werden. Zur Garprobe mit dem Finger gegen die Unterseite klopfen – klingt sie hohl, sind die Brote fertig. Insgesamt sollte das Backen nicht länger als 40 Minuten dauern.

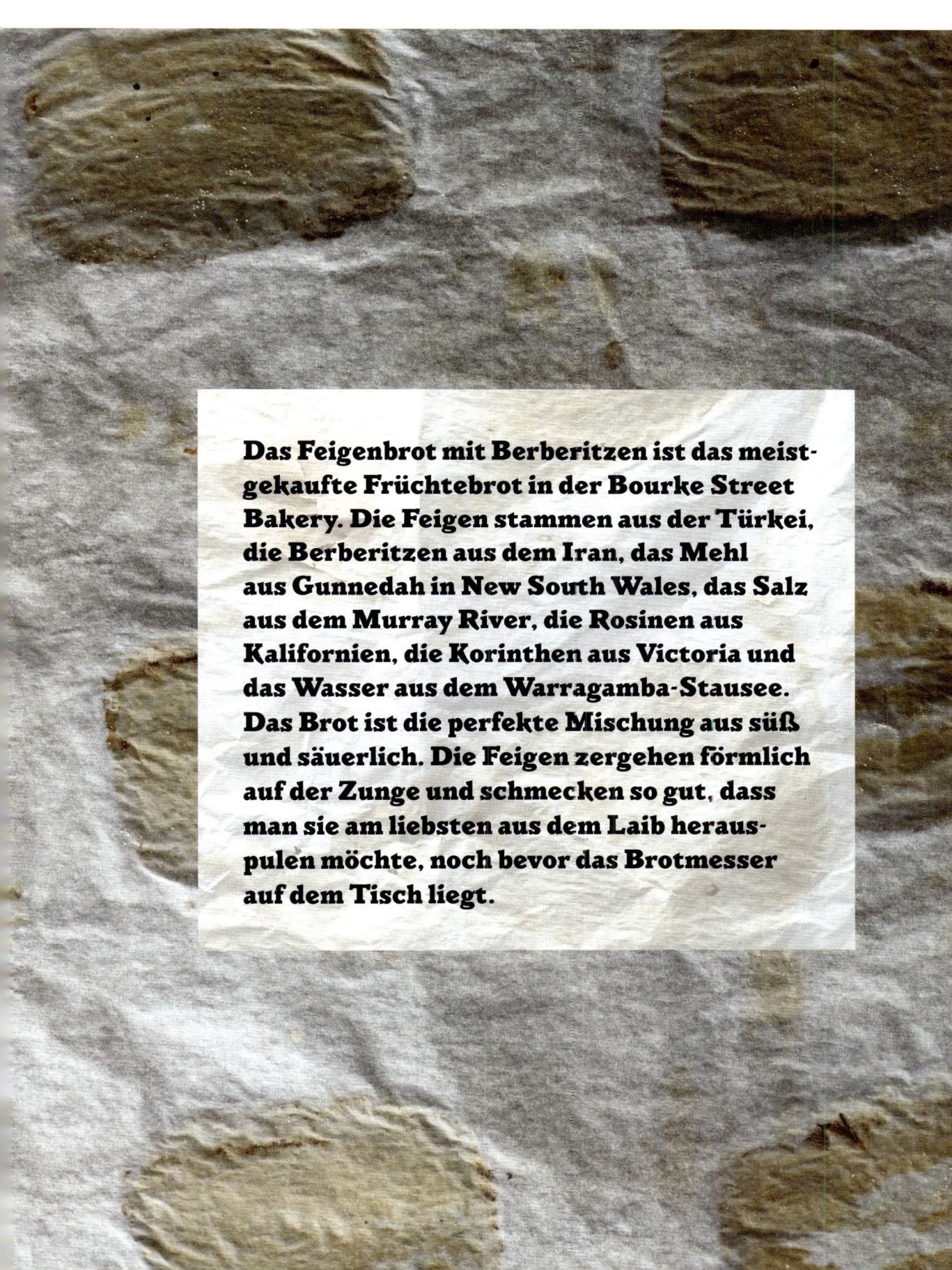

Das Feigenbrot mit Berberitzen ist das meistgekaufte Früchtebrot in der Bourke Street Bakery. Die Feigen stammen aus der Türkei, die Berberitzen aus dem Iran, das Mehl aus Gunnedah in New South Wales, das Salz aus dem Murray River, die Rosinen aus Kalifornien, die Korinthen aus Victoria und das Wasser aus dem Warragamba-Stausee. Das Brot ist die perfekte Mischung aus süß und säuerlich. Die Feigen zergehen förmlich auf der Zunge und schmecken so gut, dass man sie am liebsten aus dem Laib herauspulen möchte, noch bevor das Brotmesser auf dem Tisch liegt.

Zutaten

25 g Roggenkörner oder Quinoa

70 ml Wasser

20 g (2 EL) Sonnenblumenkerne

850 g Sauerteig (siehe Seite 50 – 51)

5 g (2½ EL) Kümmelsamen

½ TL Kreuzkümmelsamen

90 g Roggenstarter (siehe Seite 43 – 45)

Dieses Mischbrot mit Kümmel ist ein echter Renner in der Bourke Street Bakery. Einmal nahmen wir es aus dem Sortiment und ein Sturm der Entrüstung war die Folge – nicht, dass die Leute auf die Barrikaden gingen, aber wir bekamen Dutzende verärgerter E-Mails – zu Recht.

Eine Scheibe dieses Weizenmischbrotes ist wie eine kleine Mahlzeit, kräftig im Geschmack und von wunderbarer Konsistenz. Der Kreuzkümmel kam erst später hinzu und wie bei vielen großen Erfindungen half dabei der Zufall etwas nach. Ein Lehrling, der den Unterschied zwischen Kümmel und Kreuzkümmel nicht kannte, füllte den Kümmeleimer mit Kreuzkümmel auf und schon war das Brot geboren! Die Roggen- oder Quinoakörner müssen 2 Tage in Wasser quellen, bevor man sie untermischt.

Weizenmischbrot mit Kümmel

Ergibt 2 Brote

Zubereitung

Die Roggenkörner oder den Quinoa in einer Schüssel mit dem Wasser übergießen, mit Frischhaltefolie bedecken und 2 Tage quellen lassen. Sorgfältig abtropfen lassen und bis zur Verwendung beiseitestellen.

Die Sonnenblumenkerne auf einem Blech verteilen und im 180 °C heißen Ofen etwa 8 Minuten rösten. Vor der Weiterverarbeitung vollständig abkühlen lassen.

Nach der Anleitung auf Seite 50 – 51 einen Sauerteig bereiten und so lange kneten, bis er sich, ohne zu reißen, zu einer hauchdünnen Membran dehnen lässt. Den gequellten Roggen oder Quinoa, die Kümmel- und Kreuzkümmelsamen und den Starter kurz vermengen und unter den Sauerteig mischen. Sie können die Zutaten behutsam per Hand unterheben oder in der Küchenmaschine auf langsamer Stufe in 2 – 3 Minuten einarbeiten – das Gerät ab und zu ausschalten und mit der Hand etwas nachhelfen. Eine Schüssel mit Sprühöl leicht einfetten, den Teig hineinlegen und mit Frischhaltefolie bedeckt bei Raumtemperatur (etwa 20 °C) 1 Stunde gehen lassen.

Zum Abschlagen den Teig auf der leicht bemehlten Arbeitsfläche zu einem Rechteck von etwa 2,5 Zentimeter Dicke ausbreiten. Ein Drittel des Teiges zur Mitte hin falten und das gegenüberliegende Drittel darüberschlagen. Den Teig um 90 Grad drehen und erneut dreifach zusammenfalten. Zurück in die Schüssel legen und zugedeckt 1 weitere Stunde gehen lassen.

Den Teig mit einem stumpfen Messer oder einer Teigkarte in zwei gleich große Portionen von je etwa 500 Gramm teilen. Die Teigportionen einzeln nach der Anleitung auf Seite 30–35 zu runden Laiben formen.

Zwei Gärkörbe mit Küchentüchern auslegen, leicht mit Mehl bestauben und die Teiglinge mit dem Saum nach oben hineinlegen. Bei Körben aus Peddigrohr genügt einfaches Ausstreuen mit Mehl. Sie können die Brote auch gleich mit dem Saum nach unten auf ein mit Backpapier ausgekleidetes Blech legen. Locker mit einer Plastiktüte bedecken und für 8–12 Stunden in den Kühlschrank stellen.

Die Brote aus dem Kühlschrank nehmen und in einer feuchtwarmen Umgebung bei 25 °C noch einmal gehen lassen, bis sich ihr Volumen um zwei Drittel vergrößert hat – das kann 1–4 Stunden dauern. Zum Testen den Teig mit dem Finger andrücken. Federt er sofort und gleichmäßig wieder zurück, ist er bereit zum Backen. Noch während der Teig geht, den Ofen auf höchster Stufe vorheizen. Die Brote auf ein mit Backpapier ausgelegtes Blech stürzen, einschneiden (siehe Seite 39) und in den Ofen schieben.

Den Garraum des Ofens mit Wasser aus der Sprühflasche befeuchten, die Backofentemperatur auf 230 °C reduzieren und die Brote 20 Minuten backen. Drehen – mehrere Bleche gegebenenfalls umschichten – und weitere 10 Minuten backen. Aufpassen, dass die Brote nicht zu dunkel werden. Zur Garprobe mit dem Finger gegen ihre Unterseite klopfen – klingen sie hohl, sind sie fertig. Die Backzeit sollte 40 Minuten nicht überschreiten.

Zutaten

775 g Sauerteig (siehe Seite 50 – 51)
1 TL gemahlener Zimt
½ TL gemahlener Piment
¾ TL gemahlene Muskatnuss
½ TL Nelkenpulver
220 g Korinthen-Rosinen-Mix (siehe Seite 64)

Für dieses Gewürzbrot aus Sauerteig mischen wir in unserer Bäckerei Piment, Muskatnuss, Nelken, Zimt sowie Rosinen und Korinthen unter den Grundteig. Im ersten Jahr verkauften wir es als Ersatz für *hot cross buns* (wörtlich: heiße Kreuzbrötchen – Gewürzbrötchen, die in Großbritannien traditionell zu Ostern gereicht werden). Damals hatten wir noch keinen Teigteiler und es wäre extrem zeitaufwendig gewesen, richtige *hot cross buns* in ausreichenden Mengen zu produzieren. Hinzu kommt, dass das heutige Hefegebäck ohnehin ursprünglich aus Sauerteig bereitet wurde.

Gewürzbrot aus Sauerteig

Ergibt 2 Brote

Zubereitung

Nach der Anleitung auf Seite 50 – 51 einen Sauerteig bereiten und so lange kneten, bis er sich zu einer hauchdünnen Membran dehnen lässt, ohne zu reißen. Die vermischten Gewürze und den Korinthen-Rosinen-Mix untermengen. Sie können die Zutaten vorsichtig per Hand unterheben oder in der Küchenmaschine auf langsamer Stufe 2 – 3 Minuten einarbeiten – das Gerät hin und wieder ausschalten und mit der Hand etwas nachhelfen. Eine Schüssel mit Sprühöl leicht einfetten, den Teig hineinlegen und mit Frischhaltefolie bedeckt bei Raumtemperatur (etwa 20 °C) 1 Stunde gehen lassen.

Zum Abschlagen den Teig auf der leicht bemehlten Arbeitsfläche zu einem Rechteck von etwa 2,5 Zentimeter Dicke ausbreiten. Ein Drittel des Teiges zur Mitte hin falten und das gegenüberliegende Drittel darüberschlagen. Den Teig um 90 Grad drehen, erneut dreifach zusammenfalten, zurück in die Schüssel legen und zugedeckt 1 weitere Stunde gehen lassen.

Den Teig mit einem stumpfen Messer oder einer Teigkarte in zwei gleich große Portionen von je etwa 500 Gramm teilen. Die Teigportionen einzeln nach der Anleitung auf Seite 30 – 35 zu runden Laiben formen.

Zwei Gärkörbe mit Küchentüchern auslegen, leicht mit Mehl bestauben und die Teiglinge mit dem Saum nach oben hineinlegen. Bei Verwendung traditioneller Körbe aus Peddigrohr ist kein Tuch nötig, einfaches Ausstreuen mit Mehl genügt. Sie können die Brote auch gleich mit dem Saum nach unten auf ein mit Backpapier ausgekleidetes Blech legen. Locker mit einer Plastiktüte bedecken und für 8–12 Stunden in den Kühlschrank stellen.

Den Ofen auf maximaler Stufe vorheizen. Die Brote aus dem Kühlschrank nehmen und an einem feuchtwarmen Ort bei 25 °C noch einmal gehen lassen, bis sich ihr Volumen um zwei Drittel vergrößert hat – das kann 1–4 Stunden dauern. Zum Testen den Teig mit dem Finger andrücken. Federt er sofort und gleichmäßig wieder zurück, ist er backfertig. Die Brote auf ein mit Backpapier ausgelegtes Blech stürzen, einschneiden (siehe Seite 39) und in den Ofen schieben.

Den Garraum des Ofens mit Wasser aus der Sprühflasche befeuchten und die Temperatur auf 220 °C herunterstellen. Die Brote 20 Minuten backen, drehen – mehrere Bleche gegebenenfalls umschichten – und weitere 10 Minuten backen. Aufpassen, dass sie nicht zu dunkel werden. Zur Garprobe mit dem Finger gegen die Unterseite der Brote klopfen – klingen sie hohl, sind sie fertig. Insgesamt sollte das Backen nicht länger als 40 Minuten dauern.

Zutaten

30 g getrocknete Biosojabohnen

300 ml Wasser

900 g Sauerteig (siehe Seite 50 – 51)

20 g (1½ EL) Leinsamen

30 g Sojamehl

Eine fabelhafte und gesunde Alternative zum klassischen Sandwichbrötchen. Wir verwenden das Brot für unsere vegetarischen Sandwiches. Es ist wunderbar knusprig und schmeckt so erquickend, als könnte es das Leben verlängern. Die Sojabohnen müssen am Vortag in Wasser eingeweicht werden.

Leinsamenbrot mit Soja

Ergibt 2 Brote

Zubereitung

Die Sojabohnen in einer Schüssel mit dem Wasser übergießen, mit Frischhaltefolie bedecken und über Nacht quellen lassen. Abgießen, abtropfen lassen und bis zur Verwendung beiseitestellen.

Nach der Anleitung auf Seite 50–51 einen Sauerteig bereiten und so lange kneten, bis er sich hauchdünn auseinanderziehen lässt, ohne zu reißen. Die Leinsamen über den Sauerteig streuen, die Sojabohnen und das Sojamehl zugeben und behutsam untermengen. Sie können die Zutaten vorsichtig per Hand unterheben oder einfach in der Küchenmaschine auf langsamer Stufe 2–3 Minuten einarbeiten. Eine Schüssel leicht mit Sprühöl einfetten, den Teig hineinlegen und mit Frischhaltefolie bedeckt bei Raumtemperatur (etwa 20 °C) 1 Stunde gehen lassen.

Zum Abschlagen den Teig auf der leicht bemehlten Arbeitsfläche zu einem Rechteck von etwa 2,5 Zentimeter Dicke ausbreiten. Ein Drittel des Teiges zur Mitte hin falten und das gegenüberliegende Drittel darüberschlagen. Den Teig um 90 Grad drehen und erneut dreifach zusammenfalten. Zurück in die Schüssel legen und zugedeckt 1 weitere Stunde gehen lassen.

Den Teig mit einem stumpfen Messer oder einer Teigkarte in zwei gleich große Portionen von je etwa 500 Gramm teilen. Die Teigportionen einzeln nach der Anleitung auf Seite 30 – 35 zu länglich ovalen Laiben formen.

Zwei Gärkörbchen mit Küchentüchern auslegen, leicht mit Mehl bestauben und die Teiglinge mit dem Saum nach oben hineinlegen. Bei Verwendung traditioneller Körbe aus Rohrgeflecht genügt einfaches Ausstreuen mit Mehl. Sie können die Brote auch gleich mit dem Saum nach unten auf ein mit Backpapier ausgekleidetes Blech legen. Locker mit einer Plastiktüte bedecken und für 8–12 Stunden in den Kühlschrank stellen.

Die Brote aus dem Kühlschrank nehmen und in einer feuchtwarmen Umgebung bei 25 °C noch einmal gehen lassen, bis sich ihr Volumen um zwei Drittel vergrößert hat – das kann 1–4 Stunden dauern. Zum Testen den Teig mit dem Finger andrücken. Federt er gleichmäßig und spontan wieder zurück, ist er backfertig. Noch während der Teig geht, den Ofen auf maximaler Stufe vorheizen. Die Brote auf ein mit Backpapier ausgelegtes Blech stürzen, einschneiden (siehe Seite 39) und in den Ofen schieben.

Den Garraum des Ofens mit Wasser aus der Sprühflasche befeuchten, die Ofentemperatur auf 220 °C reduzieren und die Brote 20 Minuten backen; drehen – mehrere Bleche umschichten – und weitere 10 Minuten backen. Aufpassen, dass sie nicht zu dunkel werden. Zur Garprobe mit dem Finger gegen die Unterseite der Brote klopfen – klingen sie hohl, sind sie fertig. Das Backen sollte insgesamt nicht länger als 40 Minuten dauern.

Zutaten

70 g Walnusskerne

725 g Sauerteig (siehe Seite 50 – 51)

125 g Korinthen-Rosinen-Mix (siehe Seite 64)

90 g Roggenstarter (siehe Seite 43 – 45)

Dieses Walnuss-Korinthen-Brot zeigt sich von seiner besten Seite, wenn man es zu einem guten Käse serviert. Ricotta und Quittengelee dazu sind ebenfalls nicht zu verachten. Das Rösten der Walnüsse setzt ihr aromatisches Öl frei und ist bei diesem Brot unverzichtbar.

Walnuss-Korinthen-Brot

Ergibt 2 Brote

Zubereitung

Die Walnüsse auf einem Backblech verteilen und im 180 °C heißen Ofen etwa 7 Minuten rösten, bis sie goldbraun sind. Vor der Weiterverarbeitung vollständig abkühlen lassen.

Nach der Anleitung auf Seite 50 – 51 einen Sauerteig bereiten und so lange kneten, bis er sich hauchdünn auseinanderziehen lässt, ohne zu reißen. Die Walnüsse, den Korinthen-Rosinen-Mix und den Roggenstarter vermengen und unter den Teig mischen. Sie können die Zutaten behutsam mit der Hand unterziehen, bis sie sich eben verbunden haben, oder einfach in der Küchenmaschine auf langsamer Stufe 2–3 Minuten einarbeiten. Eine Schüssel leicht mit Sprühöl einfetten, den Teig hineinlegen und mit Frischhaltefolie bedeckt bei Raumtemperatur (etwa 20 °C) 1 Stunde gehen lassen.

Zum Abschlagen den Teig auf der leicht bemehlten Arbeitsfläche zu einem Rechteck von etwa 2,5 Zentimeter Dicke ausbreiten. Ein Drittel des Teigs zur Mitte hin falten und das gegenüberliegende Drittel darüberschlagen. Den Teig um 90 Grad drehen, erneut dreifach zusammenfalten, zurück in die Schüssel legen und zugedeckt 1 weitere Stunde gehen lassen.

Den Teig mit einem stumpfen Messer oder einer Teigkarte in zwei gleich große Portionen von je etwa 500 Gramm teilen. Die Teigportionen einzeln wie auf Seite 30 – 35 beschrieben zu Rundlaiben formen.

Zwei Gärkörbchen mit Küchentüchern auslegen, leicht mit Mehl bestauben und die Teiglinge mit dem Saum nach oben hineinlegen. Bei Verwendung traditioneller Körbe aus Rohrgeflecht genügt einfaches Ausstreuen mit Mehl. Sie können die Brote auch gleich mit dem Saum nach unten auf ein mit Backpapier ausgekleidetes Blech legen. Locker mit einer Plastiktüte bedecken und für 8 – 12 Stunden in den Kühlschrank stellen.

Die Brote aus dem Kühlschrank nehmen und in einer feuchtwarmen Umgebung bei 25 °C noch einmal gehen lassen, bis sich ihr Volumen um zwei Drittel vergrößert hat – das dauert 1 – 4 Stunden. Zum Test die Druckprobe mit dem Finger machen. Federt der Teig spontan und gleichmäßig wieder zurück, ist er backfertig. Noch während der Teig geht, den Ofen auf maximaler Stufe vorheizen. Die Brote auf ein mit Backpapier ausgelegtes Blech stürzen, einschneiden (siehe Seite 39) und in den Ofen schieben.

Den Garraum des Ofens mit Wasser aus der Sprühflasche befeuchten, die Temperatur auf 220 °C reduzieren und die Brote 20 Minuten backen; drehen – mehrere Bleche gegebenenfalls umschichten – und weitere 10 Minuten backen. Aufpassen, dass sie nicht zu dunkel werden. Zur Garprobe mit dem Finger gegen die Unterseite der Brote klopfen – klingen sie hohl, sind sie fertig. Insgesamt sollte das Backen nicht länger als 40 Minuten dauern.

Zutaten

70 g Biohaferflocken

40 ml Wasser

700 g Sauerteig (siehe Seite 50 – 51)

185 g geschälte, entkernte Äpfel, in 2 – 3 cm große Würfel geschnitten

Nicht nur als gesundes Frühstück mit körnigem Frischkäse oder Ricotta macht sich dieses kräftige Haferflockenbrot mit Äpfeln gut, es schmeckt auch ausgezeichnet zu einer Käseplatte, da sein zurückhaltendes Aroma dem Käse die Hauptrolle überlässt. Die Krume hat dank der Haferflocken eine dem Porridge ähnliche Beschaffenheit, wird aber recht knusprig, wenn man das Brot toastet. Der Teig muss in der Regel etwas länger gehen und backen als bei anderen Broten, da die Haferflocken das Aufgehen der Krume hemmen. Sie können das Verhältnis zwischen Haferflocken und Teig variieren, um die Konsistenz zu verändern. Wenn Sie den Anteil der Haferflocken reduzieren, verkürzt sich die Backzeit und das Brot wird weniger fest.

Apfel-Haferflocken-Brot

Ergibt 2 Brote

Zubereitung

Die Haferflocken in einer Schüssel mit dem Wasser übergießen und 5 Minuten einweichen. Abtropfen lassen und bis zur Verwendung mit Frischhaltefolie bedeckt beiseitestellen.

Nach der Anleitung auf Seite 50 – 51 einen Sauerteig bereiten und so lange kneten, bis er sich hauchdünn auseinanderziehen lässt, ohne zu reißen. Die Äpfel und die eingeweichten Haferflocken untermengen. Sie können die Zutaten rasch, aber behutsam mit der Hand unterheben oder in der Küchenmaschine auf langsamer Stufe 2 – 3 Minuten einarbeiten – das Gerät ab und zu ausschalten und mit der Hand etwas nachhelfen. Eine Schüssel mit Sprühöl leicht einfetten, den Teig hineinlegen und mit Frischhaltefolie bedeckt bei Raumtemperatur (etwa 20 °C) 1 Stunde gehen lassen.

Zum Abschlagen den gegangenen Teig auf der leicht bemehlten Arbeitsfläche zu einem Rechteck von etwa 2,5 Zentimeter Dicke ausbreiten. Ein Drittel des Teigs zur Mitte hin falten und das gegenüberliegende Drittel darüberschlagen. Den Teig um 90 Grad drehen und erneut wie oben beschrieben dreifach zusammenfalten.

Zurück in die Schüssel legen und den abgeschlagenen Teig zugedeckt 1 weitere Stunde gehen lassen.

Den Teig mit einem stumpfen Messer oder einer Teigkarte in zwei gleich große Portionen von je etwa 500 Gramm teilen. Die Teigportionen einzeln nach der Anleitung auf Seite 30–35 zu runden Laiben formen.

Zwei Gärkörbchen mit Küchentüchern auslegen, leicht mit Mehl bestauben und die Laibe mit dem Saum nach oben hineinlegen. Bei traditionellen Körben aus Rohr genügt einfaches Ausstreuen mit Mehl. Sie können die Brote auch gleich mit dem Saum nach unten auf ein mit Backpapier ausgekleidetes Blech legen. Locker mit einer Plastiktüte bedecken und für 8–12 Stunden in den Kühlschrank stellen.

Die Brote aus dem Kühlschrank nehmen und an einem feuchtwarmen Ort bei 25 °C gehen lassen, bis sich ihr Volumen um zwei Drittel vergrößert hat – das kann 1–4 Stunden dauern. Zum Testen den Teig mit dem Finger leicht andrücken. Federt er rasch und gleichmäßig wieder zurück, ist er backfertig. Noch während der Teig geht, den Ofen auf maximaler Stufe vorheizen. Die Brote auf ein mit Backpapier ausgelegtes Blech stürzen, einschneiden (siehe Seite 39) und in den heißen Ofen schieben.

Den Garraum des Ofens mit Wasser aus der Sprühflasche befeuchten, die Temperatur auf 220 °C reduzieren und die Brote 20 Minuten backen; drehen – mehrere Bleche umschichten – und weitere 10 Minuten backen. Aufpassen, dass sie nicht zu dunkel werden. Zur Garprobe mit dem Finger gegen die Unterseite der Brote klopfen – klingen sie hohl, sind sie fertig. Insgesamt sollte das Backen nicht länger als 40 Minuten dauern.

Zutaten

775 g Sauerteig (siehe Seite 50 – 51)

5 g (2½ TL) Fenchelsamen

175 g Korinthen-Rosinen-Mix (siehe Seite 64)

50 g Roggenstarter (siehe Seite (43 – 45)

Fenchelsamen sind in der Bourke Street Bakery ein gern verwendetes Gewürz, doch sind wir nicht die Einzigen, die es lieben. Auch in Italien, in Indien und im Nahen Osten ist es eine bekannte Größe. Und selbst in der chinesischen, der malaysischen und der deutschen Küche spielt Fenchel als Gewürz eine gewisse Rolle. Die Samen haben einen unverwechselbaren, intensiven Anisgeschmack.

Sauerteig-Rosinen-Brot mit Fenchelsamen

Ergibt 2 Brote

Zubereitung

Nach der Anleitung auf Seite 50 – 51 einen Sauerteig bereiten und so lange kneten, bis er sich hauchdünn auseinanderziehen lässt, ohne zu reißen. Vorsichtig die Fenchelsamen, den Korinthen-Rosinen-Mix und den Roggenstarter unter den Teig mischen. Sie können die Zutaten rasch, aber behutsam mit der Hand unterheben oder auch in der Küchenmaschine auf langsamer Stufe 2 – 3 Minuten einarbeiten – das Gerät hin und wieder ausschalten und mit der Hand etwas nachhelfen. Eine Schüssel mit Sprühöl einfetten, den Teig hineinlegen und mit Frischhaltefolie bedeckt bei Raumtemperatur (etwa 20 °C) 1 Stunde gehen lassen.

Zum Abschlagen den Teig auf der leicht bemehlten Arbeitsfläche zu einem Rechteck von etwa 2,5 Zentimeter Dicke ausbreiten. Ein Drittel des Teigs zur Mitte hin falten und das gegenüberliegende Drittel darüberschlagen. Den Teig um 90 Grad drehen und erneut dreifach zusammenfalten. Zurück in die Schüssel legen und zugedeckt 1 weitere Stunde gehen lassen.

Den Teig mit einem stumpfen Messer oder einer Teigkarte in zwei gleich große Portionen von je etwa 500 Gramm teilen. Die Teigportionen einzeln wie auf Seite 30–35 beschrieben zu runden Laiben formen.

Zwei Gärkörbchen mit Küchentüchern auslegen, leicht mit Mehl bestauben und die Teiglinge mit dem Saum nach oben hineinlegen. Bei traditionellen Körben aus Rohrgeflecht genügt einfaches Ausstreuen mit Mehl. Sie können die Brote auch mit dem Saum nach unten auf ein mit Backpapier ausgekleidetes Blech legen. Die Teiglinge locker mit einer Plastiktüte bedecken und für 8–12 Stunden in den Kühlschrank stellen.

Die Brote aus dem Kühlschrank nehmen und an einem feuchtwarmen Ort bei 25 °C gehen lassen, bis sich ihr Volumen um zwei Drittel vergrößert hat – das kann 1–4 Stunden dauern. Zum Testen die Druckprobe mit dem Finger machen. Federt der Teig gleichmäßig und rasch wieder zurück, ist er bereit zum Backen. Noch während der Teig geht, den Ofen auf maximaler Stufe vorheizen. Die Brote auf ein mit Backpapier ausgelegtes Blech stürzen, einschneiden (siehe Seite 39) und in den Ofen schieben.

Den Garraum des Ofens mit Wasser aus der Sprühflasche befeuchten, die Temperatur auf 220 °C reduzieren und die Brote 20 Minuten backen; drehen – mehrere Bleche umschichten – und weitere 10 Minuten backen. Aufpassen, dass sie nicht zu dunkel werden. Zur Garprobe mit dem Finger gegen die Unterseite der Brote klopfen – klingen sie hohl, sind sie fertig. Die Backzeit sollte insgesamt 40 Minuten nicht überschreiten.

Zutaten

125 g vorwiegend festkochende Kartoffeln, gründlich gewaschen und in 3 cm große Würfel geschnitten

30 ml (1½ EL) Olivenöl

1 Prise Salz

1 Prise frisch gemahlener schwarzer Pfeffer

830 g Sauerteig (siehe Seite 50 – 51)

6 Zweige Rosmarin, Blättchen abgezupft

20 g (2 EL) Sojamehl

5 g (2 TL) Schwarzkümmelsamen

Dies ist ebenfalls ein Teig, der in seinen Jugendjahren noch mit Hefe angesetzt wurde und sich erst zu einem reinrassigen Sauerteig entwickelte (siehe Kartoffelbrot junior Seite 108) Wir verwenden dafür am liebsten Kartoffeln der Sorte Desiree, da sie bei uns das ganze Jahr über in gleichbleibender Qualität erhältlich sind, aber Sie können auch jede andere Sorte verwenden. Die Kartoffeln werden zunächst in Olivenöl gewendet, gewürzt und im Ofen halb gar geröstet, bevor man sie unter den Teig mischt. Schwarzkümmel wird häufig unter seinem indischen Namen *kalonji* gehandelt.

Kartoffelbrot

Ergibt 2 Brote

Zubereitung

Den Ofen auf 220 °C vorheizen. Die Kartoffeln auf einem Backblech mit einem Esslöffel des Olivenöls vermengen, mit Salz und frisch gemahlenem schwarzem Pfeffer würzen und 15 Minuten im Ofen rösten, bis man sie mit einer Messerspitze fast mühelos einstechen kann. Abkühlen lassen. Die Kartoffeln brauchen in dieser Phase nur etwa halb gar zu sein, den Rest erledigt das Backen. Garen sie zu lange, zerfallen sie, sobald man sie unter den Teig mischt. Wenn Sie das Brot später anschneiden, sollen erkennbare Kartoffelstücke darin stecken, damit jeder gleich sieht, dass es selbst gebacken ist.

Nach der Anleitung auf Seite 50 – 51 einen Sauerteig bereiten und so lange kneten, bis er sich hauchdünn auseinanderziehen lässt, ohne zu reißen. Vorsichtig die Kartoffeln, den Rosmarin, das Sojamehl, den Schwarzkümmel und das restliche Olivenöl untermengen, bis sämtliche Zutaten gleichmäßig verteilt sind. Sie können sie rasch mit der Hand unterheben oder in der Küchenmaschine auf niedrigster

Stufe 2–3 Minuten einarbeiten – das Gerät ab und zu ausschalten und mit der Hand etwas nachhelfen. Eine Schüssel mit Sprühöl leicht einfetten, den Teig hineinlegen und mit Frischhaltefolie bedeckt bei Raumtemperatur (etwa 20 °C) 1 Stunde gehen lassen.

Zum Abschlagen den Teig auf der leicht bemehlten Arbeitsfläche zu einem Rechteck von etwa 2,5 Zentimeter Dicke ausbreiten. Ein Drittel des Teiges zur Mitte hin falten und das gegenüberliegende Drittel darüberschlagen. Den Teig um 90 Grad drehen und erneut dreifach zusammenfalten. Zurück in die Schüssel legen und zugedeckt 1 weitere Stunde gehen lassen.

Den Teig mit einem stumpfen Messer oder einer Teigkarte in zwei Portionen von je etwa 500 Gramm teilen. Die Teigportionen einzeln nach der Anleitung auf Seite 30–35 zu runden Laiben formen.

Zwei Gärkörbchen mit Küchentüchern auslegen, leicht mit Mehl bestauben und die Laibe mit dem Saum nach oben hineinlegen. Traditionelle Körbe aus Peddigrohr brauchen lediglich mit Mehl ausgestreut zu werden. Sie können die Brote auch gleich mit dem Saum nach unten auf ein mit Backpapier bedecktes Blech legen und locker mit einer Plastiktüte bedeckt für 8–12 Stunden in den Kühlschrank stellen.

Die Brote aus dem Kühlschrank nehmen und an einem feuchtwarmen Ort bei 25 °C noch einmal gehen lassen, bis sich ihr Volumen um zwei Drittel vergrößert hat – das kann 1–4 Stunden dauern. Zum Testen den Teig mit dem Finger leicht andrücken. Federt er sofort und gleichmäßig wieder zurück, ist er backfertig. Noch während die Brote gehen, den Backofen auf maximaler Stufe vorheizen. Die Brote auf ein mit Backpapier ausgelegtes Blech stürzen, einschneiden (siehe Seite 39) und in den Ofen schieben.

Den Garraum des Ofens mit Wasser aus der Sprühflasche befeuchten, die Temperatur auf 220 °C reduzieren und die Brote 20 Minuten backen; drehen – mehrere Bleche gegebenenfalls umschichten – und weitere 10 Minuten backen. Aufpassen, dass die Brote nicht zu dunkel werden. Zur Garprobe mit dem Finger gegen ihre Unterseite klopfen – klingen sie hohl, sind sie fertig. Die Gesamtbackzeit sollte maximal 40 Minuten betragen.

Hefebrote

Von der Brioche einmal abgesehen wird für die folgenden Brote eine Mischung aus frischer Hefe und Weizenstarter als Backtriebmittel verwendet. Diese Halb-und-halb-Brote vereinen die säuerliche Note und Struktur von Sauerteig mit der luftig-lockeren Krume eines Hefeteigs. Während reiner Sauerteig lange gehen muss und eine dicke, leicht zähe Kruste bildet, gehen Hefeteige schneller auf und entwickeln eine dünne, knusprige Kruste. Die Kombination von Sauerteigstarter und Hefe vereint also deren Vorteile – die Zubereitung geht schneller und liefert ein leichteres, kinderfreundliches Brot mit dem kräftigen Aroma von Sauerteig.

Zutaten

550 g Weizenstarter (siehe Seite 42 – 45)
700 g Bioweizenmehl Type 550
10 g frische Hefe, zerkrümelt
275 ml Wasser
12 g (1½ EL) Meersalz

Für dieses Brot kombiniert man Hefe- und Sauerteig. Der Teig ist vielseitig verwendbar – man kann ihn zu einem Rundlaib ebenso verarbeiten wie zu Baguette oder Brötchen (siehe Seite 100 – 103). Und er gibt ein perfektes *fairy bread* ab (wörtlich: Märchenbrot), wie die bei uns in Australien bei Kindern beliebten Brotecken mit bunten Zuckerstreuseln heißen.

Helles Halbsauerteigbrot

Ergibt 1,5 Kilogramm Teig oder 3 Brote

Zubereitung

Zum Mischen des Teigs per Hand den Starter, das Mehl, die Hefe und das Wasser in eine geräumige Schüssel geben und mit einem großen Rührlöffel vermengen, bis sich die Zutaten zu einem Teig verbunden haben. Den Teig auf der sauberen Arbeitsfläche etwa 10 Minuten kneten und zu einem Ball formen. Mit Frischhaltefolie bedeckt 20 Minuten ruhen lassen. Den Teig mit dem Salz bestreuen, weitere 5 Minuten kneten und erneut zugedeckt 10 Minuten ruhen lassen. Ein letztes Mal 5 Minuten durcharbeiten, bis der Teig glatt und geschmeidig ist.

Wenn Sie den Teig in der Küchenmaschine zubereiten, den Starter in die Rührschüssel geben und den Knethaken einspannen. Das Mehl, die Hefe, das Wasser und das Salz hinzufügen und auf langsamer Stufe 4 Minuten kneten. Den Teig vom Schüsselrand schaben und bei hoher Geschwindigkeit weitere 5 Minuten kneten, bis er sich vom Schüsselrand löst und glatt und geschmeidig ist.

Reißt der Teig beim geringsten Versuch, ihn zu dehnen, wurde er nicht ausreichend geknetet und muss noch länger geknetet werden. Er sollte sich zu einer hauchdünnen, fast durchsichtigen Membran auseinanderziehen lassen. Die Schüssel zudecken und den Teig 20 Minuten ruhen lassen.

Eine Schüssel mit Sprühöl leicht einfetten, den Teig hineinlegen und mit Frischhaltefolie bedeckt bei Raumtemperatur (etwa 20 °C) 1 Stunde gehen lassen.

Zum Abschlagen den Teig auf der leicht bemehlten Arbeitsfläche zu einem Rechteck von etwa 2,5 Zentimeter Dicke ausbreiten. Ein Drittel des Teiges zur

Mitte hin falten und das gegenüberliegende Drittel darüberschlagen. Den Teig um 90 Grad drehen und erneut dreifach zusammenfalten. Zurück in die Schüssel legen und zugedeckt 1 weitere Stunde gehen lassen.

Den Teig zum Portionieren und Formen mit einem stumpfen Messer oder einer Teigkarte in drei Portionen von je 500 Gramm teilen und diese einzeln weiterverarbeiten. Den Teig mit den hohlen Händen umschließen und auf der Arbeitsfläche gegen den Uhrzeigersinn drehen, ohne loszulassen, bis sich ein kompakter, runder Kloß mit glatter Oberfläche gebildet hat. Auf eine leicht bemehlte Unterlage legen und mit Frischhaltefolie bedeckt 20 Minuten ruhen lassen.

Drei Kastenformen von 15 × 9 × 10 Zentimeter leicht einfetten. Die Teigbälle formen: Den Teig auseinanderziehen, bis er doppelt so breit ist. Ein Teigdrittel zur Mitte hin falten und das gegenüberliegende Drittel darüberschlagen. Dann die oberen Ecken wie die Nase eines Papierfliegers nach innen falten und fest andrücken, damit sich keine Luftblasen bilden.

Den Teig beim Formen möglichst passgenau den Backformen anpassen. Die Nase weiter nach innen falten; dabei mit sparsamen Bewegungen arbeiten und mit den Fingern ständig Druck ausüben, damit der Teig Spannung aufbaut und formbeständig wird. Auf diese Weise den Teig bis zur Hälfte einschlagen und den Saum durch Druck mit den Fingern oder dem Handballen verschließen. Den Teig mit beiden Händen weiter auf Spannung bringen und in der beschriebenen Weise falten, dabei jedes Mal den Saum andrücken. Darauf achten, dass er gerade verläuft und wirklich schließt; tut er es nicht, mit den Fingern etwas nachhelfen. Die fertigen Laibe in die Formen legen und lose mit Frischhaltefolie bedecken. Sie können die Teiglinge auch mit dem Saum nach unten auf ein mit Backpapier bedecktes Blech legen. Zugedeckt für 1 Stunde in den Kühlschrank stellen.

Die Brote aus dem Kühlschrank nehmen und an einem feuchtwarmen Ort bei etwa 25 °C gehen lassen, bis sich ihr Volumen um zwei Drittel vergrößert hat – das kann 30 Minuten bis 1½ Stunden dauern. Zum Testen den Teig mit dem Finger leicht andrücken. Federt er sofort und gleichmäßig wieder zurück, ist er bereit zum Backen. Noch während der Teig geht, den Ofen auf maximaler Stufe vorheizen.

Die Brote in den Ofen schieben, den Garraum mit Wasser aus der Sprühflasche befeuchten, die Ofentemperatur auf 210 °C reduzieren und die Laibe 20 Minuten backen, drehen – mehrere Bleche gegebenenfalls umschichten – und weitere 10 Minuten backen. Zur Garprobe die Brote aus der Form lösen und mit dem Finger gegen die Unterseite klopfen – klingen sie hohl, sind sie fertig. Die Gesamtbackzeit sollte nicht mehr als 40 Minuten betragen.

Zutaten

1,5 kg (1 Rezeptmenge) heller Halbsauerteig (siehe Seite 98–99)

Das echte französische Baguette, das klassische Stangenbrot, wiegt traditionell 250 Gramm, ist sechs Zentimeter breit und bis zu 100 Zentimeter lang! Die Größe Ihrer Baguettes richtet sich nach der Größe des Ofens und Ihrer Bleche. Baguette sollte außen knusprig, die Krume jedoch nicht zu trocken sein – das erfordert kurzes Backen bei relativ hoher Temperatur. Sie können aus dem Teig auch Brötchen oder Minibaguettes formen.

Baguette

Ergibt 7 Stück

Zubereitung

Nach der Anleitung auf Seite 98–99 einen hellen Halbsauerteig bereiten und so lange kneten, bis er sich hauchdünn auseinanderziehen lässt, ohne zu reißen. Den Teig mit einem stumpfen Messer oder einer Teigkarte in sieben Portionen von je 200 Gramm teilen. Zu runden Bällen formen und auf einem bemehlten Blech 20 Minuten ruhen lassen.

Die Teigportionen einzeln weiterverarbeiten: Den Teig mit den Handflächen zu einem Rechteck ausbreiten. Die äußeren Drittel zur Mitte hin übereinanderfalten und gleichmäßig andrücken. Den Teig so drehen, dass der Saum zu Ihnen zeigt. Den oberen Teigrand mit den Fingerspitzen greifen, in einer fließenden Bewegung nach innen einschlagen und gleichzeitig andrücken (siehe Fotos rechts). Diesen Vorgang dreimal wiederholen, um den Teig auf Spannung zu bringen. Den Saum über die gesamte Länge durch Druck mit den Fingern versiegeln. Den Teig weiter einwärts falten, bis Sie einen fast walzenförmigen Strang haben. Den Saum weiter durch Andrücken verschließen – zuletzt erzeugt die entweichende Luft dabei eine Art Knall. Wenn Sie den Teigstrang umdrehen, sollte eine gerade verlaufende Naht zu sehen sein. Jetzt geht es ans Rollen des Baguettes.

In der Mitte des Teigs beginnend den Strang mit beiden Handflächen gleichmäßig hin und her rollen, sodass er sich allmählich in die Länge zieht. Darauf achten, dass keine Unebenheiten oder ungleich dicke Stellen beim Auseinanderrollen entstehen, was gewöhnlich geschieht, wenn man mit der dominanten Hand zu fest drückt. Das Baguette mit der Saumseite nach oben drehen und den Vorgang wiederholen, bis ein etwa 30 Zentimeter langer und fünf Zentimeter breiter Teigstrang entstanden ist.

1. Den Teig mit den Händen zu einem gleichmäßigen Rechteck ausbreiten und gut andrücken.

2. Das Rechteck gedanklich dritteln und die äußeren Drittel zur Mitte hin übereinanderfalten.

3. Den Teig so drehen, dass der Saum zu Ihnen zeigt, und den oberen Rand mit den Fingern einschlagen und fest andrücken.

4. Während des Faltens beständig Druck mit den Fingern ausüben.

5. Den Saum durch Druck mit dem Handballen versiegeln – ein leichtes Knallen zeigt an, dass er vollständig verschlossen ist.

6. Die Teigstränge durch Rollen mit den Handflächen gleichmäßig in die Länge ziehen.

7. Die Baguettes mit dem Saum nach oben, durch Stoff voneinander getrennt, nebeneinander auf ein mit Mehl bestaubtes Küchentuch legen und 20 Minuten gehen lassen.

Die Teigenden mit den Händern fest zusammendrücken, sodass sie spitz zulaufen. Die restlichen sechs Teigportionen in gleicher Weise formen und rollen.

In der Bourke Street Bakery lassen wir unsere Baguettes auf *couche* (Belgisches Leinen) gehen. Zu Hause tut es ein normales Küchentuch. Das Tuch der Länge nach auf ein Backblech legen und großzügig mit Mehl bestauben. Das erste Baguette mit dem Saum nach oben an den Rand legen und den Stoff unmittelbar daneben etwas aufwerfen, sodass eine Barriere zum nächsten Teigling entsteht. Das Tuch immer ausreichend mit Mehl bestauben, bevor Sie das nächste Baguette auflegen. Sobald sämtliche Baguettes auf dem Tuch liegen, die Brote locker mit einer Plastiktüte bedecken und an einem warmen Ort (25 °C) 30 Minuten gehen lassen. Noch während der Teig geht, den Ofen auf maximaler Stufe vorheizen und eventuell während der Backens etwas herunterschalten.

Zum Testen den Teig mit dem Finger sanft andrücken – federt er sofort zurück, ist er backfertig. Die Baguettes vorsichtig aus dem Tuch rollen, sodass der Saum unten liegt, und behutsam – Saum nach unten – auf ein mit Backpapier bedecktes Blech umsetzen.

Zum Einschneiden benötigen Sie ein sehr scharfes Messer. Den Teig in regelmäßigen Abständen fünf- bis sechsmal leicht schräg einschneiden; dabei die Schnitte seitlich versetzt etwa ein Drittel überlappen lassen – so entsteht das, was wir Bäcker die „Brücke" nennen. Aber zerbrechen Sie sich nicht unnötig den Kopf darüber, wie Sie den Schnitt führen. Einfach entscheiden und schneiden.

Die Baguettes in den Ofen schieben und den Garraum mit Wasser aus der Sprühflasche befeuchten. Die Brote 10 Minuten backen, drehen – mehrere Bleche umschichten –, die Unterseite kontrollieren, damit sie nicht verbrennt, und weitere 10–15 Minuten backen.

Abwandlung

Für Brötchen zunächst Baguettes formen, gehen lassen und anschließend schräg in fünf rautenförmige Stücke schneiden.

Für runde Brötchen den Teig nach dem ersten Gehen in Portionen zu je 60 Gramm zerteilen und 20 Minuten ruhen lassen. Anschließend auf der Arbeitsfläche mit der hohlen Hand zu runden Bällchen rollen und auf Blechen weitere 30 Minuten gehen lassen.

Für Minibaguettes den Teig zunächst in der gewünschten Größe zu Bällchen formen und 20 Minuten ruhen lassen. Anschließend in der beschriebenen Weise zu Baguettes formen und direkt auf ein mit Backpapier bedecktes Blech legen. Brötchen oder Minibaguettes 10 Minuten backen, drehen und, falls erforderlich, in weiteren 5 Minuten fertigstellen.

Zutaten
260 g Weizenstarter (siehe Seite 42 – 45)
40 g Roggenstarter (siehe Seite 43 – 45)
150 g Bioweizenmehl Type 550
375 g Bioroggenmehl Type 1150
10 g frische Hefe, zerkrümelt
12 g (1¼ EL) Meersalz
300 ml Wasser

Roggenmischbrot ist sehr gesund und wohlschmeckend, außerdem hält es sich problemlos eine Woche und länger. Der Anteil an Roggenmehl beträgt hier 72 Prozent, doch nur das Weizenmehl hat die Fähigkeit, Kleber zu bilden, daher muss der Teig weniger lange geknetet werden als bei anderen Hefebroten.

Roggenmischbrot
Ergibt 2 Brote

Zubereitung
Zum Mischen des Teiges per Hand den Weizen- und den Roggenstarter, beide Mehle, die Hefe, das Meersalz und das Wasser in eine geräumige Schüssel geben und mit einem großen Rührlöffel etwa 10 Minuten vermengen, bis sich die Zutaten zu einem Teig verbunden haben. Anschließend den Teig auf der sauberen Arbeitsfläche etwa 15 Minuten kneten und zu einem geschmeidigen, leicht klebrigen Ball formen.

Wenn Sie den Teig in der Küchenmaschine mischen, beide Starter in die Schüssel geben und den Knethaken einspannen. Das Weizen- und Roggenmehl, die Hefe, das Meersalz und das Wasser hinzufügen und auf langsamer Stufe 7 Minuten kneten. Den Teig vom Schüsselrand schaben und auf hoher Stufe weitere 3 Minuten kneten, bis er glatt ist.

Eine Schüssel mit Sprühöl leicht einfetten, den Teig hineinlegen und mit Frischhaltefolie bedeckt bei Raumtemperatur (etwa 20 °C) 1 Stunde gehen lassen.

Zum Abschlagen den Teig auf der leicht bemehlten Arbeitsfläche mit den Händen zu einem Rechteck von etwa 2,5 Zentimeter Dicke ausbreiten. Ein Drittel des Teiges zur Mitte hin falten und das gegenüberliegende Drittel darüberschlagen. Den Teig um 90 Grad drehen und erneut dreifach zusammenfalten. Zurück in die Schüssel legen und zugedeckt 1 weitere Stunde gehen lassen.

Den Teig mit einem stumpfen Messer oder einer Teigkarte in zwei gleich große

Stücke von je etwa 500 Gramm teilen und wie auf den Seiten 30–35 beschrieben zu länglich ovalen Laiben formen.

Die Teiglinge auf ein Backblech legen, mit etwas Roggenmehl bestauben und einschneiden. Bei Broten mit hohem Roggenmehlanteil kann das Einschneiden vor dem abschließenden Gehen erfolgen. Es hemmt die Volumenbildung keineswegs, im Gegenteil, die Schnitte begünstigen das Aufgehen sogar. Die Brote an einem warmen Ort etwa 40 Minuten gehen lassen. Nach etwa 20 Minuten Gehzeit den Ofen auf maximaler Stufe vorheizen.

Die Brote in den Ofen schieben, den Garraum mit Wasser aus der Sprühflasche befeuchten und die Temperatur auf 220 °C herunterstellen. Die Brote 20 Minuten backen, drehen – mehrere Bleche gegebenenfalls umschichten – und weitere 10–15 Minuten backen, bis die Kruste dunkelbraun ist – die Brote sollten hohl klingen, wenn man gegen ihre Unterseite klopft.

Zutaten

125 g vorwiegend festkochende Kartoffeln,
in 3 cm große Würfel geschnitten

20 ml Olivenöl

Meersalz sowie frisch gemahlener schwarzer Pfeffer

110 g Weizenstarter (siehe Seite 42 – 45)

225 g Bioweizenvollkornmehl

225 g Bioweizenmehl Type 550

5 g frische Hefe

300 ml Wasser

4 Zweige Rosmarin, Blättchen abgezupft

Dies war das Original-Kartoffelbrot, bevor es sich in ein reines Sauerteigbrot verwandelte. Es ist insgesamt leichter, einfacher und unkomplizierter in der Zubereitung. Aber das änderte sich mit der Zugabe von Schwarzkümmel und dem Wegfall des Vollkornmehls. Das Kartoffelbrot aus Sauerteig auf Seite 92 – 95 hat eine festere Krume, eine dickere Kruste und einen deutlich kräftigeren Geschmack mit Schwarzkümmel als dominierende Note. Dies ist ein wirklich simples Brot mit Kartoffeln und Rosmarin in der Hauptrolle.

Kartoffelbrot junior

Ergibt 2 Brote

Zubereitung

Den Ofen auf 220 °C vorheizen. Die Kartoffelwürfel auf einem Blech verteilen und mit dem Olivenöl übergießen. Mit Salz und frisch gemahlenem schwarzem Pfeffer würzen und 15 Minuten rösten, bis sie sich mit einer Messerspitze fast mühelos einstechen lassen. Die Kartoffeln sollten nur etwa halb gar sein, den Rest erledigt das Backen. Garen sie zu lange, zerfallen sie beim Mischen des Teigs. Kleine Schönheitsfehler sind häufig die Signatur eines handgefertigten Produkts. Wenn beim Anschneiden des Brots ein paar Kartoffelwürfel aus der Krume fallen, weiß gleich jeder, dies ist Handarbeit.

Zum Mischen des Teigs per Hand den Weizenstarter, beide Mehle, acht Gramm Meersalz, die Hefe und das Wasser in eine geräumige Schüssel geben und mit einem großen Rührlöffel etwa 5 Minuten vermengen, bis sich die Zutaten verbunden haben. Den Teig auf der sauberen Arbeitsfläche etwa 15 Minuten kneten, bis er geschmeidig ist, und zu einem Ball formen.

Zum Mischen des Teigs in der Küchenmaschine den Weizenstarter in die Rührschüssel geben und den Knethaken einspannen. Beide Mehle sowie acht Gramm Meersalz, die Hefe und das Wasser zufügen und auf langsamer Stufe 4 Minuten kneten. Die Teigreste vom Schüsselrand schaben und bei hoher Geschwindigkeit weitere 6 Minuten kneten, bis der Teig glatt ist (elastisch wird er nicht).

Sobald der Teig die gewünschte Beschaffenheit hat, die Kartoffeln und den Rosmarin ganz behutsam per Hand oder auf niedrigster Stufe in der Küchenmaschine unterheben. Mit Frischhaltefolie zudecken und bei Raumtemperatur (etwa 20 °C) 1 Stunde gehen lassen.

Zum Abschlagen den Teig auf der leicht bemehlten Arbeitsfläche mit den Händen zu einem Rechteck von etwa 2,5 Zentimeter Dicke ausbreiten. Ein Drittel des Teigs zur Mitte hin falten und das gegenüberliegende Drittel darüberschlagen. Den Teig um 90 Grad drehen und erneut dreifach zusammenfalten. Zurück in die Schüssel legen und zugedeckt weitere 30 Minuten gehen lassen.

Den Teig mit einem stumpfen Messer oder einer Teigkarte in zwei Stücke von je etwa 500 Gramm teilen und wie auf den Seiten 30–35 beschrieben zu runden Laiben formen.

Zwei Gärkörbchen mit Küchentüchern auslegen, leicht mit Mehl bestauben und die Teiglinge mit dem Saum nach oben hineinlegen. Traditionelle Körbe aus Peddigrohr müssen lediglich mit etwas Mehl ausgestreut werden. Sie können die Brote auch gleich mit dem Saum nach unten auf ein mit Backpapier bedecktes Blech legen. Locker mit einer Plastiktüte bedecken und für 1 Stunde in den Kühlschrank stellen.

Die Brote aus dem Kühlschrank nehmen und an einem feuchten, warmen Ort bei 25 °C gehen lassen, bis sich ihr Volumen um zwei Drittel vergrößert hat – das kann 1–4 Stunden dauern. Zum Testen den Teig mit dem Finger leicht andrücken. Federt er unmittelbar und gleichmäßig wieder zurück, ist er backfertig. Noch während der Teig geht, den Ofen auf maximaler Stufe vorheizen. Die Brote auf ein mit Backpapier ausgelegtes Blech stürzen, einschneiden (siehe Seite 39) und in den Ofen schieben.

Den Garraum des Ofens mit Wasser aus der Sprühflasche befeuchten und die Temperatur auf 220 °C reduzieren. Die Brote 20 Minuten backen, drehen – mehrere Bleche gegebenenfalls umschichten – und weitere 10 Minuten backen. Aufpassen, dass die Brote nicht zu dunkel werden. Zur Garprobe mit dem Finger gegen die Unterseite klopfen – klingt sie hohl, sind die Brote fertig. Das Backen sollte insgesamt nicht länger als 40 Minuten dauern.

Zutaten

40 g Weizenstarter (siehe Seite 43–45)
110 g Bioroggenmehl Type 1150
340 g Bioweizenmehl Type 550
2½ EL Joghurt
250 ml Wasser
10 g frische Hefe, zerkrümelt
1 EL brauner Zucker
10 g Meersalz
150 g geschälte und entkernte grüne Äpfel, in 2–3 cm große Würfel geschnitten
2 TL gemahlener Zimt

Dieses wohlschmeckende Brot hat eine relativ lockere, luftige Krume und ein angenehmes Zimtaroma. Der braune Zucker und die Äpfel verleihen ihm eine fruchtige Süße, der Joghurt eine Spur Säure und das Roggenmehl eine erdig-rustikale Note.

Apfel-Weizenmischbrot mit Joghurt und Zimt

Ergibt 2 Brote

Zubereitung

Zum Mischen des Teigs per Hand den Weizenstarter, beide Mehle, den Joghurt, das Wasser, die Hefe, den Zucker und das Meersalz in eine geräumige Schüssel geben und mit einem großen Rührlöffel etwa 5 Minuten vermengen, bis sich die Zutaten zu einem Teig verbunden haben. Den Teig auf der sauberen Arbeitsfläche etwa 15 Minuten kneten und zu einem glatten, geschmeidigen Ball formen.

Wenn Sie den Teig in der Küchenmaschine mischen, den Starter, beide Mehle, den Joghurt und das Wasser in die Rührschüssel geben und den Knethaken einspannen. Die Hefe, den braunen Zucker und das Meersalz zufügen und erst 4 Minuten auf niedriger Stufe, dann weitere 6 Minuten auf hoher Stufe kneten.

Sobald der Teig die gewünschte Beschaffenheit hat, ganz vorsichtig per Hand oder auf kleinster Stufe in der Küchenmaschine die gewürfelten Äpfel und den Zimt untermischen.

Eine Schüssel mit Sprühöl leicht einfetten, den Teig hineinlegen und mit Frischhaltefolie bedeckt bei Raumtemperatur (etwa 20 °C) 30 Minuten gehen lassen.

Zum Abschlagen den Teig auf der leicht bemehlten Arbeitsfläche mit den Händen zu einem Rechteck von etwa 2,5 Zentimeter Dicke ausbreiten. Ein Drittel des Teigs zur Mitte hin falten und das gegenüberliegende Drittel darüberschlagen. Den Teig um 90 Grad drehen und erneut dreifach zusammenfalten. Zurück in die Schüssel legen und zugedeckt weitere 30 Minuten gehen lassen.

Den Teig mit einem stumpfen Messer oder einer Teigkarte in zwei gleich große Stücke von je etwa 500 Gramm teilen und wie auf den Seiten 30–35 beschrieben zu runden Laiben formen. Die Teiglinge mit dem Saum nach unten auf ein mit Backpapier bedecktes Blech legen, locker mit einer Plastiktüte zudecken und 1 Stunde kalt stellen.

Die Brote aus dem Kühlschrank nehmen und an einem feuchten, warmen Ort bei 25 °C gehen lassen, bis sich ihr Volumen um zwei Drittel vergrößert hat – das dauert 30 Minuten bis 1½ Stunden. Zum Testen den Teig mit dem Finger leicht andrücken. Federt er sofort und gleichmäßig wieder zurück, ist er backfertig. Noch während der Teig geht, den Ofen auf maximaler Stufe vorheizen. Die Brote einschneiden (siehe Seite 39) und in den Ofen schieben.

Den Garraum des Ofens mit Wasser aus der Sprühflasche befeuchten und die Temperatur auf 220 °C reduzieren. Die Brote 20 Minuten backen, drehen – mehrere Bleche gegebenenfalls umschichten – und weitere 10 Minuten backen. Darauf achten, dass die Brote nicht zu dunkel werden. Zur Garprobe gegen die Unterseite der Brote klopfen – klingen sie hohl, sind sie fertig. Die Backzeit sollte insgesamt 40 Minuten nicht überschreiten.

Zutaten

200 g Mehl, gekühlt

4 g frische Hefe, gekühlt

15 g feinster Zucker, gekühlt

30 ml Milch, gekühlt

3 Eier, gekühlt

5 g Salz

125 g Butter, in 1,5 cm große Würfel geschnitten und raumtemperiert, plus Butter zum Einfetten

Eistreiche (siehe Seite 168)

Brioche
Ergibt 1 Brioche

Brioche ist ein wunderbar mildes, zartes Hefebrot – oder ist es ein Kuchen? Am besten beschreibt man es wohl als Kuchenbrot, das sowohl salzig als auch süß ausfallen kann. In jedem Fall sollten Sie es unbedingt einmal ausprobieren. Dieser Teig ist relativ klebrig und lässt sich daher nicht in der klassischen Briocheform backen, doch gerade in dem üppigen Teig mit reichlich Eiern und Butter liegt der Reiz dieses Rezepts. Hier wir die Brioche in einer Kastenform gebacken und am besten schmeckt sie in dicke Scheiben geschnitten und getoastet. Auch als leckeres Dessert mit pochierten Früchten und Eis oder Vanillesauce ist Brioche ein Genuss. Sie können sie außerdem mit Marmelade und Ricotta zum Frühstück essen oder mit sautierten Pilzen oder Pâté als elegante Vorspeise servieren.

Zubereitung

Eine Kastenform von etwa 22 × 7,5 × 7,5 Zentimeter Größe ausbuttern. Das Mehl, die Hefe, den Zucker, die Milch, die Eier und das Salz in die Rührschüssel der Küchenmaschine geben und mit dem Knethaken auf langsamer Stufe 3 Minuten vermengen. Bei hoher Geschwindigkeit weitere 3 Minuten kneten und dann auf mittlerer Stufe nach und nach die Butterwürfel zugeben – nur wenige zusammen hineingeben und vor jeder weiteren Zugabe vollständig einarbeiten. Der Teig sollte am Ende glatt, weich und sehr klebrig sein, sodass er sich nur schwer von den Fingern löst. Bestauben Sie Hände und Arbeitsfläche mit etwas Mehl, das erleichtert die Arbeit.

Den Teig in eine leicht gebutterte Schüssel legen, mit einem sauberen Küchentuch bedecken und etwa 1 Stunde im Kühlschrank gehen lassen.

Den Teig auf die leicht bemehlte Arbeitsfläche legen, behutsam einen Großteil der Luft herauspressen und mit den Händen zu einem etwa 2,5 Zentimeter dicken Rechteck ausbreiten. Ein Drittel des Teiges zur Mitte hin falten und das gegenüberliegende Drittel darüberschlagen. Den Teig um 90 Grad drehen und erneut dreifach zusammenfalten. Zurück in die Schüssel legen und zugedeckt 1 weitere Stunde im Kühlschrank gehen lassen.

Den Ofen auf 220 °C vorheizen. Den Teig auf der leicht bemehlten Arbeitsfläche ein weiteres Mal behutsam abschlagen, sodass ein Teil der Luft entweicht. Erneut zu einem Rechteck ausbreiten und die äußeren Teigdrittel zur Mitte hin übereinanderfalten. Der Teig sollte jetzt so breit sein, wie die Form lang ist. Wieder zu einem Rechteck flach drücken, den oberen Rand einschlagen und den Teig zum Körper hin aufrollen. Den Saum der Rolle zum Verschließen über die gesamte Länge sorgfältig andrücken. Den Teig mit der Saumseite nach unten in die Form legen und mit Eistreiche einpinseln. Die Brioche in den Ofen schieben, die Temperatur auf 180 °C reduzieren und etwa 40 Minuten backen, bis die Kruste goldbraun ist. Nach dem Herauslösen sollte es hohl klingen, wenn man gegen die Unterseite der Brioche klopft.

Olivenölbrote

Olivenölteig ist ungemein vielseitig. Bis auf einige kleinere Abweichungen ähnelt er einem Ciabatta-Teig. Aus dem Grundteig lässt sich die ganze Palette italienischer Klassiker backen – *panini* (Brötchen), Fladenbrote, Pizza, *schiacciata* und Grissini.

Olivenölteig besteht aus Milch, bestem Olivenöl und meist auch einer Gärhilfe (hier ist es Teig vom Vortag), die im Laufe der Teigbereitung untergemischt wird. Die Milch sorgt für eine gleichmäßige Krume, während das Olivenöl konservierend wirkt und Aroma beisteuert. Die Gärhilfe hat mehrere Aufgaben. Zum einen begünstigt sie das Aufgehen, vor allem aber beeinflusst sie Struktur und Geschmack des Teigs. Ohne Gärmittel wäre er leichter und luftiger, durch die Zugabe wird die Krume dichter und leicht säuerlich. Möglicherweise ziehen Sie es vor, beim ersten Anlauf die leichtere Variante ohne Gärhilfe zu probieren, so haben Sie zumindest Gelegenheit, beide Versionen zu vergleichen.

Brot aus Olivenölteig sollte eine dünne Kruste und eine weiche, feinporige Krume haben, ohne große Löcher, in denen die Marmelade versickert. Ein elastischer Teig wie dieser hat eine recht hohe Wasserbindefähigkeit. Er wird aus Hartweizenmehl hergestellt, das anders als die Mehle für unseren Sauerteig nicht aus biologischer Herkunft stammt. Es bildet mehr elastischen Kleber und kann mehr Wasser aufnehmen, wodurch sich die Teigausbeute vergrößert.

Beim Backen verdampft ein Teil der Feuchtigkeit, das fördert die Krustenbildung – dagegen ist nichts einzuwenden, wenn Ihnen an einer knusprigen Kruste liegt. Wir in der Bourke Street Bakery bemühen uns um eine weichere, kinderfreundliche Variante. Geschmäcker sind verschieden, daher sollte man das Zusammenspiel und die Wirkung der verschiedenen Zutaten kennen, damit man das Ergebnis entsprechend den eigenen Wünschen beeinflussen kann.

Zutaten

100 g Hartweizenmehl
2½ g (1 TL) Meersalz
¾ TL natives Olivenöl extra
½ TL Milch
70 ml Wasser
2 g frische Hefe

Falls Sie für Ihren ersten Olivenölteig eine Gärhilfe verwenden möchten, hier ist das Rezept. Danach brauchen Sie theoretisch nie wieder eine herzustellen, es genügt, etwas Teig zurückzubehalten, den Sie beim nächsten Mal wiederum als Gärhilfe einsetzen können. Da die Gärhilfe nicht in erster Linie als Backtriebmittel dient, ist sie auch noch nach 2–3 Tagen verwendbar. Ist sie älter, sollte man sie allerdings besser frisch ansetzen. Bewahren Sie die Gärhilfe grundsätzlich im Kühlschrank auf. Sie können sie auch für eine spätere Verwendung einfrieren – möglichst schon entsprechend den Rezeptmengen portioniert – und 1 Tag vor Gebrauch wieder auftauen.

Gärhilfe

Ergibt 180 Gramm

Zubereitung

Zum Mischen per Hand sämtliche Zutaten in eine große Schüssel geben und etwa 5 Minuten sorgfältig verkneten. Zum Mischen in der Küchenmaschine die Zutaten in der Rührschüssel vermengen und 2 Minuten auf kleiner Stufe verkneten. Die Geschwindigkeit auf große Stufe erhöhen und weitere 5 Minuten kneten, bis ein glatter, geschmeidiger Teig entstanden ist. In eine leicht mit Sprühöl eingefettete Schüssel legen, mit Frischhaltefolie bedecken und vor dem Gebrauch eine Nacht im Kühlschrank ruhen lassen.

Zutaten

600 g Hartweizenmehl

13 g frische Hefe

400 ml Wasser

20 ml natives Olivenöl extra

20 ml Milch

15 g (1½ EL) Meersalz

180 g Gärhilfe (siehe Seite 121; nach Belieben)

Dieses Rezept reicht für zwei Brote einschließlich eines genügend großen Rests als Gärhilfe für den nächsten Teig. Olivenölteig ist ausgesprochen feucht und lässt sich nur schwer von Hand kneten. Wenn Sie eine Küchenmaschine haben, ist jetzt die Zeit für ihren Einsatz gekommen. Das Teigmischen darin geht viel einfacher und garantiert bessere Ergebnisse, allerdings bekommt man beim Mischen per Hand ein besseres Gefühl dafür, wie sich der Teig mit der Zeit verändert und entwickelt. Eine gelegentliche Ruhepause zwischendurch und ein zusätzliches Abschlagen erhöht die Aussicht auf einen kunstgerecht entwickelten Teig.

Sie können diesen Grundteig als Basis für *panini* (italienische Brötchen), alle möglichen Fladenbrote wie das toskanische *schiacciata*, für Grissini oder für die würzigen Brötchen mit Chorizo und Thymian auf Seite 138 verwenden.

Olivenölteig
Ergibt 1 Kilogramm Teig oder 2 Brote

Zubereitung

Zum Mischen des Teiges per Hand das Mehl und die Hefe in eine geräumige Schüssel geben und das Wasser zugießen. Mit einem großen Rührlöffel sorgfältig vermengen und 10 Minuten ruhen lassen. Das Olivenöl, die Milch und das Salz zufügen und gründlich verrühren. Den Teig auf die bemehlte Arbeitsfläche legen, etwa 10 Minuten kneten und dann 10 Minuten ruhen lassen. Die Gärhilfe (falls verwendet) zugeben und den Teig noch einmal 10 Minuten durchwirken.

Für die Teigbereitung in der Küchenmaschine sämtliche Zutaten außer der Gärhilfe in die Rührschüssel geben und den Knethaken einspannen. Zuerst 2 Minuten auf langsamer Stufe, dann weitere 5 Minuten bei hoher Geschwindigkeit kneten. Die Gärhilfe, falls verwendet, zerpflücken, in den Teig geben und 1 Minute auf kleiner Stufe einarbeiten. Die Geschwindigkeit erneut erhöhen und noch einmal 5 Minuten kneten, bis sämtliche Zutaten gleichmäßig durchmengt sind – das kann auch ein paar Minuten länger dauern, der Teig sollte sich von selbst vom Schüsselrand lösen und seidig glänzen.

Den Teig in eine mit Sprühöl eingefettete Schüssel legen und mit Frischhaltefolie bedeckt 1½ Stunden gehen lassen. Zwischendurch zweimal – also alle 30 Minuten – abschlagen.

Zum endgültigen Abschlagen den Teig auf der leicht bemehlten Arbeitsfläche mit den Händen zu einem Rechteck von etwa 2,5 Zentimeter Dicke ausbreiten. Ein Drittel des Teiges zur Mitte hin falten und das gegenüberliegende Drittel darüberschlagen. Den Teig um 90 Grad drehen und erneut dreifach zusammenfalten. Zurück in die Schüssel legen und zugedeckt 1 weitere Stunde gehen lassen. Anschließend ist der Teig fertig zum Portionieren und Formen.

Den Teig auf die leicht bemehlte Arbeitsfläche legen und mit den Händen zu einem gleichmäßig dicken Quader von 20 × 20 Zentimeter Größe formen. Den Teigquader mit einem stumpfen Messer oder einer Teigkarte in zwei gleich große Hälften teilen und diese rundherum so begradigen, dass Rechtecke von je etwa 500 Gramm entstehen. Sollten Sie sich beim Zuschneiden gründlich verschätzt haben, nehmen Sie von der zu großen Hälfte etwas Teig ab und heften ihn an die kleinere Hälfte an. Achten Sie darauf, dass die „reparierte" Stelle auf dem Blech unten liegt. Die Abschnitte können Sie am nächsten Tag als Gärhilfe für ein weiteres Brot verwenden (in ein mit Olivenöl gefettetes Gefäß legen und mit Frischhaltefolie bedeckt über Nacht in den Kühlschrank stellen).

Die Laibe auf ein mit Backpapier bedecktes Blech legen, leicht mit Mehl bestauben und an einem feuchtwarmen Ort (25 °C) je nach Raumklima etwa 40 Minuten gehen lassen – der Teig sollte sein Volumen um zwei Drittel vergrößert haben, auf Fingerdruck zurückfedern und luftig und locker wirken – ein guter Teig an einem guten Tag erinnert an gesponnene Seide. Noch während der Teig geht, den Ofen auf maximaler Stufe vorheizen.

Die Brote einschieben, den Garraum mit Wasser aus der Sprühflasche befeuchten und die Ofentemperatur auf 220 °C reduzieren. Die Brote 20 Minuten backen, drehen und weitere 10 Minuten backen. Darauf achten, dass sie nicht verbrennen. Zur Garprobe mit dem Finger gegen die Unterseite der Brote klopfen. Klingen sie hohl, sind sie fertig. Das Backen sollte insgesamt nicht länger als 40 Minuten dauern.

Olivenölbrote

Zutaten

1 kg Olivenölteig (siehe Seite 122–123)

Mehl oder Grieß zum Bestauben

Panino ist ein italienisches Brötchen – im Grunde ein Sandwich, für alle, die nicht auf irgendein kulturelles Erbe pochen. *Panini* (die Mehrzahl) sind ideal für Kinder – kleine Brötchen für kleine Hände, einfach aufzuschneiden und blitzschnell mit allem Möglichen belegt.

Panini

Ergibt 30 Stück

Zubereitung

Nach der Anleitung auf Seite 122–123 einen Olivenölteig zubereiten. Zum Portionieren und Formen der Brötchen den Teig auf die leicht bemehlte Arbeitsfläche legen und mit den Händen etwa fünf Zentimeter flach drücken. Mit einem Wellholz gleichmäßig etwa zwei Zentimeter dünn ausrollen – der Teig sollte keine Unebenheiten oder Dellen aufweisen. Eine Teighälfte zur Mitte umschlagen, die Arbeitsfläche darunter mit Mehl bestauben und den Teig wieder darauflegen. Mit der anderen Seite ebenso verfahren. So vermeiden Sie, dass der Teig beim Zuschneiden klebt. Den Teig 5–10 Minuten ruhen lassen, damit er sich entspannt und in seine normale Form zurückzieht.

Den Teig der Länge nach in vier Zentimeter breite Streifen und diese im Abstand von vier Zentimetern in Quadrate schneiden. 180 Gramm der Abschnitte können Sie als Gärhilfe für den nächsten Teig verwenden oder für einen späteren Gebrauch einfrieren. Für runde *panini* einen Ausstrechring von vier Zentimeter Durchmesser verwenden.

Den Ofen auf maximaler Stufe vorheizen. Die *panini* auf mit Backpapier bedeckte Bleche legen und mit etwas Mehl oder Grieß bestauben. An einem feuchtwarmen Ort (25 °C) 20–30 Minuten gehen lassen. Die *panini* sollten um etwa ein Drittel aufgehen und wie pralle, flauschige kleine Kissen aussehen. Auf Fingerdruck sollte der Teig zurückfedern. Entweicht Luft, sind sie zu lange gegangen.

Die *panini* in den Ofen schieben, den Garraum mit Wasser aus der Sprühflasche befeuchten und die Temperatur auf 220 °C reduzieren. Die Brötchen 10 Minuten backen, dann die Bleche drehen, umschichten und die *panini* je nach Größe weitere 5–10 Minuten backen, bis sie ihr Volumen um ein Drittel vergrößert haben und goldbraun sind.

Zutaten

1 kg Olivenölteig (siehe Seite 122–123)

Fladenbrote sind in der Bäckerei eine typische Wochenendangelegenheit. Da sie sich auch ohne Messer bequem portionieren lassen, kann man sie wunderbar mit anderen teilen oder als schnellen Imbiss für den Nachhauseweg mitnehmen – erst recht, wenn sie wie unsere praktisch schon „belegt" sind. Auch für ein Picknick oder ein Essen im Mezze-Stil sind sie erste Wahl. Der Belag wird etwa nach der Hälfte der Ruhephase zugegeben, damit der Teig lange genug ohne drückende Last aufgehen kann, jedoch wiederum nicht so lange, dass er nach der Zugabe der Zutaten wieder zusammenfällt. Man sollte den Belag auf zwei bis vier Zutaten beschränken. Die beliebtesten Kombinationen finden Sie auf den folgenden Seiten, doch gibt es noch viele andere interessante Möglichkeiten, beispielsweise mit grünen Oliven, mit Sardellen und Oregano oder eine Version mit Oliven und Kräutern wie Estragon, Schnittlauch, Oregano und Thymian oder auch mit Schwarzkümmel.

Fladenbrot

Ergibt 2 Brote

Zubereitung

Nach der Anleitung auf Seite 122–123 einen Olivenölteig zubereiten. Nach dem Abschlagen und dem ersten Gehen kann der Teig geformt werden.

Den Teig auf die leicht bemehlte Arbeitsfläche legen und mit den Händen gleichmäßig zu einem zwei Zentimeter dünnen Rechteck von gut 25 × 10 Zentimeter Größe ausbreiten. In zwei gleich große Hälften von je etwa 500 Gramm zerteilen und an den Rändern begradigen, sodass Sie zwei rechteckige Fladen von etwa 25 × 5 Zentimeter erhalten. Für einen weiteren Olivenölteig können Sie 180 Gramm der Abschnitte als Gärhilfe in Frischhaltefolie einschlagen und bis zur Verwendung im Kühlschrank aufbewahren.

Die Teigfladen auf ein mit Backpapier bedecktes Blech legen und mit den Fingern kleine Mulden hineindrücken. An einem warmen Ort (25 °C) 15 Minuten gehen lassen.

Den Ofen auf 180 °C vorheizen. Die Belagzutaten Ihrer Wahl auf den Fladen verteilen, behutsam in den Teig drücken und diese weitere 15–20 Minuten gehen lassen. Die Brote einschieben und den Garraum mit Wasser aus der Sprühflasche befeuchten. Die Brote 25–30 Minuten backen, nach 15 Minuten drehen. Herausnehmen und vor dem Servieren etwas abkühlen lassen.

Fladenbrot mit Rosmarin und Oliven

Zutaten
20 ml (1 EL) natives Olivenöl extra
2 Zweige Rosmarin, Blättchen abgezupft
100 g entsteinte schwarze Oliven, grob gehackt
Frisch gemahlener schwarzer Pfeffer

Zubereitung
Die Fladenbrote mit dem Olivenöl einpinseln und den Rosmarin und die Oliven darauf verteilen. Mit frisch gemahlenem schwarzem Pfeffer würzen.

Fladenbrot mit Paprika

Zutaten
½ grüne Paprikaschote, von den Samen und Scheidewänden befreit und in 3 cm große Würfel geschnitten
½ gelbe Paprikaschote, von den Samen und Scheidewänden befreit und in 3 cm große Würfel geschnitten
½ rote Paprikaschote, von den Samen und Scheidewänden befreit und in 3 cm große Würfel geschnitten
Salz und frisch gemahlener schwarzer Pfeffer
1½ TL geräuchertes Paprikapulver
50 ml natives Olivenöl extra

Zubereitung
Den Ofen auf 200 °C vorheizen. Die Paprikawürfel in einer Schüssel vermengen und mit etwas Salz und frisch gemahlenem schwarzem Pfeffer würzen. Auf einem Backblech verteilen und 30 Minuten im Ofen garen, bis das Gemüse weich ist. Abkühlen lassen. Das Paprikapulver mit dem Öl verrühren und die Fladenbrote mit der Mischung einpinseln. Je eine Handvoll der abgekühlten Paprika auf den Fladen verteilen und behutsam in den Teig drücken.

Fladenbrot mit geröstetem Knoblauch und Sumach

Das Knoblauch-Confit braucht ein bisschen, dafür hält es sich mit Öl bedeckt im Kühlschrank einen Monat und lässt sich auch in der Alltagsküche verwenden – es verleiht Schmorgerichten und Suppen ein herrliches Aroma und ist sogar zum Spicken und Füllen von Fleisch und Geflügel geeignet.

Zutaten
500 g Knoblauchzehen, geschält und halbiert
500 ml Olivenöl
3 TL Sumach (im türkischen Lebensmittelhandel)
50 ml natives Olivenöl extra

Zubereitung
Den Knoblauch mit den 500 Milliliter Olivenöl in einem Topf mit schwerem Boden vermengen und bei ganz schwacher Hitze 3 Stunden sanft schmoren, bis er weich ist. Abkühlen lassen. Den Sumach mit dem restlichen Olivenöl verrühren und die Teigfladen mit der Mischung einpinseln. Sechs Esslöffel des Knoblauchs abnehmen, auf den Fladen verteilen und behutsam in den Teig drücken.

Fladenbrot mit Kirschtomaten, Basilikum und Parmesan

Zutaten
20 Kirschtomaten, halbiert
50 g Parmesan, grob zerbröckelt
1 große Handvoll Basilikumblätter, zerrupft
50 ml natives Olivenöl extra

Zubereitung
Die Tomatenhälften und den Parmesan auf den Teigfladen verteilen und sanft bis zur Hälfte in den Teig hineindrücken – am ansprechendsten sieht es aus, wenn die Schnittflächen der Tomaten nach oben zeigen. Das Basilikum ebenfalls behutsam in den Teig drücken und die Fladen mit dem Olivenöl einpinseln oder Basilikum und Olivenöl im Mixer grob pürieren (die Mischung sollte nicht zu flüssig sein) und erst unmittelbar nach dem Backen auf die Brote auftragen.

Zutaten

400 g Olivenölteig (siehe Seite 122–123)
500 g rote kernlose Trauben
2 Zweige Rosmarin, Blättchen abgezupft und grob gehackt
Demerara-Zucker (nach Belieben)

Wir verwenden Olivenölteig für dieses klassische Fladenbrot aus der Toskana. Da es ganz und gar auf die Qualität der Weintrauben ankommt, haben wir es nur saisonal im Programm. Anfangs nahmen wir dafür ganz gewöhnliche rote Trauben, doch nach Protesten unserer Kunden wegen der Kerne wechselten wir zu kernlosen Trauben.

Trauben-Schiacciata

Ergibt 2 Brote

Zubereitung

Nach der Anleitung auf Seite 122–123 einen Olivenölteig zubereiten. Nach dem Abschlagen und dem ersten Gehen kann der Teig geformt werden.

Den Teig in zwei gleich große Hälften teilen und mit dem Wellholz zu etwa fünf Millimeter dünnen Rechtecken von 30 × 15 Zentimeter Größe ausrollen. Nach jedem Rolldurchgang einige Minuten ruhen lassen. Die Teigfladen vorsichtig auf ein mit Backpapier bedecktes Blech heben und an einem warmen Ort (25 °C) 20 Minuten gehen lassen.

Den Ofen auf 220 °C vorheizen. Die Trauben waschen, in eine Schüssel geben und mit der Faust grob zerdrücken, damit sie einen Teil ihres Saftes abgeben (jedoch nicht zu Brei drücken, sie sollten noch deutlich als Trauben zu erkennen sein). Den Saft abtropfen lassen. Den Teig mit dem Finger andrücken, er sollte zurückfedern, glänzen und prall erscheinen.

Die Trauben auf den Fladen verteilen, am Rand einen fünf Millimeter breiten Streifen frei lassen. Mit dem Rosmarin und dem Zucker, falls verwendet, bestreuen.

Die *schiacciate* in den Ofen schieben und die Temperatur auf 200 °C reduzieren. Die Brote 25 Minuten backen; nach 10 Minuten drehen. Da die Trauben reichlich Wasser enthalten, muss der Ofen nicht extra befeuchtet werden. Wichtig ist, die Unterseite der Fladen im Auge zu behalten, um sicherzugehen, dass sie durchgebacken sind. *Schiacciata* gelingt am besten auf einem Pizzastein, wenn Sie einen haben, ist jetzt der Moment, ihn zu benutzen.

Zutaten

Karamellzwiebeln (ergibt 500 g)
1,1 kg braune Zwiebeln, in Streifen geschnitten
40 ml (2 EL) Olivenöl

2 festkochende Kartoffeln, geschält
400 g Olivenölteig (siehe Seite 122 – 123)
10 Scheiben roher Schinken
2 Zweige Rosmarin, abgezupft
natives Olivenöl extra zum Beträufeln

Eine Mandoline ist nichts weiter als die moderne Form der Guillotine, nur für Gemüse. Es ist ein ebenso gefährliches wie wertvolles Küchengerät und selbst in Profiküchen bangt so mancher einer bei ihrem Einsatz um seine Finger. Hat man den Dreh erst einmal heraus, spricht das Ergebnis jedoch für sich. Und wer opfert für die hohe Kunst nicht gern den einen oder anderen Finger?

Kartoffel-Schiacciata Ergibt 2 Brote

Zubereitung

Für die Karamellzwiebeln das Olivenöl in einem Topf mit schwerem Boden auf kleiner Stufe erhitzen. Die Zwiebeln hineingeben, 2 Stunden behutsam schmoren und alle 10 Minuten umrühren, bis ihr natürlicher Zucker karamellisiert ist und die Zwiebeln goldbraun sind. Abkühlen lassen.

Die Kartoffeln mit der Mandoline oder einem scharfen Messer in zwei Millimeter dünne Scheiben schneiden und in eine große Schüssel mit Wasser legen. Sorgfältig abtropfen lassen, in einem Topf mit frischem Wasser bedecken und 3 – 5 Minuten garen, bis sie fast weich sind. In kaltem Wasser abschrecken und bis zur Verwendung beiseitestellen.

Inzwischen einen Olivenölteig zubereiten (siehe Seite 122–123). Den Teig in zwei gleich große Hälften teilen und mit dem Wellholz etwa fünf Millimeter dünn zu Rechtecken von 30 × 15 Zentimeter Größe ausrollen. Nach jedem Rolldurchgang einige Minuten ruhen lassen. Die rechteckigen Teigfladen vorsichtig auf ein mit Backpapier bedecktes Blech heben und an einem feuchtwarmen Ort (25 °C) 10 Minuten gehen lassen.

Den Ofen auf 220 °C vorheizen. Die Teigfladen mit einer dünnen Schicht Karamellzwiebeln belegen, jedoch am Rand einen zentimeterbreiten Streifen frei lassen. Die abgetropften Kartoffeln leicht überlappend darauf arrangieren und den Schinken, falls verwendet, darüber verteilen. Mit dem Rosmarin bestreuen, mit nativem Olivenöl extra beträufeln und noch einmal 10 Minuten gehen lassen.

Die *schiacciate* in den Ofen schieben und die Temperatur auf 200 °C reduzieren. Die Brote 25 Minuten backen; nach 10 Minuten drehen. Die Unterseite sollte gleichmäßig gebräunt und ebenso wie der Schinken knusprig sein.

Zutaten

1 kg Olivenölteig (siehe Seite 122–123)

100 ml Olivenöl

5 Zweige Rosmarin, Blättchen abgezupft und gehackt oder

5 g (2½ EL) Fenchelsamen, gemahlen

Unsere Grissini in der Bourke Street Bakery sind eine Art Resteverwertung des übriggebliebenen Olivenölteigs. Sie machen sich großartig im Laden, wie sie sich da auf dem Tresen türmen, außerdem sind sie ganz leicht zuzubereiten, wenngleich auch etwas fummelig. Luftdicht verstaut halten sie sich mindestens 1 Woche. Die knusprigen Stangen sind ideal zum Dippen und ein bei Kindern – und auch Erwachsenen – beliebter Snack.

Grissini

Ergibt 35–40 Stück

Zubereitung

Nach der Anleitung auf Seite 122–123 einen Olivenölteig zubereiten: Nach dem Abschlagen und dem ersten Gehen kann der Teig portioniert und zu Grissini geformt werden.

Den Teig auf die leicht bemehlte Arbeitsfläche legen und mit dem Wellholz möglichst gleichmäßig etwa fünf Millimeter dünn ausrollen. Reißt der Teig stellenweise, die abgerissenen Stücke wieder aufnehmen, einige Minuten ruhen lassen und erneut ausrollen. Sobald der Teig gleichmäßig dünn ausgerollt ist, 5 Minuten ruhen lassen.

Den Ofen auf 170 °C vorheizen. Den Teig in einen Zentimeter breite und 25–30 Zentimeter lange Streifen schneiden. Auf ein mit Backpapier ausgekleidetes Blech legen (eventuell mit mehreren Blechen arbeiten) und mit Olivenöl einpinseln. Mit dem Rosmarin und dem Fenchel bestreuen und an einem warmen Ort (25 °C) noch einmal 20–30 Minuten gehen lassen.

Die Grissini in den Ofen schieben, die Temperatur auf 150 °C reduzieren und in 30 Minuten goldgelb und knusprig backen (der Garraum des Ofens muss nicht befeuchtet werden).

Zutaten

185 g Chorizo, in 1,5 cm große Würfel geschnitten

250 g Karamellzwiebeln (siehe Seite 134)

6 Zweige Thymian, Blättchen abgezupft

2 TL Milch

1 kg Olivenölteig (siehe Seite 122–123)

Für diese würzigen Brötchen werden geröstete Chorizo, Thymian und karamellisierte Zwiebeln unter den Olivenölteig gemengt. Sie können auch eine vegetarische Variante ohne die spanische Paprikawurst versuchen oder die Mengen der Zutaten Ihrem eigenen Geschmack anpassen.

Chorizo-Thymian-Brötchen

Ergibt 8 Brötchen

Zubereitung

Den Ofen auf 200 °C vorheizen. Die Chorizowürfel auf einem mit Backpapier ausgelegten Blech verteilen und 5 Minuten im Ofen rösten. Wenden und weitere 5 Minuten garen. Vollständig abkühlen lassen.

In einer Schüssel die Chorizo, die Zwiebeln mit ihrem Öl und den Thymian vermengen. Sorgfältig die Milch unterrühren und beiseitestellen.

Nach der Anleitung auf Seite 122–123 einen Olivenölteig zubereiten. Zum Formen den Teig auf der leicht bemehlten Arbeitsfläche etwa 1,5 Zentimeter dünn zu einem 45 × 15 Zentimeter großen Rechteck ausrollen. Das Teigrechteck mit der langen Seite parallel zur Arbeitsfläche legen, gedanklich dritteln und die Teigdrittel mit dem Finger markieren. Die Hälfte der Chorizo-Mischung auf dem mittleren Drittel gleichmäßig bis zum Rand verteilen. Das rechte Drittel darüberschlagen und leicht andrücken, damit sich keine Luftblasen bilden. Die restliche Chorizo-Mischung gleichmäßig darauf verteilen und nun das linke Drittel darüberfalten und leicht andrücken.

Den Ofen auf 220 °C vorheizen. Das Teigpaket um 90 Grad drehen, erneut durch Markierungen mit dem Finger dritteln und noch einmal wie beschrieben dreifach zusammenfalten. Den Teig leicht andrücken und weitere 30 Minuten ruhen lassen.

Den Teig in vier Streifen schneiden und diese jeweils halbieren. Auf ein eingefettetes Blech legen und in den Ofen schieben. Den Garraum mit Wasser aus der Sprühflasche befeuchten, die Temperatur auf 200 °C reduzieren und die Brötchen in 20 Minuten goldbraun backen; nach 10 Minuten drehen.

Zutaten

600 g Hartweizenmehl
15 g (3 TL) Meersalz
20 ml (1 EL) Olivenöl
15 ml (3 TL) Milch
410 ml Wasser
10 g Hefe

In der Bourke Street Bakery verkaufen wir eine Pizza mit dünnem, knusprigem Boden. Das Rezept unten basiert auf dem Olivenölteig – wir haben schlicht die Wassermenge etwas erhöht, den Anteil an Milch und Hefe leicht reduziert und die Gärhilfe weggelassen.

Pizzateig

Ergibt 2 Böden

Zubereitung

Sämtliche Zutaten in die Rührschüssel der Küchenmaschine geben auf langsamer Stufe 3 Minuten verkneten. Die Geschwindigkeit auf hohe Stufe stellen und weitere 7 Minuten mischen, bis sich der Teig vom Schüsselrand löst und von glatter, seidiger Beschaffenheit ist. In eine mit Sprühöl gefettete Schüssel legen und mit Frischhaltefolie bedeckt 20 Minuten gehen lassen.

Zwei rechteckige Bleche von 36 × 26 Zentimeter Größe leicht einfetten. Den Teig in zwei Hälften teilen und etwa drei Millimeter dünn zu 40 × 30 Zentimeter großen Rechtecken ausrollen – eventuell müssen Sie etappenweise vorgehen und den Teig zwischendurch immer wieder etwas ruhen lassen. Die Teigböden vorsichtig auf die vorbereiteten Bleche heben und die überhängenden Ränder abschneiden. Einige Minuten ruhen lassen.

Den Ofen auf 220 °C vorheizen. Die Pizzaböden mit Ihrer Lieblingstomatensauce bestreichen und mit Mozzarella und ein oder zwei weiteren Belägen Ihrer Wahl garnieren. An einem warmen Ort (25 °C) weitere 15–20 Minuten gehen lassen und anschließend etwa 15 Minuten backen. Falls Sie einen Pizzastein haben, die Pizzas nach 8 Minuten auf den Stein schieben; nach 3 weiteren Minuten sind sie fertig. Oder Sie formen runde Pizzaböden, belegen sie, lassen sie gehen und schieben sie zum Backen dann gleich auf den Pizzastein.

In der Bäckerei schneiden wir unsere Pizza in Stücke und falten sie zusammen, sodass wir sie auf Bestellung in der Sandwichpresse schnell aufbacken können – ein einfacher Snack auf die Hand.

Klein- und Feingebäck

Grundlagen und Techniken

Selbst gemachtes Klein- und Feingebäck gehört wohl zu den schönsten Leckereien aus der eigenen Küche. Es übertrifft die Qualität der Supermarktware bei Weitem und bereits nach wenigen Versuchen werden Sie mit den meisten Arbeiten spielend fertig.

Natürlich kann in der Welt der Croissants, Plundertaschen und Pasteten auch allerlei schiefgehen, daher sollte man sich unbedingt Notizen machen und bei jedem Arbeitsschritt ganz bei der Sache sein – nur so kann man aus Fehlern lernen. Der Erfolg stellt sich irgendwann ganz von selbst ein. Achten Sie nicht so sehr auf Äußerlichkeiten: Wird das Gebäck mal verdächtig dunkel oder geht die Teighülle zu Bruch – macht nichts, dem Geschmack des Backwerks tut es meist keinen Abbruch.

In der Bourke Street Bakery verwenden wir die folgenden Techniken zum Mischen, Ausrollen und Verarbeiten der verschiedenen Teige. Wenn Sie bereits Erfahrungen gesammelt haben und mit Ihren eigenen Methoden gut zurechtkommen, umso besser! Für den Neuling in der Klein- und Feinbäckerei werden die folgenden Tipps und Anleitungen aber auf jeden Fall sehr hilfreich sein.

Zutaten

Gärhilfe

100 g Hartweizenmehl, gekühlt

55 ml Milch, gekühlt

5 g brauner Zucker, gekühlt

2½ g Salz (½ TL), gekühlt

5 g frische Hefe, gekühlt

20 g weiche Butter

900 g Hartweizenmehl, gekühlt

550 ml Milch, gekühlt

60 g brauner Zucker, gekühlt

15 g (3 TL) Salz, gekühlt

35 g frische Hefe, gekühlt

500 g kalte Butter zum Einziehen

Plunderteig (Croissantteig)

Plunderteig, eine Art kombinierter Hefe- und Blätterteig, erfordert mehr Technik vom Brotbacken als aus der Feinbäckerei. Langsames Gehen und die Zugabe einer geringen Menge Teig vom Vortag verleiht ihm einen noch volleren, komplexeren Geschmack. Wie bei Blätterteig wird durch mehrfaches Zusammenfalten und Ausrollen schichtweise Butter in den Teig eingearbeitet – „Touren" oder „Tourieren" genannt –, wodurch er seine charakteristische blättrige Struktur erhält. Aus Plunderteig lassen sich Schoko-Croissants *(pains au chocolat)*, Rosinen- und Krokantschnecken, Obsttaschen, Plundertaschen und vieles mehr backen.

Zubereitung

Sämtliche Zutaten für die Gärhilfe in einer Schüssel vermengen und mit der Hand zu einem krümeligen Teig verarbeiten. Den Teig auf der sauberen Arbeitsfläche etwa 10 Minuten kneten, bis er glatt und geschmeidig ist; er darf nicht reißen, wenn man ihn behutsam dehnt. Für die Zubereitung in der Küchenmaschine sämtliche Zutaten in die Rührschüssel geben und mit dem Knethaken auf langsamer Stufe in 3 Minuten zu einem geschmeidigen Teig verarbeiten. Zu einem Kloß formen und bei Raumtemperatur 2 Stunden ruhen lassen. Mit Frischhaltefolie zudecken und über Nacht oder bis zu 3 Tage in den Kühlschrank legen.

Zum Mischen des Teigs per Hand das Mehl, die Milch, den braunen Zucker, die Gärhilfe, das Salz und die Hefe in einer Schüssel vermengen, bis sich eine krümelige Mischung gebildet hat. Auf die saubere Arbeitsfläche geben und 10–15 Minuten durchkneten.

Für die Teigbereitung in der Küchenmaschine das Mehl, die Milch, den Zucker, die Gärhilfe, das Salz und die Hefe in der Rührschüssel vermengen und mit dem Knethaken zuerst 3–4 Minuten auf niedriger Stufe und anschließend 2 Minuten auf hoher Stufe verkneten.

Der Teig sollte glatt und geschmeidig sein und nicht reißen, wenn man ihn vorsichtig dehnt. Zu einem Kloß formen, in einen Plastikbeutel stecken und möglichst über Nacht, mindestens aber für 2 Stunden in den Kühlschrank legen.

Einige Zeit vor dem Ausrollen und Zusammenlegen (dem Tourieren) des Teiges die Butter aus dem Kühlschrank nehmen – sie sollte kalt, aber formbar sein. Die Butter mit einem Wellholz zwischen zwei Lagen Backpapier zu einem 20 Zentimeter großen und etwa 1 Zentimeter dicken Quadrat ausrollen.

Das Wellholz leicht mit Mehl bestauben und den Teig zu einem Rechteck von 20 × 40 Zentimeter Größe ausrollen. Die Butter in die Mitte legen und die Teigränder von beiden Seiten darüberschlagen. Naht und Ränder sorgfältig zusammendrücken, sodass die Butter vollständig eingeschlossen ist. Das Teigpaket vorsichtig zu einem 20 × 90 Zentimeter großen Rechteck ausrollen und ein Teigdrittel zur Mitte hin falten, sodass das Rechteck nur noch 20 × 60 Zentimeter groß ist. Nun das gegenüberliegende Teigdrittel darüberschlagen – wie wenn man einen Brief faltet – jetzt misst das Rechteck 20 × 30 Zentimeter.

Den Teig in einen Plastikbeutel stecken oder sorgfältig mit Frischhaltefolie zudecken und für etwa 20 Minuten in den Kühlschrank legen, damit sich der Kleber entspannen kann. Das Ausrollen und Falten, inklusive Ruhen, noch zweimal wiederholen; dabei den Teig jedes Mal um 90 Grad drehen, sodass er jeweils quer zur vorherigen Tour ausgerollt wird.

Nach der dritten Tour und weiteren 20 Minuten Ruhezeit im Kühlschrank ist der Teig gebrauchsfertig und kann zu Croissants, Rosinen- oder Krokantschnecken und zu Obsttaschen oder Plundertaschen verarbeitet werden.

Zutaten

300 g kalte Butter, in 1,5 cm große Würfel geschnitten

600 g Mehl, gekühlt

5 g (1 TL) Salz

15 ml (3 TL) Essig, gekühlt

170 ml eiskaltes Wasser

Wenn es einen Teig gibt, den Sie unbedingt in Ihr Repertoire aufnehmen sollten, dann diesen, denn er lässt sich sowohl für süßes als auch für salziges Gebäck verwenden. Bevor ich in der Bourke Street Bakery zu arbeiten begann, kam er praktisch für alles zum Einsatz, egal, ob süßes Naschwerk oder würzige Pasteten. Zubereitet und verarbeitet wird er ähnlich wie süßer Mürbeteig, sie können sich also an der Schritt-für-Schritt-Anleitung auf Seite 156 – 157 orientieren.

Eine Rezeptmenge reicht für zwölf kleine Pasteten oder Quiches von 12,5 Zentimeter Durchmesser. Für die salzigen Pasteten in diesem Buch benötigen Sie nur die halbe Rezeptmenge, doch lohnt es dennoch, die volle Teigmenge zuzubereiten und die Hälfte der fertig mit Teig ausgekleideten Formen für später einzufrieren. Tiefgekühlt halten sie sich bis zu 2 Monate.

Salziger Mürbeteig

Zubereitung

Die Butter 20 Minuten vor dem Mischen des Teigs aus dem Kühlschrank nehmen – sie sollte geschmeidig, aber noch möglichst kalt sein, damit sie beim späteren Kneten nicht schmilzt.

Zum Mischen des Teigs per Hand das Mehl und das Salz in eine große Schüssel geben und die Butterwürfel grob untermengen. Die Butter mit den Fingerspitzen in das Mehl reiben, bis sich die Zutaten teilweise miteinander verbunden haben. Für die Zubereitung in der Küchenmaschine das Flügelmesser einsetzen. Das Mehl und das Salz in der Rührschüssel vermengen, die Butterwürfel zugeben und durch drei- bis viermaliges kurzes Betätigen der Impulstaste grob mischen.

Sie sollten jetzt eine krümelige Mischung mit noch deutlich erkennbaren Butterstückchen darin haben. Den Teig auf die saubere Arbeitsfläche geben und mit den Händen grob zusammenfassen. Den Essig mit dem kalten Wasser verrühren und über den Teig gießen. Die Zutaten ineinandermassieren, indem Sie den Teig mit den Handflächen gegen die Unterlage drücken und vom Körper wegschieben.

Den Teig wieder zusammenfassen und den Vorgang zweimal wiederholen, eventuell auch öfter – der Teig sollte noch mit erkennbaren Butterstreifen durchzogen sein, so wird das Gebäck besonders blättrig. Den Teig in zwei gleich große Stücke zerteilen, zu Bällen formen und diese zu etwa zwei Zentimeter dünnen Kreisen abflachen. Getrennt in Frischhaltefolie wickeln und mindestens für 2 Stunden oder über Nacht in den Kühlschrank legen.

Den Teig 20 Minuten vor dem Ausrollen aus dem Kühlschrank nehmen. Die Arbeitsfläche und das Wellholz mit etwas Mehl bestauben. Die Teigplatten in der Mitte beginnend vom Körper weg behutsam ausrollen und dabei nach jedem Wellvorgang um 30 Grad drehen, bis ein großer, etwa drei Millimeter dünner Kreis entstanden ist. Arbeitsfläche und Wellholz nach Bedarf mit weiterem Mehl bestauben, aber möglichst sparsam, da überschüssiges Mehl, das oberflächlich anhaftet, Geschmack und Konsistenz stark beeinträchtigen kann. Beim Ausrollen geht es einzig darum, den Teig behutsam zu einem flachen Kreis auszubreiten. Übermäßiges Dehnen und Strecken in alle Richtungen führt lediglich dazu, dass sich der Teig beim Backen stark zusammenzieht. Den ausgerollten Teig mit Frischhaltefolie bedeckt für mindestens 2 weitere Stunden in den Kühlschrank legen, damit sich der Kleber entspannen kann.

Wenn Sie den Teig für kleine Pasteten verwenden möchten, zwölf Formen von 12,5 Zentimeter Durchmesser leicht ausbuttern. Mit einem Ausstechring aus dem Teig Kreise von 15 Zentimeter Durchmesser ausstechen, diese mittig in die Formen legen und vorsichtig mit den Fingern einpassen; auch an den Rändern sorgfältig hineindrücken. Der Teigrand sollte rundherum etwa einen Zentimeter überstehen. Den Rand vorsichtig nach innen legen, er dient zum Auflegen und Verschließen des Teigdeckels. Fertig ausgekleidete Formen, die nicht sofort gefüllt werden, lassen sich bis zu 2 Monate einfrieren.

Zutaten

400 g kalte Butter, in 1,5 cm kleine Würfel geschnitten

20 ml (1 EL) Essig, gekühlt

100 g feinster Zucker, gekühlt

170 ml kaltes Wasser

650 g Mehl Type 405, gekühlt

5 g (1 TL) Salz

Süßer Mürbeteig

Bei diesem Rezept für süßen Mürbeteig wird der Rand beim Auskleiden der Form etwas ungleichmäßig. Es gibt den Tartes und Tortelettes einen rustikalen Anstrich, wie er für Selbstgebackenes einfach typisch ist und wie er auch bei uns in der Bourke Street Bakery gewollt ist. Wenn Ihnen eine makellose Erscheinung besonders am Herzen liegt, ist dies nicht das richtige Rezept. Da der Teig Wasser enthält, das in der Ofenhitze verdampft, schrumpft er beim Backen zusammen. Die besondere Art der Teigbehandlung soll dem entgegenwirken. Ist Ihnen ein optisch makelloser Eindruck wichtiger, sind Sie bei dem Zuckerteig auf Seite 159 besser aufgehoben. Aber denken Sie daran: Er ist deutlich empfindlicher als dieser Teig.

Die Rezeptmenge genügt für 20 Tortelettes von acht Zentimeter Durchmesser, plus einen kleinen Rest. Die Zahl kann variieren, je nachdem wie dünn der Teig ausgerollt wird. Der Teig lässt sich bis zu 2 Monate einfrieren, es kann also durchaus Sinn machen, gleich sämtlichen Teig backfertig in Formen einzupassen, die nicht benötigten tiefzukühlen und je nach Bedarf wieder aufzutauen.

Zubereitung

Die Butter 20 Minuten vor dem Mischen des Teiges aus dem Kühlschrank nehmen – sie sollte geschmeidig und formbar, aber noch möglichst kalt sein, damit sie beim Kneten nicht schmilzt.

Den Essig, den Zucker und das Wasser in einer kleinen Schüssel gründlich verrühren, 10 Minuten stehen lassen und erneut rühren, bis sich der Zucker vollständig aufgelöst hat.

Zum Mischen per Hand das Mehl und das Salz in eine große Schüssel geben und die Butterwürfel grob untermengen. Die Butter mit den Fingerspitzen in das Mehl reiben, bis sich die Zutaten grob miteinander verbunden haben. Für die Zubereitung in der Küchenmaschine das Flügelmesser einsetzen. Das Mehl und das Salz in der Rührschüssel vermengen, die Butterwürfel zugeben und alles durch drei- bis viermaliges kurzes Drücken der Impulstaste grob mischen.

Der Teig sollte jetzt von krümeliger Beschaffenheit sein, mit noch deutlich erkennbaren Butterstückchen darin. Die Mischung auf die saubere Arbeitsfläche geben und mit den Händen grob zusammenfassen. Das Zucker-Essig-Wasser darübergießen und in den Teig einmassieren, indem Sie ihn mit den Handflächen gegen die Unterlage drücken und vom Körper wegschieben. Den Teig wieder zusammenfassen (eine Teigkarte ist dabei sehr nützlich) und den Vorgang zweimal wiederholen, eventuell auch öfter – der Teig sollte am Ende noch leicht mit Butterstreifen durchzogen sein, das kommt seiner blättrigen Struktur zugute. Den Teig in zwei gleich große Stücke zerteilen, zu Bällen formen und diese zu etwa zwei Zentimeter dünnen Kreisen abflachen. Getrennt in Frischhaltefolie wickeln und mindestens für 2 Stunden oder über Nacht in den Kühlschrank legen.

Den Teig 20 Minuten vor dem Ausrollen aus dem Kühlschrank nehmen. Die Arbeitsfläche und das Wellholz mit etwas Mehl bestauben. Die Teigplatten in der Mitte beginnend vom Körper weg behutsam ausrollen und dabei nach jedem Wellvorgang um 30 Grad drehen, bis ein großer, etwa drei Millimeter dünner Kreis entstanden ist. Arbeitsfläche und Wellholz nach Bedarf mit weiterem Mehl bestauben, aber möglichst sparsam – überschüssiges Mehl, das oberflächlich anhaftet, beeinträchtigt den Geschmack und die Konsistenz des Endprodukts erheblich. Der Sinn des Ausrollens besteht einzig darin, den Teig behutsam zu einem flachen Kreis auszubreiten. Übermäßiges Strecken und Dehnen in alle Richtungen führt lediglich dazu, dass er sich beim Backen wieder stark zusammenzieht. Den Teig auf ein Blech umsetzen, mit Frischhaltefolie zudecken und für mindestens 2 Stunden in den Kühlschrank stellen, damit sich der Kleber entspannt.

In der Bourke Street Bakery bevorzugen wir Tarte-Formen mit herausnehmbarem Boden und senkrechtem Rand. Ähnlich einem Korsett bietet er beim Backvorgang mehr Unterstützung als ein schräger Rand, außerdem erleichtert er das Herauslösen des empfindlichen Gebäcks. Auch beim Auskleiden der Formen ist es wichtig, den Teig nicht übermäßig zu strapazieren.

20 Tortelette-Förmchen von acht Zentimeter Durchmesser mit etwas Butter einfetten. Mit einem Ausstechring aus dem Teig Kreise von elf Zentimeter Durchmesser ausstechen, diese mittig in die Formen legen und rundherum vorsichtig mit den Fingern einpassen. Es sollte ein etwa ein Zentimeter breiter Rand überstehen. Mit Daumen und Zeigefinger den Teig rundherum am Rand und am Übergang zum Formboden fest andrücken, bis kein oder kaum noch Teig überhängt; so wird verhindert, dass der Teig beim Backen schrumpft. Die fertig ausgekleideten Formen für mindestens 20 Minuten in den Gefrierschrank stellen, damit sich der Teig entspannen kann und beim späteren Auslegen mit Folie seine Form bewahrt.

Nach dem Auskleiden der Formen und dem Ruhen des Teigs, müssen die Teigböden bei vielen Rezepten „blindgebacken", das heißt ohne Füllung, vorgebacken werden, damit der Teig während des eigentlichen Backvorgangs durchgart und knusprig wird. Das gelingt am besten, wenn man die Förmchen direkt auf einen gut vorgeheizten Pizzastein stellt.

Den Ofen auf 200 °C vorheizen. Die Teigböden mit einer doppelten Lage Backpapier auslegen und diese am Rand sorgfältig in die Form einpassen. Die Formen mit Backlinsen, -erbsen oder rohem Reis füllen (damit der Teig nicht aufgeht) und 20–25 Minuten backen – die Backzeit kann von Ofen zu Ofen erheblich abweichen. Der Teig sollte nach dem Backen goldgelb sein, besonders in der Mitte, wo er gewöhnlich zuletzt Farbe nimmt und knusprig wird. Anschließend können die Teigböden gefüllt werden.

1. Der Teig kann per Hand oder in der Küchenmaschine gemischt werden. Die Butter mit den Fingern in das Mehl reiben, bis sich die Zutaten grob verbunden haben.

2. Das Zucker-Essig-Wasser darübergießen und mit der Handfläche vom Körper weg in den Teig massieren.

5. Nachdem der Teig 2 Stunden geruht hat, mit einem Ausstechring 20 Kreise von elf Zentimeter Durchmesser ausstechen.

6. Die Teigkreise in die Formen legen und rundherum mit den Fingern behutsam einpassen.

3. Den Teig zusammenfassen, in zwei Hälften teilen und in Frischhaltefolie gewickelt 2 Stunden kalt stellen.

4. Die Teigplatten von innen nach außen zu drei Millimeter dünnen Kreisen ausrollen und dabei immer etwas drehen. Mit dem Wellholz auf Bleche legen und kalt stellen.

7. Den Teigrand mit Daumen und Zeigefinger rundherum in die Form einarbeiten, sodass er nicht mehr übersteht – auch den Übergang vom Rand zum Boden sorgfältig einpassen.

8. Die ausgekleideten Formen können jetzt zum Blindbacken vorbereitet und anschließend eingefroren oder gleich weiterverarbeitet werden.

Zuckerteig

Zutaten

- 500 g kalte Butter, in 1,5 cm kleine Würfel geschnitten
- 10 g (2 TL) Salz
- 250 g Puderzucker, durchgesiebt, gekühlt
- 80 g Eigelb (etwa 5 Stück), gekühlt
- 650 g Mehl Type 405, gekühlt

Dieser Teig ist wegen seines höheren Butteranteils im Verhältnis zum Mehl noch mürber als der klassische Mürbeteig. Da kein Wasser zugesetzt wird, ist der Teig insgesamt krümeliger – er hält besser seine Form und bleibt länger knusprig als der klassische süße Mürbeteig. Sie können ihn wie gewöhnlichen Mürbeteig verwenden.

Zubereitung

Die Butter 20 Minuten vor dem Mischen des Teigs aus dem Kühlschrank nehmen – sie sollte geschmeidig und formbar, aber noch möglichst kalt sein.

Zum Mischen per Hand die Butter, das Salz und den Puderzucker in einer Schüssel mit einem Holzlöffel gründlich vermengen. Nacheinander die Eigelbe hineingeben und vor jeder weiteren Zugabe vollständig einarbeiten. Das Mehl einstreuen und mit dem Holzlöffel nur grob unterheben.

Für die Teigbereitung in der Küchenmaschine das Flügelmesser einsetzen. Die Butter, den Puderzucker und das Salz in die Rührschüssel geben und etwa zehnmal 2 Sekunden lang die Impulstaste drücken, bis die Mischung hellgelb und cremig ist. In zwei Portionen die Eigelbe zugeben und durch kurzes Betätigen der Impulstaste einarbeiten. In gleicher Weise das Mehl in drei Teilen untermengen.

Den Teig auf die saubere Arbeitsfläche geben und zu einem Kloß zusammenfassen. In drei gleich große Portionen teilen und diese zu etwa zwei Zentimeter dicken Kreisen formen. Einzeln in Frischhaltefolie wickeln und für mindestens 2 Stunden oder über Nacht in den Kühlschrank legen.

Den Teig 20 Minuten vor der Weiterverarbeitung aus dem Kühlschrank nehmen. Die Teigplatten zwischen zwei Lagen Backpapier 2–3 Millimeter dünn ausrollen, auf Bleche legen und 2 Stunden kalt stellen. 20 Tortelette-Förmchen von 6,5 Zentimeter Durchmesser mit etwas flüssiger Butter einpinseln. Aus dem Teig mit einem Ausstechring Kreise von 8,5 Zentimeter Durchmesser ausstechen; für die Teigdeckel einen 7-Zentimeter-Ring verwenden. Die Teigreste erneut ausrollen und ausstechen. Die Formen nach der Anleitung für süßen Mürbeteig auf Seite 154–157 mit Teig auskleiden und je nach Rezept weiterverarbeiten.

Zutaten
450 g Mehl Type 405
7 g (1½ TL Salz)
210 ml kaltes Wasser
1 TL Essig
1 Ei
50 g Rindertalg (siehe Anmerkung)

Im ersten Sommer unserer Bäckerei machten wir den Laden fünf Wochen dicht und suchten das Weite. Dave zog es nach Frankreich und ich reiste nach Südamerika, wo mich eine Schwäche für Empanadas überfiel. Ich aß so viele davon, dass vermutlich mehr Talg als Blut in meinen Adern floss. Derart angespornt begann ich die Bourke-Street-Empanada zu kreieren – nichts Sensationelles und schon gar keine Schonkost, aber verteufelt lecker. Empanadas sind für mich ein typischer Straßenimbiss. Genossen, während die Welt an einem vorüberzieht, schmecken sie gleich noch mal so gut.

Sie können für Empanadas auch Blätter- oder Filoteig verwenden und ihre Größe je nach persönlichem Geschmack und Anlass anpassen.

Empanada-Teig

Zubereitung
Das Mehl und das Salz in einer Schüssel vermengen. In die Mitte eine Mulde drücken und das Wasser, den Essig und das Ei hineingeben. Mit einer Gemüsereibe den Talg hineinraspeln und mit einem Holzlöffel sorgfältig verrühren, bis alles gut vermengt ist.

Die Mischung auf die leicht bemehlte Arbeitsfläche geben und 3 Minuten verkneten. Den Teig 5 Minuten ruhen lassen und in weiteren 5 Minuten glatt und geschmeidig kneten. In Frischhaltefolie wickeln und für 2 Stunden in den Kühlschrank legen.

Den Teig etwa zwei Millimeter dünn 30 × 75 Zentimeter groß ausrollen. Mit einem Ausstechring oder einem Glas zehn Kreise von 14 Zentimeter Durchmesser ausstechen. Die Abschnitte zusammenkneten, erneut ausrollen und ausstechen, sodass Sie insgesamt zwölf Kreise haben. Jetzt können die Empanadas gefüllt und gebacken werden (siehe Seite 242–243).

Anmerkung
Rindertalg ist ein festes Schlachtfett aus der Lenden- oder Nierengegend des Rinds. Sie bekommen ihn beim Schlachter und im gut sortierten Lebensmittelhandel.

Zutaten

135 g kalte Butter, in 1,5 cm kleine Würfel geschnitten

675 g Mehl Type 405, gekühlt

20 g (1 EL) Salz

20 ml (1 EL) Essig, gekühlt

300 ml kaltes Wasser

500 g kalte Butter zum Einziehen

Das Besondere an Blätterteig ist die Art, wie er zusammengelegt wird – „tourieren" oder „touren" genannt. Wie bei dem Plunderteig auf Seite 148 wird dabei durch wiederholtes Falten und Ausrollen schichtweise Fett eingearbeitet (die Touren), die dem Teig – wie sein Name schon sagt – die typisch blättrige Struktur verleihen. Blätterteig lässt sich für salziges und süßes Gebäck einsetzen, wir verwenden ihn meist für unsere Teigtaschen mit würzigen Fleischfüllungen, als Pastetendeckel und für einfache Obstkuchen. Mit der Zubereitung des Teigs müssen Sie 1 – 2 Tage im Voraus beginnen.

Blätterteig

Zubereitung

Die Butterwürfel 20 Minuten vor dem Mischen des Teigs aus dem Kühlschrank nehmen – sie sollten geschmeidig, aber noch möglichst kalt sein, damit sie beim Verarbeiten nicht schmelzen.

Zum Mischen per Hand das Mehl und das Salz in einer großen Schüssel vermengen. Die Butter rasch untermischen und mit den Fingern in das Mehl reiben, bis sich die Zutaten grob verbunden haben. Auf die saubere Arbeitsfläche geben und mit den Händen zusammenfassen und aufhäufen. Mit dem Essig und dem Wasser übergießen und alles zu einem geschmeidigen Teig verkneten.

Für die Zubereitung in der Küchenmaschine die Butter, das Mehl und das Salz in die Rührschüssel geben und mit dem Flügelmesser etwa 30 Sekunden mixen, bis die Mischung eine sandartige Beschaffenheit hat. Den Essig und das Wasser verrühren, in die Schüssel gießen und durch drei- bis viermaliges Betätigen der Impulstaste alles zu einem glatten Teig verarbeiten.

Den Teig zu einem Kreis von etwa zwei Zentimeter Dicke abflachen, in Frischhaltefolie wickeln und für mindestens 2 Stunden oder über Nacht in den Kühlschrank legen.

Rechtzeitig vor dem Tourieren des Teigs die Ziehbutter aus dem Kühlschrank nehmen – sie sollte geschmeidig, aber kalt sein. Die Butter mit dem Wellholz zwischen zwei Lagen Backpapier zu einem 20 Zentimeter großen und ein Zentimeter dicken Quadrat ausrollen.

Den Teig aus dem Kühlschrank nehmen und auf der leicht bemehlten Arbeitsfläche zu einem 20 × 40 Zentimeter großen Rechteck ausrollen. Die Butter bündig an den Rand der einen Hälfte des Rechtecks legen und die andere Teighälfte darüberschlagen. Die Ränder zum Versiegeln gut zusammendrücken, sodass die Butter vollständig eingeschlossen ist.

Das Teigpaket um 90 Grad drehen und vom Körper weg gleichmäßig ausrollen. Sobald Sie ein Rechteck von 20 × 90 Zentimeter Größe haben, die beiden kurzen Teigenden nach innen falten, sodass sie sich in der Mitte treffen. Den Teig in der Mitte noch einmal zusammenfalten – als ob man ein Buch zuschlägt –, leicht mit Mehl bestauben und zugedeckt 30 Minuten kalt stellen. Das war die erste Tour.

Diesen Vorgang noch dreimal wiederholen, sodass Sie dem Teig insgesamt vier Touren gegeben haben. Den Teig jedes Mal zu Beginn so auf die Arbeitsfläche legen, dass der „Buchrücken" (die geschlossene Seite) nach links zeigt, damit er bei jeder Tour um 90 Grad gedreht wird. Nach jeder Tour den Teig zugedeckt für 30 Minuten in den Kühlschrank legen, damit er entspannen kann, andernfalls lässt er sich nur schwer ausrollen und neigt beim Backen zum Zusammenschrumpfen. Einige Bäcker legen den Teig nach der zweiten Tour über Nacht in den Kühlschrank und geben ihm erst nach 24 Stunden die abschließenden beiden Touren. In diesem Fall sollten Sie ihn etwa 30 Minuten vor dem dritten Touren aus dem Kühlschrank nehmen, damit er wieder geschmeidig wird. Nachdem das Falten und Ausrollen beendet ist, empfiehlt sich ebenfalls, den Teig 24 Stunden im Kühlschrank ruhen zu lassen, damit er sich bei der Weiterverarbeitung nicht zusammenzieht. Da er sich schnell verfärbt, sollte er anschließend möglichst innerhalb eines Tages verbraucht oder eingefroren werden.

Den Blätterteig 30 Minuten vor dem Gebrauch aus dem Kühlschrank nehmen. Arbeitsfläche und Wellholz leicht mit Mehl bestauben und den Teig in der Mitte beginnend sanft vom Körper weg ausrollen; den Teig nach jedem Wellvorgang um 45 Grad drehen, bis ein etwa fünf Millimeter dünnes Rechteck oder Quadrat entstanden ist.

Den Teig vor dem Zuschnitt noch einmal 30 Minuten kühlen. Das Zuschneiden sollte mit einem scharfen Messer in einer ziehenden Bewegung erfolgen – den Schnitt nicht senkrecht führen, sonst werden die Randschichten zusammengedrückt, der Teig geht nicht richtig auf und das ganze Falten und Rollen war umsonst.

Für Pastetendeckel verwendet man am besten einen Ausstechring. Er sollte im Durchmesser mindestens einen Zentimeter größer sein als die Form, sodass ein ausreichend breiter Rand zum Verschließen bleibt.

Anmerkung
Teigreste können ausgerollt, in eine beliebige Form geschnitten und in Frischhaltefolie gewickelt bis zu 2 Monate eingefroren werden. Zum Backen schiebt man den Teig unaufgetaut in den Ofen.

1. Nach dem Mischen und Ruhen des Teiges muss er „touriert" werden. Zuerst den Teig zu einem 20 × 40 Zentimeter großen Rechteck ausrollen.

2. Die ausgerollte Ziehbutter bündig an den Rand der einen Teighälfte legen und die andere Hälfte darüberschlagen.

5. Die beiden kurzen Teigenden nach innen falten, sodass sich ihre Ränder in der Mitte treffen.

6. Den Teig noch einmal in der Mitte zusammenfalten, wie wenn man ein Buch zuschlägt.

3. Die Ränder rundherum zusammendrücken, sodass die Butter vollständig eingeschlossen ist.

4. Das Teigpaket um 90 Grad drehen und gleichmäßig vom Körper weg zu einem 20 × 90 Zentimeter großen Rechteck ausrollen.

7. Den Teig mit etwas Mehl bestauben und mit Frischhaltefolie bedeckt 30 Minuten kühlen. Dies war die erste Tour.

8. Den Vorgang noch dreimal wiederholen und dabei jedes Mal um 90 Grad drehen. Den Teig vor der Verwendung für 24 Stunden in den Kühlschrank legen.

Croissants und Plundergebäck

Wir glauben, dass die Leute morgens nicht nur für eine duftende Tasse Kaffee vor unserer Bäckerei Schlange stehen, sondern auch um das Schauspiel zu erleben, wenn das Gebäck aus dem Ofen kommt.

Das typische Frühstücksgebäck basiert bei uns auf dem Plunder- bzw. Croissantteig – die französischen Bäcker nennen es *viennoiserie*, „Wienereien". Es gehört zum Anspruchsvollsten in der Backkunst, doch macht bekanntlich Übung den Meister und wenn Sie nur einige grundlegende Regeln beherzigen, wird Ihnen die Arbeit bereits nach wenigen Versuchen in Fleisch und Blut übergehen.

Für uns Bourke-Street-Bäcker erkennt man ein gutes Croissant an den vielen blättrigen Krümeln, die es beim Essen auf dem Schoß hinterlässt. Damit der Teig blättrig wird, sollte er in einer kühlen Umge-

bung touriert und möglichst zügig bearbeitet werden. So wird verhindert, dass die Butter zwischen den Teigschichten schmilzt, außerdem hemmt es die Aktivität der Hefe, damit das Gebäck nicht schon während des Faltens und Formens aufgeht. In dieser Phase sollte man den Teig möglichst wenig und nur leicht berühren, denn schon die Wärme der Hände bringt die Butter zum Schmelzen. Regelmäßiges Kühlen zwischen den Touren sorgt dafür, dass sich das Fett wieder verfestigt und der Kleber entspannt. Täte er es nicht, ließe sich der Teig nur schwer auf die gewünschte Größe ausrollen, er würde sich immer wieder zusammenziehen.

Verwenden Sie für Plunderteig grundsätzlich nur Zutaten von bester Qualität. Vor allem an der Butter sollten Sie nicht sparen. Nehmen Sie generell frische Früchte, die Sie selbst garen, statt Obst aus der Dose, und auch die Schokolade sollte immer von Top-Qualität sein. Verzichten Sie auf Hilfsmittel wie Puddingpulver oder künstliches Vanillearoma; selbst gemachte Konditorcreme aus frischen Eiern, Milch und Vanille schmeckt um ein Vielfaches besser.

Backen Sie Ihr Gebäck, bis es von tiefgoldener, kupferähnlicher Farbe ist. Eine leicht karamellisierte Kruste steuert eine reizvolle geschmackliche Komponente bei. Es sind die durch und durch hausgemachten Produkte, die unsere Kunden locken. Die Arbeit, die in einem scheinbar simplen Produkt steckt, wird vom genussvollen Murmeln Ihrer Freunde und Familie belohnt.

Zutaten

Eistreiche

1 Ei

100 ml Milch

1 Prise Salz

1 Rezeptmenge Plunderteig (siehe Seite 148–149)

Croissants

Ergibt 18 Stück

Zubereitung

Für die Eistreiche das Ei, die Milch und das Salz in einer Schüssel mit einer Gabel kräftig verschlagen. Bis zur Verwendung beiseitestellen.

Den Teig nach beendeter Ruhephase aus dem Kühlschrank nehmen und 5–8 Millimeter dünn zu einem etwa 25 × 100 Zentimeter großen Rechteck ausrollen. Das kann sich unter Umständen als etwas mühevoll erweisen, weil sich der Teig ständig wieder zusammenzieht. In diesem Fall legen Sie ihn für weitere 10 Minuten in den Kühlschrank und fahren anschließend fort. Eventuell sind sogar mehrere Unterbrechungen erforderlich. Wird der Teig irgendwann zu groß für den Kühlschrank, einfach locker zusammenfalten, auf ein Blech legen und dann kalt stellen.

Den ausgerollten Teig in Dreiecke mit neun Zentimeter langer Basis und 21 Zentimeter langen Schenkeln schneiden – fertigen Sie dazu am besten eine Schablone aus Karton an, das erleichtert die Arbeit.

Die Teigdreiecke auf ein mit Backpapier ausgelegtes Blech schichten, locker mit einem sauberen Küchentuch bedecken und etwa 10 Minuten kalt stellen. Aus dem Kühlschrank nehmen, die Dreiecke einzeln behutsam etwas dehnen und von der Basis zur Spitze aufrollen. Die Spitze zum Fixieren leicht andrücken (siehe Bilder Seite 170).

Die gerollten Teiglinge in ausreichendem Abstand voneinander wieder auf das Blech legen (eventuell mit mehreren Blechen arbeiten) und locker mit einem feuchten Tuch bedecken. An einem warmen Ort (etwa 25 °C) 1½–2 Stunden gehen lassen, bis sich ihr Volumen fast verdoppelt hat. Das Tuch gelegentlich mit Wasser einsprühen, falls es zu trocken wird. Inzwischen den Ofen auf 240 °C vorheizen.

Das Küchentuch abnehmen, die Croissants von oben mit etwas Eistreiche einpinseln und in den Ofen schieben. Die Temperatur auf 190 °C reduzieren und die Teiglinge in etwa 15 Minuten goldbraun backen. Vor dem Servieren auf dem Blech etwas abkühlen lassen.

1. Die Teigdreiecke an der Basis beginnend bis zur Spitze aufrollen. Dabei gleichmäßigen Druck ausüben. Die Spitze zum Fixieren leicht andrücken.

2. Die fertig gerollten Croissants 1½–2 Stunden gehen lassen, bis sie ihr Volumen fast verdoppelt haben.

Zutaten
1 Rezeptmenge Plunderteig (siehe Seite 148–149)
500 g Bitterschokolade (55 % Kakaogehalt), grob gehackt
Eistreiche (siehe Seite 168)

Falls Sie ein Schokoladenfan sind, hier ist das ideale Frühstück für Sie – im Prinzip ein Croissant, gefüllt mit allerbester Schokolade. In unserer Bäckerei verwenden wir dafür schmale Schokostäbchen, die speziell für diesen Zweck hergestellt werden. Sie finden sie im Bäckereifachhandel.

Schoko-Croissants

Ergibt 24 Stück

Zubereitung
Den Teig nach beendeter Ruhephase aus dem Kühlschrank nehmen und fünf Millimeter dünn zu einem etwa 35 × 100 Zentimeter großen Rechteck ausrollen. Falls sich das als etwas kraftraubend herausstellt, weil sich der Teig ständig wieder zusammenzieht, legen Sie ihn für weitere 10 Minuten in den Kühlschrank und fahren dann fort. Unter Umständen sind mehrere solcher Ruhephasen erforderlich. Wird der Teig mit der Zeit zu groß für den Kühlschrank, falten Sie ihn locker zusammen, bevor Sie ihn auf ein Blech legen und kalt stellen.

Den Teig in 24 Rechtecke von etwa 8 × 16 Zentimeter Größe schneiden, diese auf ein mit Backpapier bedecktes Blech legen und erneut 10 Minuten kühlen. Aus dem Kühlschrank nehmen, ein Rechteck auf die Arbeitsfläche legen und am unteren schmalen Rand einen Streifen Schokolade (etwa zehn Gramm) auftragen. Den Teig darüberschlagen, gleich daneben erneut Schokolade auftragen und den Teig ganz aufrollen, sodass ein Zylinder entsteht (siehe Bilder Seite 174). Die restlichen Teigstücke ebenso füllen und aufrollen.

Die Teiglinge mit dem Saum nach unten in ausreichendem Abstand voneinander auf das Blech legen (eventuell mit mehreren Blechen arbeiten) und mit einem feuchten Küchentuch locker bedecken. An einem warmen Ort (etwa 25 °C) 1½–2 Stunden gehen lassen, bis sie ihr Volumen fast verdoppelt haben. Das Tuch gelegentlich mit Wasser einsprühen. Inzwischen den Ofen auf 240 °C vorheizen.

Das Tuch abnehmen, die Teiglinge von oben mit etwas Eistreiche einpinseln und in den Ofen schieben. Die Temperatur auf 190 °C reduzieren und die Schoko-Croissants in etwa 15 Minuten goldbraun backen. Vor dem Servieren auf dem Blech etwas abkühlen lassen.

1. Die Schokolade – hier in Stäbchen – am schmalen Ende auflegen, den Teig darüberfalten und ein zweites Stäbchen direkt daneben platzieren.

2. Den Teig mit gleichmäßigem Druck fest aufrollen, sodass ein Zylinder entsteht.

3. Den unten liegenden Saum durch Druck verschließen und den Teigling auf ein mit Backpapier bedecktes Blech legen.

4. Die Schoko-Croissants mit einem feuchten Tuch bedecken und 1½ – 2 Stunden gehen lassen, bis sie ihr Volumen verdoppelt haben.

Zutaten

600 g Sultaninen

200 g Korinthen

1¼ l kochendes Wasser

60 g brauner Zucker

½ TL Lebkuchengewürz

1 Rezeptmenge Plunderteig (siehe Seite 148–149)

250 g Konditorcreme (siehe Seite 276–277)

Eistreiche (siehe Seite 168)

Puderzucker zum Bestauben

Die meisten Kinder in Australien kennen diese Schnecken, die ihren Namen natürlich der spiralförmigen Gestalt verdanken. Die Rosinenmischung und die Konditorcreme müssen mindestens 1 Tag im Voraus zubereitet werden.

Rosinenschnecken

Ergibt 30 Stück

Zubereitung

Die Sultaninen und die Korinthen in einer Schüssel mit dem kochenden Wasser übergießen. Sobald die Mischung abgekühlt ist, mit Frischhaltefolie zudecken und über Nacht oder 2–3 Tage im Kühlschrank quellen lassen. Abtropfen lassen und in einer Schüssel mit dem braunen Zucker und dem Lebkuchengewürz gründlich vermengen. Beiseitestellen.

Den Teig nach beendeter Ruhephase aus dem Kühlschrank nehmen und 5 Millimeter dünn zu einem etwa 35 × 100 Zentimeter großen Rechteck ausrollen. Falls sich das als etwas kraftraubend erweist, weil sich der Teig immer wieder zusammenzieht, legen Sie ihn noch einmal für 10 Minuten in den Kühlschrank und fahren dann fort. Eventuell sind auch mehrere Unterbrechungen nötig. Wird der Teig allmählich zu groß für den Kühlschrank, kann man ihn einfach locker zusammenlegen und dann auf einem Blech kalt stellen.

Den Teig in zwei Hälften von 35 × 50 Zentimeter Größe schneiden, auf zwei mit Backpapier ausgekleidete Bleche legen und erneut etwa 10 Minuten kühlen.

Ein Teigrechteck mit der schmalen Seite nach unten auf die leicht bemehlte Arbeitsfläche legen, die Hälfte der Konditorcreme daraufgeben und gleichmäßig bis an die Ränder heran verstreichen. Die Hälfte der Rosinenmischung darauf verteilen und den Teig am oberen Rand beginnend fest zum Körper hin aufrollen. Die

Teigrolle in Backpapier einwickeln und für etwa 20 Minuten in den Kühlschrank legen, damit sie fester wird. Die andere Teighälfte in gleicher Weise aufrollen.

Beide Teigrollen aus dem Backpapier wickeln und auf der sauberen Arbeitsfläche in etwa 1,5 Zentimeter dicke Scheiben schneiden – insgesamt sollten Sie rund 30 Schnecken erhalten.

Die Schnecken in ausreichendem Abstand wieder auf die Bleche legen und mit feuchten Küchentüchern locker bedecken. An einem warmen Ort (etwa 25 °C) 1½–2 Stunden gehen lassen, bis sie ihr Volumen verdoppelt haben. Die Tücher gelegentlich mit der Sprühflasche leicht befeuchten, falls sie zu trocken werden. Inzwischen den Ofen auf 240 °C vorheizen.

Die Tücher abnehmen, die Oberseite der Rosinenschnecken mit etwas Eistreiche einpinseln und in den Ofen schieben. Die Temperatur auf 190 °C reduzieren und die Schnecken in etwa 15 Minuten goldbraun backen. Auf den Blechen leicht abkühlen lassen, mit Puderzucker bestauben und servieren.

Zutaten

400 g feinster Zucker

40 ml flüssige Glukose (Reformhaus)

200 ml Wasser

200 g blanchierte und gehäutete Mandeln

1 Rezeptmenge Plunderteig (siehe Seite 148–149)

250 g Konditorcreme (siehe Seite 276–277)

Eistreiche (siehe Seite 168)

Puderzucker zum Bestauben

Dieses Plundergebäck erfreut sich ganz besonderer Beliebtheit. Die weichen, leicht klebrigen Kringel mit dem knusprigen Mandelkrokant und der cremigen Füllung kommen bei unseren Kunden, die morgens auf einen Kaffee vorbeischauen, sehr gut an. Auch bei Bäckern stehen sie hoch im Kurs, sie allerdings mögen daran vor allem etwas, das die Kunden gar nicht zu sehen bekommen – den Karamell, der beim Backen austritt und auf dem Backpapier eine dünne Kruste bildet.

Krokantschnecken

Ergibt 60 Stück

Zubereitung

Für den Mandelkrokant den Zucker und die Glukose in einem Topf bei mittlerer Temperatur erhitzen. Das Wasser zugießen und unter Rühren zum Kochen bringen, bis sich der Zucker aufgelöst hat. Sirup mit hohem Zuckeranteil wird nach dem Aufkochen grundsätzlich nicht mehr umgerührt, sonst kristallisiert der Zucker wieder aus. Stattdessen eine kleine Schale mit Wasser bereitstellen und mit einem befeuchteten Backpinsel die sich am Topfrand absetzenden Zuckerkristalle beständig abstreifen. Den Sirup zu einem goldbraunen Karamell kochen.

Den Karamell vom Herd nehmen und die Mandeln einrühren – Vorsicht vor Spritzern, der Karamell ist sehr heiß. Die Mischung auf ein tiefes, mit Backpapier ausgelegtes Blech gießen und abkühlen lassen. Den Krokant mit einem kleinen Fleischklopfer oder einem anderen geeigneten Gegenstand in etwa drei Zentimeter große Stücke zerbrechen und anschließend im Mixer zermahlen, bis die Mischung an grobe Semmelbrösel erinnert. Bis zur Verwendung beiseitestellen.

Den Teig nach beendeter Ruhephase aus dem Kühlschrank nehmen und fünf Millimeter dünn zu einem etwa 35 × 100 Zentimeter großen Rechteck ausrollen. Falls sich das als etwas beschwerlich herausstellt, weil sich der Teig immer wieder zusammenzieht, legen Sie ihn für weitere 10 Minuten in den Kühlschrank, bevor Sie fortfahren. Unter Umständen sind mehrere Ruhephasen erforderlich. Wird der Teig allmählich zu groß für den Kühlschrank, einfach locker zusammenfalten, auf ein Blech legen und dann kalt stellen.

Den fertig ausgerollten Teig in zwei Hälften von 35 × 50 Zentimeter Größe schneiden, auf zwei mit Backpapier ausgekleidete Bleche legen und erneut für etwa 10 Minuten kalt stellen.

Ein Teigrechteck mit der schmalen Seite nach unten auf die leicht bemehlte Arbeitsfläche legen, die Hälfte der Konditorcreme daraufgeben und bis an die Ränder verstreichen. Gleichmäßig mit einem Viertel des Mandelkrokants bestreuen und den Teig am oberen Rand beginnend bis zur Mitte fest aufrollen. Dann vom unteren Rand aufrollen, sodass sich beide Rollen in der Mitte treffen. In Backpapier wickeln und für etwa 20 Minuten in den Kühlschrank legen, damit der Teig etwas fester wird. Die andere Teigplatte in gleicher Weise verarbeiten.

Die Doppelrollen aus dem Backpapier wickeln und auf der sauberen Arbeitsfläche in 1,5 Zentimeter dicke Scheiben schneiden. Den restlichen Mandelkrokant auf die Arbeitsfläche streuen. Die doppelten Schnecken in sich verdrehen, sodass Achten entstehen, und von beiden Seiten in dem Krokant wenden, bis sie gleichmäßig bedeckt sind.

Die Krokantschnecken mit ausreichend Abstand voneinander auf mit Backpapier ausgekleidete Bleche legen, locker mit feuchten Küchentüchern bedecken und an einem warmen Ort (etwa 25 °C) 1½–2 Stunden gehen lassen, bis sie ihr Volumen fast verdoppelt haben. Die Tücher, falls sie zu trocken werden, gelegentlich mit Wasser besprühen. Inzwischen den Ofen auf 240 °C vorheizen.

Die Tücher abnehmen, die Krokantschnecken von oben mit etwas Eistreiche einpinseln und in den Ofen schieben. Die Temperatur auf 190 °C herunterstellen und die Schnecken etwa 15 Minuten backen, bis sie goldbraun sind. Auf dem Blech leicht abkühlen lassen, mit Puderzucker bestauben und servieren.

Zutaten

Gebackener Rhabarber

2 kg Rhabarber, geputzt, gewaschen und in 3 cm dicke Stücke geschnitten

850 g Vanillezucker (siehe Anmerkung Seite 185)

1 Rezeptmenge Plunderteig (siehe Seite 148–149)

250 g Konditorcreme (siehe Seite 276–277)

Eistreiche (siehe Seite 168)

Puderzucker zum Bestauben

Dies ist ein wunderbares Rezept mit Rhabarber, weil sein Geschmack und seine Farbe dabei optimal zur Geltung kommen. Je nach Saison verwenden wir dafür auch Pflaumen. Die Zuckermenge können Sie je nach Reife der Früchte und persönlichem Geschmack reduzieren oder erhöhen. In den Sirup, der sich beim Garen bildet, werden die Früchte zum Aufbewahren eingelegt. Er lässt sich auch zu Gelee verarbeiten oder mit den Früchten zu Eiscreme oder als Dessert servieren. Rhabarber und Konditorcreme müssen einen Tag im Voraus zubereitet werden.

Rhabarber-Plunder

Ergibt 36 Stück

Zubereitung

Den Ofen auf 160 °C vorheizen. Den Rhabarber auf zwei Blechen verteilen, sodass die Stücke dicht an dicht liegen, und mit dem Vanillezucker bestreuen. Locker mit Backpapier bedecken und 12–15 Minuten backen. Den Gargrad alle 5 Minuten prüfen, die Stücke sollten nur eben weich sein, jedoch nicht zerfallen. Nach dem Abkühlen den Rhabarber mit seinem eigenen Saft in einem Gefäß luftdicht verschließen und bis zur Verwendung kalt stellen.

Den Teig nach beendeter Ruhephase aus dem Kühlschrank nehmen und 5 Millimeter dünn zu einem etwa 40 × 85 Zentimeter großen Rechteck ausrollen. Falls sich das als etwas beschwerlich herausstellt, weil sich der Teig ständig wieder zusammenzieht, legen Sie ihn für weitere 10 Minuten in den Kühlschrank und fahren dann fort. Eventuell müssen Sie mehrere Ruhephasen einlegen. Wird der Teig mit der Zeit zu groß für den Kühlschrank, einfach locker zusammenfalten, auf ein Blech legen und kalt stellen.

Den Teig in 36 Quadrate von neun Zentimeter Kantenlänge schneiden, auf mit Backpapier ausgekleidete Bleche legen und etwa 10 Minuten kühlen.

Die Quadrate aus dem Kühlschrank nehmen, alle vier Ecken zur Mitte hin falten und fest andrücken, sodass noch kleinere Quadrate entstehen. Die Teiglinge in ausreichendem Abstand wieder auf die Bleche legen, je 1½ Teelöffel Konditorcreme in die Mitte geben und fünf Stückchen Rhabarber daraufhäufen.

Die Rhabarber-Plunder locker mit feuchten Küchentüchern bedecken und an einem warmen Ort (etwa 25 °C) 1½–2 Stunden gehen lassen, bis sie ihr Volumen fast verdoppelt haben. Die Tücher gelegentlich mit Wasser einsprühen, falls sie zu trocken werden. In der Zwischenzeit den Ofen auf 240 °C vorheizen.

Die Tücher abnehmen, die Teiglinge mit Eistreiche einpinseln und in den Ofen schieben. Die Temperatur auf 190 °C herunterstellen und die Plunder in etwa 15 Minuten goldbraun backen. Auf dem Blech leicht abkühlen lassen, mit Puderzucker bestauben und servieren.

Anmerkung

Vanillezucker lässt sich ganz einfach selbst herstellen: Eine Vanilleschote in 500 Gramm feinstem Zucker einlegen (bei größeren Mengen entsprechend mehr) und luftdicht verschlossen mindestens 1 Woche stehen lassen. Dabei nimmt der Zucker ein wunderbares Vanillearoma an – übrigens die beste Art, echte Vanille zu lagern, denn so zieht man gleich den doppelten Nutzen daraus.

Zutaten

Pochierte Birnen
1 Vanilleschote
1,2 kg feinster Zucker
2 unbehandelte Zitronen, in Scheiben geschnitten
2 l Wasser
10 Birnen (vorzugsweise Boscs Flaschenbirnen), geschält, vom Kerngehäuse befreit und geachtelt

1 Rezeptmenge Plunderteig (siehe Seite 148 – 149)
250 g Konditorcreme (siehe Seite 276 – 277)
Eistreiche (siehe Seite 168)
Puderzucker zum Bestauben

Dieses Plundergebäck empfehlen wir in unserer Bäckerei als gesunde Alternative zu den Croissants – wegen der frisch pochierten Birnen. Sie können je nach Jahreszeit dafür auch andere Früchte verwenden, Pfirsiche machen sich beispielsweise sehr gut oder Pflaumen. Außerdem lässt sich die Vanille durch Zimtstangen oder eine Mischung aus Sternanis, Zimt, Nelken und einem Streifen Orangenschale ersetzen. Die Zitronenscheiben verhindern, dass die Birnen braun anlaufen. Die pochierten Früchte und die Konditorcreme müssen mindestens einen Tag im Voraus zubereitet werden.

Birnen-Plunder

Ergibt 36 Stück

Zubereitung

Für die pochierten Birnen die Vanilleschote längs spalten, das Mark herauskratzen und in einen Topf geben. Den Zucker, die Zitronenscheiben und das Wasser zugeben und bei starker Hitze zum Kochen bringen. Dabei sorgfältig umrühren, bis sich der Zucker restlos aufgelöst hat; dann die Hitze auf niedrige Stufe stellen. Die Birnen in den Sirup legen und etwa 20 Minuten pochieren, bis sie sich mühelos mit einem Spieß einstechen lassen – die Garzeit variiert je nach der Reife der Früchte. Vom Herd nehmen und abkühlen lassen. Die Birnen in ihrem Sirup luftdicht verschließen und bis zum Gebrauch im Kühlschrank lagern.

Den Teig nach der letzten Ruhephase aus dem Kühlschrank nehmen und fünf Millimeter dünn zu einem etwa 40 × 85 Zentimeter großen Rechteck ausrollen.

Falls sich das als etwas mühsam erweist, weil sich der Teig immer wieder zusammenzieht, legen Sie ihn für weitere 10 Minuten in den Kühlschrank und fahren dann fort. Unter Umständen müssen Sie das Ausrollen mehrmals unterbrechen. Wird der Teig allmählich zu groß für den Kühlschrank, einfach zusammenfalten, auf ein Blech legen und dann kalt stellen.

Den Teig in 36 Quadrate von neun Zentimeter Kantenlänge schneiden, auf mit Backpapier ausgekleidete Bleche legen und erneut etwa 10 Minuten kühlen.

Die Quadrate aus dem Kühlschrank nehmen, alle vier Ecken zur Mitte hin falten und fest andrücken, sodass noch kleinere Quadrate entstehen. Wieder auf die Bleche legen – ausreichend Abstand zwischen den Teiglingen lassen –, je 1½ Teelöffel Konditorcreme in die Mitte geben und zwei Birnenspalten daraufsetzen.

Die Gebäckstücke locker mit feuchten Küchentüchern zudecken und an einem warmen Ort (etwa 25 °C) 1½ – 2 Stunden gehen lassen, bis sie ihr Volumen fast verdoppelt haben. Die Tücher gelegentlich mit Wasser aus der Sprühflasche befeuchten, damit sie nicht zu trocken werden. In der Zwischenzeit den Ofen auf 240 °C vorheizen.

Die Tücher entfernen, die Birnen-Plunder mit etwas Eistreiche einpinseln und in den Ofen schieben. Die Temperatur auf 190 °C reduzieren und das Gebäck etwa 15 Minuten backen, bis es goldbraun ist. Auf dem Blech ein wenig abkühlen lassen, mit Puderzucker bestreuen und servieren.

Zutaten

625 g *frangipane* (siehe Seite 276–277)

1 Rezeptmenge Plunderteig (siehe Seite 148–149)

Eistreiche (siehe Seite 168)

Puderzucker zum Bestauben

Zuerst beißt man den Plundertaschen die knusprigen Ecken ab, bevor man sich dem cremigen Innenleben dieses leckeren Backwerks nähert. Sie können es wahlweise auch mit Früchten oder mit einer Mischung aus Früchten und *frangipane*, einer klassischen Creme aus Milch, Zucker und Mandeln, füllen.

Plundertaschen

Ergibt 28 Stück

Zubereitung

Den Teig nach der letzten Ruhephase aus dem Kühlschrank nehmen und zu einem 35 × 100 Zentimeter großen Rechteck ausrollen. Das kann etwas kraftraubend sein, da sich der Teig gern wieder zusammenzieht. Für diesen Fall lassen Sie ihn weitere 10 Minuten im Kühlschrank ruhen und setzen das Ausrollen anschließend fort. Eventuell sind mehrere Ruhephasen erforderlich. Wird der Teig irgendwann zu groß für den Kühlschrank, einfach locker zusammenfalten, auf ein Blech legen und dann kalt stellen.

Den Teig in 28 Rechtecke von 8 × 14 Zentimeter Größe schneiden. Auf mit Backpapier ausgekleidete Bleche legen und noch einmal 10 Minuten kühlen.

Die Teigrechtecke aus dem Kühlschrank nehmen und je einen Esslöffel *frangipane* in die Mitte setzen. Den Teig der Länge nach in Gedanken halbieren und über die Füllung schlagen. Die Ränder zum Versiegeln fest andrücken. An der breiten Naht viermal etwa drei Zentimeter tief einschneiden.

Die Plundertaschen locker mit dünnen, befeuchteten Küchentüchern bedecken und an einem warmen Ort (etwa 25 °C) 1½–2 Stunden gehen lassen, bis sie ihr Volumen fast verdoppelt haben. Die Tücher gelegentlich mit Wasser aus der Sprühflasche befeuchten, damit sie nicht austrocknen. Inzwischen den Backofen auf 240 °C vorheizen.

Die Tücher entfernen, die Plundertaschen leicht mit Eistreiche einpinseln und in den Ofen schieben. Die Temperatur auf 190 °C reduzieren und das Gebäck in etwa 15 Minuten goldbraun backen. Auf dem Blech leicht abkühlen lassen, mit Puderzucker bestauben und servieren.

Pasteten und gefüllte Teigtaschen

Ohne Zweifel genießen Pasteten und gefüllte Teigtaschen bei uns einen besonders hohen Stellenwert – wir nehmen sie keinesfalls auf die leichte Schulter! Eine schlechte Pastete ist nun mal einfach unaustralisch.

Für eine gute Pastete gilt es ein paar Dinge zu beachten. Zuerst und vor allem sollte die Füllung einen saucenartigen Charakter haben, ohne dabei eine Gefahr für Schlips und Kragen darzustellen, das Fleisch sollte zart und saftig sein. Am zweitwichtigsten ist der Teig, schließlich sorgt er allein für das Gerüst. Er sollte so fest sein, dass er beim Hineinbeißen nicht in der Hand zerbröselt. Jedoch sollte der Boden nur wenige Millimeter messen, ist er zu dick und raumfüllend, kommt die Füllung zu kurz.

Wir haben mit verschiedenen Teigen experimentiert, um das ideale Mischungsverhältnis zwischen Mehl und Butter zu ermitteln – je größer der Butteranteil, desto weicher der Teig. Für den Deckel verwenden wir Blätterteig. Die meisten Bäckereien bereiten ihre Pasteten aus nur einem Teig. Doch wir sind der Ansicht, dass sie durch den Kontrast mit einem anders beschaffenen Teig noch gewinnen, erst recht, wenn es ein knuspriger Blätterteig ist, der auf der Zunge zergeht.

Wer keine Zeit oder Muße hat, zwei Teige zuzubereiten, kann die Füllung auch direkt in die Formen geben: Einfach mit Olivenöl einfetten, die Füllung hineingeben und mit einem Teigdeckel (gewöhnlich Blätterteig) verschließen. Den Deckel mit Eistreiche einpinseln und ein kleines Loch in der Mitte einstechen, damit der Dampf austreten kann. In den auf 220 °C vorgeheizten Ofen schieben, die Temperatur auf 190 °C reduzieren und in etwa 30 Minuten goldbraun backen.

Und dann sind da noch die *sausage rolls*, die schon viel zu lange ein Schattendasein fristen. Die mit Fleisch gefüllten Teigtaschen haben irgendwie an Boden verloren, ganz besonders aber an Fleisch – zu Gunsten von Semmelmehl. Eine der großen kulinarischen Debatten quer durch alle Schichten Australiens wird von der Frage beherrscht, was in Pasteten und Teigtaschen hineingehört und was nicht.

Als Fertigprodukt großer Lebensmittelkonzerne an Schulen und Sportplätzen verkauft, haben *sausage rolls* fast jeglichen Geschmack verloren, was kaum zu verstehen ist. Würzig abgeschmecktes Fleisch in Blätterteig zu wickeln, ist kein Kunststück, wenn man nur ein paar Grundregeln beherzigt: erstklassiges Fleisch, frische Zutaten und exzellenter Blätterteig sind schon alles, was man benötigt. Das Rollen von Hand erledigt den Rest.

Zutaten

40 ml (2 EL) natives Olivenöl extra

150 g Zwiebeln, geschält und in 1–1,5 cm große Würfel geschnitten

3 Knoblauchzehen, fein gehackt

4 Zweige Thymian, Blättchen abgezupft

150 g Karotten, in 1–1,5 cm große Würfel geschnitten

150 g Staudensellerie, in 1–1,5 cm große Würfel geschnitten

375 g Tomaten, grob gehackt

50 ml Malzessig (ersatzweise Weinessig)

10 g (2 TL) Salz

2½ g (1 TL) weißer Pfeffer

900 g Rinderbacke, von Fett und Sehnen befreit und in 2–3 cm große Würfel geschnitten

4 g (1 TL) Kartoffelstärke

1 Rezeptmenge salziger Mürbeteig (siehe Seite 150–151)

½ Rezeptmenge Blätterteig (siehe Seite 162–165)

Eistreiche (siehe Seite 168)

Einfache Rindfleischpastete

Ergibt 6 kleine Pasteten

Rinderbacke ist das perfekte Fleisch für diese Pastete. Es eignet sich ausgezeichnet zum Schmoren, zerfällt nicht und ist dennoch zartschmelzend und saftig und hat ein wunderbar kräftiges Fleischaroma. Allerdings kann das Säubern ein bisschen lästig sein, bitten Sie also am besten Ihren Schlachter darum und lassen Sie das Fleisch gleich in 2–3 Zentimeter große Würfel schneiden. Wegen der anfallenden Abschnitte benötigen Sie etwa 100 Gramm mehr Fleisch als angegeben. Wiegen Sie es auf jeden Fall aus, bevor Sie es zu den anderen Zutaten in den Topf geben.

Zubereitung

Das Öl in einem Topf auf niedriger Stufe erhitzen und die Zwiebeln, den Knoblauch und den Thymian darin 5 Minuten anschwitzen, bis sie weich sind. Die Karotten und den Sellerie zugeben und 5 Minuten mitgaren. Die Tomaten, den Essig sowie Salz und Pfeffer unterrühren und alles weitere 5 Minuten köcheln lassen.

Das Fleisch zugeben und so viel Wasser zugießen, dass es bedeckt ist. Zum Kochen bringen und dann bei schwacher Hitze etwa 2 Stunden schmoren, bis das Fleisch zart, jedoch nicht zerfallen ist; alle 20 Minuten abschäumen und umrühren. Die Sauce sollte erkennbar eingedickt sein. Da das Fleisch beim Abkühlen nachgart und später im Ofen noch gebacken wird, sollte man es auf keinen Fall zu lange schmoren. Sind viele knorpelige Stücke dazwischen, wurde das Fleisch nicht ausreichend pariert – diese Stücke herausnehmen und wegwerfen.

Das Fleisch, sobald es zart ist, auf eine Platte heben und beiseitestellen. Den Schmorsaft durch ein Sieb passieren, zurück in den Topf geben und bei starker Hitze um etwa ein Drittel einkochen. Die Kartoffelstärke mit zwei Teelöffeln Wasser verrühren und sorgfältig unter die Sauce rühren. Das Fleisch wieder zugeben und noch einmal mit Salz und weißem Pfeffer abschmecken. Die Mischung in ein Gefäß mit großer Grundfläche füllen, damit sie möglichst rasch auskühlt; zwischendurch gelegentlich umrühren.

Den Mürbeteig nach der Anleitung auf Seite 150–151 ausrollen und sechs Pastetenförmchen von 12,5 Zentimeter Durchmesser damit auskleiden. Den Blätterteig wie auf Seite 162–165 beschrieben ausrollen und sechs Kreise von 13,5 Zentimeter Durchmesser ausstechen – das sind die Pastetendeckel.

Den Ofen auf 200 °C vorheizen. Die vorbereiteten Formen bis zum Rand mit dem Fleisch füllen. Den Teig am Rand mit Eistreiche einpinseln, die Blätterteigdeckel auflegen und beide Teige zum Versiegeln mit Daumen und Zeigefinger rundherum zusammendrücken. Den Deckel ebenfalls mit Eistreiche einpinseln und in der Mitte ein kleines Loch einstechen, damit der Dampf entweichen kann. Die Förmchen in den Ofen schieben, die Temperatur auf 180 °C reduzieren und die Pasteten 30–35 Minuten backen, bis der Teig goldbraun ist. Die Pasteten aus der Form lösen und vor dem Servieren einige Minuten abkühlen lassen.

Fragt man die Leute, was sie unter australischer Küche verstehen, antworten sie meistens: „Fleischpastete". Eine gute Pastete weckt Kindheitserinnerungen. Viele Stunden standen wir in unserer Bäckerei und mühten uns am Herd, all unseren Nationalstolz in die Füllung zu packen. Als wir glaubten, die richtige Mischung gefunden zu haben, servierten wir das Ergebnis unserem Chefpastetenverkoster (Pauls Vater). Er behauptete, sie schmecke zu kräftig! Also erhöhten wir den Fleischanteil und heraus kam unsere Endfassung der guten alten Fleischpastete.

Zutaten

250 g Auberginen, in 3 cm große Würfel geschnitten
60 ml natives Olivenöl extra
125 g Zwiebeln, fein gehackt
4 Knoblauchzehen, fein gehackt
6 Zweige Thymian, Blättchen abgezupft
750 g ausgelöste Hähnchenschenkel ohne Haut, in 3 cm große Würfel geschnitten
50 ml *verjus* (Saft unreifer grüner Trauben; im Feinkosthandel erhältlich)
250 g Champignons, geviertelt
5 g (1 TL) weißer Pfeffer
5 g (1 TL) Salz
50 g Parmesan, frisch gerieben
1 Handvoll Basilikum, Blätter abgezupft
1 Rezeptmenge salziger Mürbeteig (siehe Seite 150–151)
½ Rezeptmenge Blätterteig (siehe Seite 162–165)
Eistreiche (siehe Seite 168)
Sesam zum Bestreuen
Kürbiskerne zum Bestreuen

Béchamelsauce
125 ml Milch
12 g Butter
12 g Mehl, gesiebt

Hähnchenpastete mit Auberginen und Champignons

Ergibt 6 kleine Pasteten

Dies ist eine herrlich einfache Hähnchenpastete mit dicken Fleischstücken, Champignons, Auberginen und ganzen Basilikumblättern in Béchamelsauce. Man schmeckt jede einzelne Zutat heraus – und mehr …

Zubereitung

Den Ofen auf 220 °C vorheizen. Die Auberginenwürfel nebeneinander in einer Schicht auf einem Blech verteilen. Mit etwas Salz bestreuen, dieses 10 Minuten einwirken lassen und dann gründlich abspülen. Das Gemüse auf ein mit Backpapier bedecktes Blech legen, mit der Hälfte des Olivenöls beträufeln und 15–20 Minuten im Ofen backen, bis es weich ist. Beiseitestellen.

Das restliche Öl in einem großen Topf auf mittlerer Stufe erhitzen und die Zwiebeln, den Knoblauch und den Thymian 5 Minuten darin anschwitzen, bis sie weich sind. Das Hähnchenfleisch zugeben und unter Rühren 5 Minuten anbraten. Mit dem *verjus* ablöschen und unter Rühren etwa 30 Sekunden einkochen lassen. Das Fleisch mit Wasser bedecken, zum Kochen bringen und bei schwacher Hitze 1 Stunde garen, bis es zart ist.

Die Champignons und die gebackenen Auberginen unterrühren und mit dem weißen Pfeffer und Salz würzen. Weitere 10 Minuten garen, bis die Pilze weich sind. Die Garflüssigkeit durch ein Sieb in einen anderen Topf gießen und die Hähnchen-Gemüse-Mischung in ein großes Gefäß geben. Die Garflüssigkeit bei starker Hitze um die Hälfte einkochen.

Für die Béchamelsauce die Milch in einem Topf bei schwacher Hitze nur leicht erwärmen. Die Butter in einem weiteren Topf aufschäumen, das Mehl einstreuen und unter Rühren anschwitzen, bis sich am Rand ein Belag am Topfboden bildet. Langsam die warme Milch zugießen und die Sauce unter Rühren aufkochen, bis sie glatt und sämig ist, dann die eingekochte Garflüssigkeit unterziehen. Den frisch geriebenen Parmesan unterrühren. Die Sauce über die Hähnchen-Gemüse-Mischung gießen, verrühren und noch einmal abschmecken. Abkühlen lassen und die Basilikumblätter untermengen.

Den Mürbeteig nach der Anleitung auf Seite 150–151 ausrollen und sechs Pastetenförmchen von 12,5 Zentimeter Durchmesser damit auskleiden. Den Blätterteig wie auf Seite 162–165 beschrieben ausrollen und sechs Kreise von 13,5 Zentimeter Durchmesser ausstechen – das sind die Pastetendeckel.

Den Ofen auf 200 °C vorheizen. Die vorbereiteten Formen bis zum Rand mit dem Fleisch füllen. Den Teig am Rand mit Eistreiche einpinseln und die Blätterteigdeckel auflegen. Den Rand zum Versiegeln mit Daumen und Zeigefinger rundherum sanft zusammendrücken. Den Deckel ebenfalls mit Eistreiche einpinseln, mit dem Sesam und den Kürbiskernen bestreuen und in der Mitte ein kleines Loch einstechen, damit der Dampf entweichen kann. Die Förmchen in den Ofen schieben, die Temperatur auf 180 °C reduzieren und die Pasteten 30–35 Minuten backen, bis sie goldbraun sind. Die Pasteten aus der Form lösen und vor dem Servieren einige Minuten abkühlen lassen.

Zutaten

185 g getrocknete Kidneybohnen
20 ml (1 EL) Olivenöl
6 Knoblauchzehen, fein gehackt
8 kleine rote Chilischoten, von den Samen befreit und fein gehackt
125 g Zwiebeln, gehackt
1 kg Rinderhackfleisch
65 g Semmelbrösel
15 g (3 TL) weißer Pfeffer
25 g (1¼ EL Salz)
1 Rezeptmenge Blätterteig (siehe Seite 162–165)
Eistreiche (siehe Seite 168)
Chiliflocken zum Bestreuen

Blätterteigrollen mit Rindfleisch und Bohnen

Ergibt 12 Teigrollen

Diese Blätterteigrollen sind unsere Antwort auf das klassische Chili con Carne. Wir haben es für unsere Filiale „Central Baking Depot" entwickelt. Sie liegt in Sydneys CBD (Central Business District), der gegenwärtig saniert wird und voller Baustellen ist. Bei den Bauarbeitern sind diese Teigrollen der Renner. Kein Wunder – eine ordentliche Portion Rindfleisch, frische Chilischoten und kräftige Kidneybohnen in einer blättrigen Teighülle ist genau das, was ein richtiger Kerl morgens um neun braucht.

Zubereitung

Die Bohnen in einer Schüssel mit Wasser bedecken und über Nacht einweichen. Am nächsten Morgen abtropfen lassen und in einem Topf mit frischem Wasser bedecken. Zum Kochen bringen und garen, bis die Bohnen weich sind. In dem Wasser abkühlen lassen und dann sorgfältig abtropfen lassen.

Das Öl in einem Topf bei mittlerer Temperatur erhitzen. Den Knoblauch und den Chili 2 Minuten darin anschwitzen, bis die Mischung aromatisch duftet. Die Zwiebeln zugeben und ebenfalls 2–3 Minuten anschwitzen. Die Kidneybohnen hinzufügen und unter Rühren 5 Minuten garen, bis sich die Aromen miteinander verbunden haben. Die Mischung abkühlen lassen.

Die Bohnenmischung in eine große Schüssel geben. Das Rinderhack, die Semmelbrösel sowie Salz und Pfeffer hinzufügen und mit den Händen alles gründlich und gleichmäßig miteinander vermengen.

Den Blätterteig zu einem Rechteck von etwa 92 × 32 Zentimeter Größe ausrollen und anschließend in sechs Rechtecke à 15 × 30 Zentimeter schneiden. Den Ofen auf 200 °C vorheizen.

Die Füllung in sechs gleich große Portionen teilen und jede Portion auf der sauberen Arbeitsfläche zu einem 30 Zentimeter langen Strang rollen. Diese Hackfleischwürste der Länge nach mittig auf die Teigrechtecke legen und den langen Teigrand an einer Seite mit Eistreiche einpinseln. Die andere Seite über die Füllung schlagen und den bestrichenen Teigrand zum Versiegeln fest andrücken. Die Enden offen lassen. Die gefüllten Teigrollen in zwei gleich große Hälften schneiden und mit dem Saum nach unten auf mit Backpapier ausgekleidete Bleche legen. Die Oberseite der Rollen mit weiterer Eistreiche einpinseln und mit Chiliflocken bestreuen. In den Ofen schieben, die Temperatur auf 190 °C reduzieren und die Blätterteigrollen 35–40 Minuten backen, bis Sie dem verlockenden Duft nicht länger widerstehen können, ungeduldig die Ofentür aufreißen und sich an dem buttrigen Blätterteig mit seiner würzigen Füllung den Mund verbrennen.

Zutaten

100 g Süßkartoffeln, geschält und in 1,5 cm große Würfel geschnitten

40 ml (2 EL) natives Olivenöl extra

60 g Zwiebeln, fein gehackt

5 Knoblauchzehen, fein gehackt

500 g ausgelöste Hähnchenschenkel ohne Haut, in 3 cm große Würfel geschnitten

200 g Tomaten, gehackt

60 ml *verjus* (Saft unreifer grüner Trauben; im Feinkosthandel erhältlich)

5 g (1 TL) Salz

5 g (1 TL) frisch gemahlener schwarzer Pfeffer

4 g (1 TL) Kartoffelstärke

50 g Lime Pickle, fein gehackt (siehe Anmerkung)

80 g grüne Erbsen

1 große Handvoll Koriandergrün

1 Rezeptmenge salziger Mürbeteig (siehe Seite 150 – 151)

½ Rezeptmenge Blätterteig (siehe Seite 162 – 165)

Eistreiche (siehe Seite 168)

Sesam zum Bestreuen

Hähnchen-Pies mit Süßkartoffeln und Lime Pickle

Ergibt 6 Pasteten

Wann immer wir unseren Laden in der Bourke Street schließen, um ihn zu renovieren, gehen wir zum Lunch in die Cleveland Street, eine geschäftige Straße in Surry Hills mit vielen indischen Restaurants, nur zwei Gehminuten entfernt. Dort entdeckten wir das wunderbar würzige Lime Pickle, klein geschnittene Limetten, die mit verschiedenen Gewürzen wie Knoblauch, Ingwer, Kurkuma und Chili eingelegt werden und zugleich süß, salzig und scharf schmecken. Bei diesen Pasteten spielt Lime Pickle die Hauptrolle.

Zubereitung
Den Ofen auf 200 °C vorheizen. Die Süßkartoffeln auf einem Blech verteilen, mit der Hälfte des Olivenöls beträufeln und etwa 15 Minuten im Ofen backen, bis sie fast weich sind. Abkühlen lassen.

Das restliche Olivenöl in einem Topf bei mittlerer Temperatur erhitzen. Die Zwiebeln und den Knoblauch 5 Minuten darin anschwitzen, das Geflügelfleisch zugeben und rundherum 5 Minuten anbraten, bis es seine Farbe verändert hat. Die Tomaten und den *verjus* unterrühren und mit dem Salz und Pfeffer würzen.

Das Fleisch vollständig mit Wasser bedecken, zum Kochen bringen und bei schwacher Hitze etwa 1 Stunde garen, bis es zart ist. Die Garflüssigkeit durch ein Sieb in einen anderen Topf gießen, die Hähnchen-Gemüse-Mischung in eine große Schüssel geben. Die Garflüssigkeit bei starker Hitze um ein Drittel einkochen und von der Kochstelle nehmen. Die Kartoffelstärke mit zwei Teelöffeln Wasser verrühren und sorgfältig unter die eingekochte Sauce rühren. Das Lime Pickle zugeben und gut untermengen.

Die gebackenen Süßkartoffeln, die Erbsen und das Koriandergrün unter die Fleischmischung ziehen. Die Sauce zugießen, alles noch einmal gründlich durchmischen und abkühlen lassen.

Den Mürbeteig nach der Anleitung auf Seite 150–151 ausrollen und sechs Pastetenförmchen von 12,5 Zentimeter Durchmesser damit auskleiden. Den Blätterteig wie auf Seite 162–165 beschrieben ausrollen und sechs Kreise von 13,5 Zentimeter Durchmesser ausstechen – das sind die Pastetendeckel.

Die Füllung bis zum Rand der Formen einfüllen. Den Teigrand mit etwas Eistreiche einpinseln und die Blätterteigdeckel auflegen. Zum Versiegeln beide Teige mit Daumen und Zeigefinger rundherum behutsam zusammendrücken. Die Teigdeckel ebenfalls mit Ei bestreichen und mit dem Sesam bestreuen; in der Mitte ein kleines Loch einstechen, damit der Dampf entweichen kann. Die Förmchen in den Ofen schieben, die Temperatur auf 180 °C reduzieren und die Pasteten 30–35 Minuten backen, bis sie goldbraun sind. Die Pasteten aus der Form lösen und vor dem Servieren etwas abkühlen lassen.

Anmerkung
Lime Pickle wird vor allem in der indischen Küche verwendet. Sie finden es im indischen oder asiatischen Lebensmittelhandel und im gut sortierten Supermarkt. Wählen Sie eine mittelscharfe Variante, sonst werden die Pasteten zu feurig.

Zutaten

250 g getrocknete Kichererbsen

40 ml (2 EL) Olivenöl

4 Knoblauchzehen, fein gehackt

100 g Zwiebeln, fein gehackt

250 g rote Paprikaschoten, von den Samen und Trennwänden befreit und grob gehackt

1 kleine rote Chilischote, von den Samen befreit und fein gehackt

1 TL Kreuzkümmelsamen

1 TL Koriandersamen

800 g junger Spinat

40 g Tahin (Sesampaste)

20 g Semmelbrösel

20 ml (1 EL) frisch gepresster Zitronensaft

20 g Joghurt

1 große Handvoll Minzeblätter, gehackt

1 große Handvoll Koriandergrün, gehackt

5 g (1 TL) Salz

½ TL Cayennepfeffer

1 Rezeptmenge Blätterteig (siehe Seite 162–165)

Eistreiche (siehe Seite 168)

Paprikapulver zum Bestreuen

Teigtaschen mit Kichererbsenfüllung

Ergibt 12 Teigtaschen

Unsere Teigtaschen mit Kichererbsen sind so eine Art Falafel im Schlafrock. Falafel sind frittierte Bällchen aus pürierten Kichererbsen oder Bohnen, die man mit Salat in Pitabrot isst, ein typisches Fast Food im Nahen Osten. Es gibt sie schon seit Tausenden von Jahren.

Diese Teigtaschen hier sind zwar nicht ganz so alt, dafür aber noch einen Tick schneller – Turbo-Fast-Food, sozusagen. Der Chili verleiht ihnen einen Hauch von Schärfe; falls das nicht nach Ihrem Geschmack ist, lassen Sie ihn einfach weg. Statt Spinat können Sie auch Mangold nehmen.

Zubereitung

Die getrockneten Kichererbsen in einer Schüssel mit Wasser bedecken und über Nacht einweichen.

Am nächsten Tag abtropfen lassen und mit einem Liter Wasser in einen Topf geben. Rasch zum Kochen bringen und dann bei schwacher Hitze garen, bis sie weich sind. Die Kichererbsen abgießen und mit dem Stabmixer oder in der Küchenmaschine zu einem groben Püree verarbeiten – es sollten noch kleine Stücke darin enthalten sein.

Das Öl in einem Topf bei mittlerer Temperatur erhitzen. Den Knoblauch, die Zwiebeln, die Paprika und den Chili hineingeben und 3–4 Minuten anschwitzen, bis das Gemüse weich ist. Die Kreuzkümmel- und Koriandersamen hinzufügen und unter Rühren weitere 10 Minuten garen, bis die Mischung aromatisch duftet. Den Spinat zugeben und 1 Minute unterrühren, bis er etwas zusammengefallen ist. Von der Kochstelle nehmen und abkühlen lassen.

Die Spinatmischung in eine große Schüssel füllen. Das Kichererbsenpüree, die Sesampaste, die Semmelbrösel, den Zitronensaft, den Joghurt, die gehackten Minzeblätter und das Koriandergrün zugeben und mit dem Salz und Cayennepfeffer würzen. Gründlich vermengen.

Den Blätterteig zu einem Rechteck von 92 × 32 Zentimeter Größe ausrollen und anschließend in sechs Rechtecke à 15 × 30 Zentimeter schneiden. Den Ofen auf 200 °C vorheizen.

Die Füllung in sechs gleich große Portionen teilen und jede Portion auf der sauberen Arbeitsfläche zu einem 30 Zentimeter langen Strang von etwa drei Zentimeter Durchmesser rollen. Mittig auf die Teigrechtecke legen und den Teigrand an einer Seite mit Eistreiche einpinseln. Die andere Seite über die Füllung schlagen und den bestrichenen Teigrand zum Verschließen fest andrücken; die Enden offen lassen. Die Teigrollen in je zwei gleich große Hälften schneiden und mit dem Saum nach unten auf mit Backpapier ausgekleidete Bleche legen. Die obere Seite mit weiterer Eistreiche einpinseln und mit Paprikapulver bestreuen. Die Bleche in den Ofen schieben, die Temperatur auf 190 °C reduzieren und die Rollen in 35–40 Minuten goldbraun backen.

Zutaten

20 ml (1 EL) natives Olivenöl extra

4 Knoblauchzehen, fein gehackt

50 g Zwiebeln, fein gehackt

75 g Stangensellerie, in 1,5 cm große Würfel geschnitten

2 Zweige Rosmarin, Blättchen abgezupft

8 Zweige Thymian, Blättchen abgezupft

600 g Schweineschulter, in 2 – 3 cm große Würfel geschnitten (lassen Sie das Fleisch gleich vom Schlachter schneiden)

250 g Tomaten, gehackt

5 g (1 TL) Salz

2½ g (½ TL) weißer Pfeffer

100 g Äpfel, geschält, vom Kerngehäuse befreit und in 1,5 cm große Würfel geschnitten

150 g Rotkohl, in 3 cm breite Streifen geschnitten

4 g (1 TL) Kartoffelstärke

1 Rezeptmenge salziger Mürbeteig (siehe Seite 150 – 151)

½ Rezeptmenge Blätterteig (siehe Seite 162 – 165)

Eistreiche (siehe Seite 168)

Fenchelsamen zum Bestreuen

Schweinefleischpastete mit Apfelrotkohl

Ergibt 6 Pasteten

Diese Pastete schmeckt am besten im Winter. Versuchen Sie gar nicht erst, sie zu backen, wenn das Thermometer mehr als 10 °C anzeigt und es nicht wenigstens ein bisschen regnet.

Zubereitung

Das Öl in einem Topf bei mittlerer Temperatur erhitzen. Den Knoblauch, die Zwiebeln, den Sellerie, den Rosmarin und den Thymian etwa 5 Minuten darin anschwitzen, bis das Gemüse weich ist. Das Fleisch zugeben und unter gelegentlichem Rühren 5 Minuten Farbe nehmen lassen. Die Tomaten und so viel Wasser hinzufügen, dass das Fleisch bedeckt ist. Mit dem Salz und Pfeffer würzen, zum Kochen bringen und bei schwacher Hitze etwa 1½ Stunden garen, bis das Fleisch zart ist. Alle 30 Minuten umrühren und regelmäßig abschäumen.

Die Äpfel und den Rotkohl zugeben und alles weitere 15 Minuten garen. Die Garflüssigkeit durch ein Sieb in einen anderen Topf seihen, das Fleisch und Gemüse in eine große Schüssel füllen. Die Sauce bei starker Hitze um ein Drittel einkochen und von der Kochstelle nehmen. Die Kartoffelstärke mit zwei Teelöffeln Wasser verrühren und unter die Sauce mengen. Die Sauce wieder über das Fleisch gießen und gründlich untermischen.

Den Mürbeteig nach der Anleitung auf Seite 150–151 ausrollen und sechs Pastetenförmchen von 12,5 Zentimeter Durchmesser damit auskleiden. Den Blätterteig wie auf Seite 162–165 beschrieben ausrollen und sechs Kreise von 13,5 Zentimeter Durchmesser ausstechen – das sind die Pastetendeckel. Den Backofen auf 200 °C vorheizen.

Die Füllung bis zum Rand der Formen einfüllen. Den Teigrand mit etwas Eistreiche einpinseln und die Blätterteigdeckel auflegen. Zum Versiegeln beide Teige mit Daumen und Zeigefinger rundherum sanft zusammendrücken. Die Teigdeckel ebenfalls mit Ei bestreichen und mit den Fenchelsamen bestreuen; in der Mitte ein kleines Loch einstechen, damit der Dampf entweichen kann. Die Förmchen in den Ofen schieben, die Temperatur auf 180 °C reduzieren und die Pasteten 30–35 Minuten backen, bis sie goldbraun sind. Aus der Form lösen und vor dem Servieren etwas abkühlen lassen.

Zutaten

Harissa (ergibt 400 g)

5 rote Paprikaschoten, von den Samen und Trennhäuten befreit und fein gehackt	
350 g Zwiebeln, fein gehackt	
6 Knoblauchzehen, fein gehackt	
2 kleine rote Chilischoten, fein gehackt	
1½ TL Koriandersamen	
15 g (3 TL) geräuchertes Paprikapulver	
100 ml Wasser	

75 g blanchierte und gehäutete Mandeln
1,2 kg Lammhackfleisch
75 g Couscous
100 g Korinthen
20 g (1 EL) Salz
2½ g (½ TL) frisch gemahlener schwarzer Pfeffer
1 Rezeptmenge Blätterteig (siehe Seite 162–165)
Eistreiche (siehe Seite 168)
Mohnsamen zum Bestreuen

Blätterteigrollen mit Lamm, Harissa und Mandeln

Ergibt 12 Teigrollen

Diese Teigrollen bestechen durch das Zusammenspiel von Konsistenz und Geschmack. Beim Hineinbeißen nimmt man zuerst den Duft des Lamms wahr, dann das süßliche Aroma der Paprika und eine Spur Schärfe von den Chilischoten und schließlich den knusprigen Biss der Mandeln und die süßlich-weichen Korinthen – alles in allem ziemlich lecker.

Harissa ist eine nordafrikanische Chilipaste, traditionell hergestellt aus Paprikaschoten, Knoblauch, Koriandergrün und Tomaten. Unsere entspricht dem nicht ganz, kommt dem Original aber nahe. Interessanterweise sind die Teigrollen besonders bei Sydneys schwangeren Frauen beliebt. Am besten beginnen Sie mit der Harissa, es geht ganz einfach.

Zubereitung

Für die Harissa die Paprika, die Zwiebeln, den Knoblauch, die Chilischoten, die Koriandersamen und das Paprikapulver in einem großen Topf bei mittlerer Temperatur vermengen. Das Wasser zugießen und 2 Stunden köcheln lassen, bis die Mischung zu einer Paste eingedickt ist; alle 10–20 Minuten umrühren. Sobald die Mischung dick zu werden beginnt, löst sich der in der Gemüsepaprika enthaltene Zucker und setzt sich am Topfboden ab. Ab jetzt sind besondere Aufmerksamkeit und regelmäßiges Umrühren geboten, damit die Paste nicht anbrennt. Von der Kochstelle nehmen und abkühlen lassen. 350 Gramm Harissa abwiegen und für die Füllung bereitstellen.

Den Ofen auf 200 °C vorheizen. Die Mandeln auf einem Blech verteilen und im Ofen in 5 Minuten goldgelb rösten. Grob hacken und mit dem Lammhack, dem Couscous, den Korinthen und der Harissa in eine große Schüssel geben. Mit Salz und Pfeffer würzen und mit den Händen 3 Minuten kräftig durcharbeiten. Korinthen und Couscous saugen die Flüssigkeit auf und sorgen für die nötige Bindung in der Füllung.

Den Blätterteig zu einem Rechteck von 92 × 32 Zentimeter Größe ausrollen und in sechs Rechtecke à 15 × 30 Zentimeter schneiden.

Die Füllung in sechs gleich große Teile teilen und jede Portion auf der sauberen Arbeitsfläche zu einem 30 Zentimeter langen Strang von etwa drei Zentimeter Durchmesser rollen. Mittig auf die Teigrechtecke legen und auf einer Seite den Rand mit Eistreiche einpinseln. Die andere Seite über die Füllung schlagen und den bestrichenen Rand zum Verschließen fest andrücken; die Enden offen lassen. Die Teigrollen jeweils in zwei gleich große Hälften schneiden und mit dem Saum nach unten auf mit Backpapier ausgekleidete Bleche legen. Die obere Seite mit weiterem Ei einstreichen und mit den Mohnsamen bestreuen. Die Bleche in den Ofen schieben, die Temperatur auf 190 °C reduzieren und die Teigrollen in 35–40 Minuten goldbraun backen.

Zutaten

40 ml (2 EL) natives Olivenöl extra
200 g Zwiebeln, fein gehackt
5 Knoblauchzehen, fein gehackt
6 Zweige Thymian
100 g geschälte und geriebene Kartoffeln
50 ml *verjus* (Saft unreifer grüner Trauben; im Feinkosthandel erhältlich)
125 ml Wasser
800 g junger Spinat
400 g Ricotta
200 g Parmesan, frisch gerieben
1 Handvoll Basilikumblätter
8 g (1½ TL) Salz
5 g (1 TL) weißer Pfeffer
1 Rezeptmenge salziger Mürbeteig (siehe Seite 150–151)
½ Rezeptmenge Blätterteig (siehe Seite 162–165)
Eistreiche (siehe Seite 168)
Mohnsamen zum Bestreuen

Spinat-Ricotta-Pie

Ergibt 6 Pasteten

Dies ist eine klassische vegetarische Pie – es gibt sie in zig verschiedenen Versionen. Wir Bourke-Street-Bäcker mögen sie am liebsten frisch und einfach. Für ein bisschen Abwechslung können Sie sie am Ende noch mit etwas geriebener Muskatnuss oder Zimt verfeinern. Hier wird junger Spinat verwendet, doch mit Mangold schmeckt die Pastete ebenso gut.

Zubereitung

Das Olivenöl in einem Topf bei mittlerer Temperatur erhitzen. Die Zwiebeln und den Knoblauch 10 Minuten darin anschwitzen, bis sie leicht gebräunt sind. Den Thymian zugeben und alles weitere 2 Minuten garen; gut umrühren. Die Kartoffeln, den *verjus* und das Wasser hinzufügen und zugedeckt bei niedriger Hitze 10 Minuten köcheln lassen, bis die Kartoffeln etwa halb gar sind; regelmäßig umrühren. Die Mischung in einer großen Schüssel abkühlen lassen.

Den Topf ausspülen und bei mittlerer Hitze wieder auf den Herd stellen. Die Hälfte des Spinats hineingeben und unter häufigem Rühren 1 Minute erhitzen, bis er zusammengefallen ist. In einem Durchschlag abtropfen lassen. Den Vorgang mit dem restlichen Spinat wiederholen. Sämtlichen Spinat etwas abkühlen lassen und gut ausdrücken.

Den Spinat, den Ricotta, den Parmesan, das Basilikum sowie das Salz und den Pfeffer in die Schüssel zu der Kartoffelmasse geben und sorgfältig untermischen.

Den Mürbeteig nach der Anleitung auf Seite 150–151 ausrollen und sechs Pastetenförmchen von 12,5 Zentimeter Durchmesser damit auskleiden. Den Blätterteig wie auf Seite 162–165 beschrieben ausrollen und sechs Kreise von 13,5 Zentimeter Durchmesser ausstechen – das sind die Pastetendeckel. Inzwischen den Ofen auf 200 °C vorheizen.

Die Füllung bis zum Rand der Formen einfüllen. Den Teigrand mit etwas Eistreiche einpinseln und die Blätterteigdeckel auflegen. Zum Versiegeln den Teigrand und -deckel mit Daumen und Zeigefinger rundherum sanft zusammendrücken. Die Teigdeckel ebenfalls mit Ei bestreichen und mit den Mohnsamen bestreuen; in der Mitte ein kleines Loch einstechen, damit der Dampf entweichen kann. Die Förmchen in den Ofen schieben, die Temperatur auf 180 °C reduzieren und die Pies 30–35 Minuten backen, bis sie goldbraun sind. Aus der Form lösen und vor dem Servieren ein paar Minuten abkühlen lassen.

Zutaten

30 ml natives Olivenöl extra

6 Knoblauchzehen, fein gehackt

40 g (3½ EL) Fenchelsamen, zerstoßen

4 Zweige Thymian, Blättchen abgezupft

150 g Zwiebeln, fein gehackt

150 g Staudensellerie, fein gehackt

150 g Karotten, fein gehackt

150 g mageres Schweinehackfleisch

40 g Semmelbrösel

20 g (1 EL) Salz

15 g (3 TL) weißer Pfeffer

1 Rezeptmenge Blätterteig (siehe Seite 162–165)

Eistreiche (siehe Seite 168)

Fenchelsamen zum Bestreuen

Blätterteigrollen mit Schweinefleisch und Fenchel

Ergibt 12 Teigrollen

In Sydneys besten Fleischerläden türmen sich alle Arten von schmackhaften Würsten in der Vitrine und da kam uns der Gedanke, statt diesen Geschmack in Naturdärme zu sperren, wäre es doch viel besser, ihn in Butter und Mehl zu verpacken.

In Sydneys Gärten und Hinterhöfen brutzeln immer irgendwo ein paar Schweinswürste mit Fenchel, so waren wir sicher, dass unsere Blätterteigrollen ein Erfolg sein würden. Doch dass sie so gut ankämen, hätten wir uns nicht träumen lassen. Die Leute sind geradezu süchtig danach. In Surry Hills werden wir oft gefragt, ob irgendwelche Drogen darin wären. Keineswegs, wie Sie dem Rezept entnehmen können, alles völlig unverdächtige erstklassige Zutaten, außerdem würden das die hohen Kosten gar nicht erlauben.

Zubereitung

Das Öl in einem Topf bei mittlerer Temperatur erhitzen und den Knoblauch 30 Sekunden darin anschwitzen. Die Fenchelsamen und den Thymian zugeben und alles 1 weitere Minute rühren, bis die Mischung aromatisch duftet. Die Zwiebeln und den Sellerie zufügen und in 5 Minuten glasig schwitzen, dann die Karotten untermengen. Das Gemüse unter häufigem Rühren etwa 20 Minuten garen, bis es ganz weich ist. Vom Herd nehmen und abkühlen lassen.

Das Hackfleisch in eine große Schüssel geben. Das abgekühlte Gemüse und die Semmelbrösel hinzufügen und mit dem Salz und Pfeffer würzen. Mit den Händen 3 Minuten kräftig durcharbeiten, bis alle Zutaten gleichmäßig vermengt sind. Es empfiehlt sich jetzt, aus der Masse einen Probekloß zu rollen und 2 Minuten in der heißen Pfanne zu braten, um den Geschmack zu prüfen. Möglicherweise erscheint Ihnen die Mischung ein wenig zu salzig, doch schwächt sich das beim Backen in der Teighülle wieder ab. Schmeckt es so gut wie gar nicht salzig, sollten Sie die Füllung auf jeden Fall nachwürzen.

Den Blätterteig zu einem Rechteck von 92 × 32 Zentimeter Größe ausrollen und anschließend in sechs Rechtecke à 15 × 30 Zentimeter schneiden. Den Ofen auf 200 °C vorheizen.

Die Füllung in sechs gleich große Teile teilen und jede Portion auf der sauberen Arbeitsfläche zu einem 30 Zentimeter langen Strang von etwa drei Zentimeter Durchmesser rollen. Mittig auf die Teigrechtecke legen und den Rand einer Seite mit Eistreiche einpinseln. Die andere Seite über die Fleischrolle schlagen und den bestrichenen Rand zum Verschließen fest andrücken; die Enden offen lassen. Die Teigrollen in je zwei gleich große Hälften schneiden und mit dem Saum nach unten auf mit Backpapier ausgekleidete Bleche legen. Die obere Seite mit weiterem Ei bestreichen und mit den Fenchelsamen bestreuen. In den Ofen schieben, die Temperatur auf 190 °C reduzieren und die Blätterteigrollen in 35–40 Minuten goldbraun backen.

Zutaten

500 g Auberginen, in 2 – 3 cm große Würfel geschnitten
60 ml natives Olivenöl extra
8 Knoblauchzehen, fein gehackt
100 g Zwiebeln, fein gehackt
600 g rote Paprikaschoten, von Samen und Scheidewänden befreit und gehackt
300 g Tomaten, gehackt
100 ml Wasser
200 g grüne Bohnen, geputzt und gedrittelt
300 g Zucchini, geputzt und in 1,5 cm große Würfel geschnitten
100 g eingelegte Artischockenherzen, geviertelt
50 g Parmesan, frisch gerieben
5 g (1 TL) Salz
5 g (1 TL) frisch gemahlener schwarzer Pfeffer
1 Handvoll Petersilie
1 Handvoll Basilikumblätter
1 Rezeptmenge salziger Mürbeteig (siehe Seite 150 – 151)
½ Rezeptmenge Blätterteig (siehe Seite 162 – 165)
Eistreiche (siehe Seite 168)
Schwarzkümmelsamen zum Bestreuen

Ratatouille-Pastete

Ergibt 6 Pasteten

Die vegetarischen Pasteten-Füllungen bestehen bei uns tatsächlich nur aus Gemüse. Wir legen Wert darauf, dass unsere vegetarischen Pasteten gesund und unverfälscht sind, daher verzichten wir auf Stärke, Mehl oder Butter als Bindemittel. Die Ratatouille-Pastete war unsere erste fleischlose Pastete und die Vegetarier in Surry Hills halten noch immer große Stücke auf sie. Eine Lady kommt sogar regelmäßig vorbei und fragt, wann es sie endlich wieder gibt.

Zubereitung

Den Ofen auf 220 °C vorheizen. Die Auberginenwürfel nebeneinander auf einem Blech verteilen, leicht salzen und 10 Minuten ruhen lassen, dann gründlich abspülen und abtropfen lassen. Die Auberginenwürfel auf ein mit Backpapier ausgekleidetes Blech legen, mit der Hälfte des Olivenöls beträufeln und 15–20 Minuten im Ofen backen, bis sie weich sind. Beiseitestellen.

Das restliche Öl in einer Pfanne bei mittlerer Temperatur erhitzen und den Knoblauch darin in 2 Minuten goldgelb anschwitzen. Die Zwiebeln, die Paprika, die Tomaten und das Wasser zugeben. Zum Kochen bringen und dann bei geringer Hitze 45–60 Minuten garen; ab und zu umrühren – die Mischung dient zur Bindung der Füllung, daher sollte sie recht dick sein. Sobald sie den Rücken eines Löffels überzieht, mit dem Stabmixer pürieren, bis sie glatt ist. (Wenn Sie keinen Stabmixer haben, pürieren Sie die Mischung in der Küchenmaschine und gießen sie anschließend zurück in die Pfanne.)

Die Bohnen in die Sauce geben und 2–3 Minuten garen, dann die Zucchini hinzufügen und das Gemüse weitere 10–15 Minuten garen, bis es weich ist. In eine Schüssel geben, die Auberginen, die Artischockenherzen, den Parmesan sowie das Salz und den Pfeffer hinzufügen und alles gründlich verrühren. Abkühlen lassen. Die Petersilie und das Basilikum untermengen.

Den Mürbeteig nach der Anleitung auf Seite 150–151 ausrollen und sechs Pastetenförmchen von 12,5 Zentimeter Durchmesser damit auskleiden. Den Blätterteig wie auf Seite 162–165 beschrieben ausrollen und sechs Kreise von 13,5 Zentimeter Durchmesser ausstechen – das sind die Pastetendeckel. Inzwischen den Ofen auf 200 °C vorheizen.

Die Füllung bis zum Rand der Formen einfüllen. Den Teigrand mit etwas Eistreiche einpinseln und die Blätterteigdeckel auflegen. Beide Teige mit Daumen und Zeigefinger rundherum behutsam zusammendrücken und auf diese Weise versiegeln. Die Teigdeckel ebenfalls mit Ei bestreichen und mit dem Schwarzkümmel bestreuen; in der Mitte ein kleines Loch einstechen, damit der Dampf entweichen kann. Die Förmchen in den Ofen schieben, die Temperatur auf 180 °C reduzieren und die Pasteten 30–35 Minuten backen, bis sie goldbraun sind. Aus der Form lösen und vor dem Servieren einige Minuten abkühlen lassen.

Zutaten

75 g Kichererbsen	Fein geriebene Schale von 2 unbehandelten Zitronen
500 ml Wasser	5 g (1 TL) Salz
300 g Auberginen	2½ g (½ TL) weißer Pfeffer
70 ml natives Olivenöl extra	4 g (1 TL) Kartoffelstärke
60 g Zwiebeln, fein gehackt	1 große Handvoll Koriandergrün
6 Knoblauchzehen, fein gehackt	1 Rezeptmenge salziger Mürbeteig (siehe Seite 150–151)
½ TL Kreuzkümmelsamen	½ Rezeptmenge Blätterteig (siehe Seite 162–165)
600 g Lammhackfleisch	
150 g Joghurt	Eistreiche (siehe Seite 168)

Hackfleischpasteten sind immer ein etwas klecksiges Vergnügen, da macht diese Lamm-Pie keine Ausnahme. Die Gefahr für Hemd und Hose mag groß sein, doch der Geschmack ist es wert! Sie können auch gewürfelte Lammschulter verwenden, damit die Füllung etwas stückiger ausfällt. Und wenn Sie dann noch den Teig weglassen, haben Sie ein köstliches Lammragout.

Lamm-Pie mit Kichererbsen und Auberginen

Ergibt 6 Pasteten

Zubereitung

Die Kichererbsen in einer Schüssel mit Wasser bedecken und über Nacht einweichen. Sorgfältig abtropfen lassen.

Die abgetropften Kichererbsen mit dem Wasser in einen Topf geben, bei starker Hitze zum Kochen bringen und dann bei schwacher Hitze garen, bis sie eben weich sind. Von der Kochstelle nehmen und in der Garflüssigkeit abkühlen lassen. Die abgekühlten Kichererbsen in ein Sieb abgießen und sorgfältig abtropfen lassen. Den Ofen auf 200 °C vorheizen.

Die Auberginen längs halbieren und mit den Schnittflächen auf ein mit Backpapier bedecktes Blech legen. Mit der Hälfte des Olivenöls beträufeln und 20–30 Minuten im Ofen backen, bis sie weich sind. Etwas abkühlen lassen, mit einem Löffel das Fruchtfleisch herauslösen und beiseitestellen; die Schalen wegwerfen.

Das restliche Olivenöl in einem Topf bei mittlerer Temperatur erhitzen. Die Zwiebeln und den Knoblauch darin in 5 Minuten glasig schwitzen, die Kreuzkümmelsamen einstreuen und 2–3 Minuten unter Rühren garen. Das Lammhack zugeben und 5 Minuten Farbe nehmen lassen; gut rühren, damit sich keine Klumpen bilden. Den Joghurt und die Zitronenschale untermengen und mit dem Salz und Pfeffer würzen.

Das Fleisch vollständig mit Wasser bedecken, zum Kochen bringen und bei schwacher Hitze 2 Stunden köcheln lassen, bis es gar und ein Teil der Flüssigkeit verkocht ist, dabei regelmäßig umrühren und abschäumen.

Die gegarten Kichererbsen und das Auberginenfleisch zugeben und weitere 5 Minuten unter Rühren garen, damit sich die Aromen miteinander verbinden. Die Garflüssigkeit durch ein Sieb in einen anderen Topf gießen und bei starker Hitze um ein Drittel einkochen; vom Herd nehmen. Die Hackfleischmischung in eine große Schüssel geben. Die Kartoffelstärke mit zwei Teelöffeln Wasser verrühren und unter die Sauce mengen. Über das Hackfleisch gießen und sorgfältig vermischen. Das Koriandergrün unterziehen, alles noch einmal abschmecken und abkühlen lassen.

Den Mürbeteig nach der Anleitung auf Seite 150–151 ausrollen und sechs Pastetenförmchen von 12,5 Zentimeter Durchmesser damit auskleiden. Den Blätterteig wie auf Seite 162–165 beschrieben ausrollen und sechs Kreise von 13,5 Zentimeter Durchmesser ausstechen – das sind die Pastetendeckel. Inzwischen den Ofen auf 200 °C vorheizen.

Die Hackfleischmasse bis zum Rand der Formen einfüllen. Den Teigrand mit etwas Eistreiche einpinseln und die Blätterteigdeckel auflegen. Zum Versiegeln beide Teige mit Daumen und Zeigefinger behutsam zusammendrücken. Die Teigdeckel ebenfalls mit Ei bestreichen und in der Mitte ein kleines Loch einstechen, damit der Dampf entweichen kann. Die Förmchen in den Ofen schieben, die Temperatur auf 180 °C reduzieren und die Pies in 30–35 Minuten goldbraun backen. Aus der Form lösen und vor dem Servieren etwas abkühlen lassen.

Anmerkung
Falls Sie Lammschulter verwenden, muss das Fleisch etwas länger geschmort werden, und wenn Sie es als eigenständiges Ragout servieren möchten, lassen Sie die Kartoffelstärke weg und würzen es etwas sparsamer.

Zutaten

20 ml (1 EL) Olivenöl
2 Knoblauchzehen, fein gehackt
120 g Zwiebeln, fein gehackt
375 g Speck in Scheiben, fein gewürfelt
250 g Frühlingszwiebeln, gehackt
1,2 kg durchgedrehtes Hähnchenfleisch
50 g Semmelbrösel
10 g (2 TL) Salz
5 g (1 TL) weißer Pfeffer
1 Rezeptmenge Blätterteig (siehe Seite 162–165)
Eistreiche (siehe Seite 168)
Sesam zum Bestreuen

Diese Teigrolle ist das hässliche Entlein unter unseren drei Blätterteigrollen (die anderen beiden sind mit Schweinefleisch bzw. Lamm), doch das Personal mag sie am liebsten. Sie hat etwas Leichtes und Gesundes, auch wenn es vermutlich für eine Medaille vom Gesundheitsamt nicht reichen wird.

Blätterteigrollen mit Hähnchen und Speck Ergibt 12 Teigrollen

Zubereitung

Das Öl in einem Topf bei mittlerer Temperatur erhitzen. Den Knoblauch 2 Minuten darin anschwitzen, die Zwiebeln zugeben und 2–3 Minute anschwitzen, bis sie weich sind. Den Speck zufügen und unter Rühren 10 Minuten bräunen, bis er aromatisch duftet. Vom Herd nehmen, die Frühlingszwiebeln unterrühren und abkühlen lassen.

Die Mischung in eine große Schüssel füllen. Das Hähnchenfleisch, die Semmelbrösel sowie das Salz und den Pfeffer zugeben und alles mit den Händen 3 Minuten kräftig durcharbeiten.

Den Blätterteig zu einem 92 × 32 Zentimeter großen Rechteck ausrollen und in sechs Rechtecke à 15 × 30 Zentimeter schneiden. Den Ofen auf 200 °C vorheizen.

Die Füllung in sechs gleich große Teile teilen und jede Portion zu einem 30 Zentimeter langen Strang von etwa drei Zentimeter Durchmesser rollen. Der Länge nach mittig auf die Teigrechtecke legen und den Teigrand an einer langen Seite mit Eistreiche einpinseln. Die andere Seite über das Fleisch schlagen und den bestrichenen Rand fest andrücken; die Enden offen lassen. Jede Teigrolle halbieren, mit dem Saum nach unten auf ein mit Backpapier ausgekleidetes Blech legen, mit Ei bestreichen und mit Sesam bestreuen. In den Ofen schieben, die Temperatur auf 190 °C reduzieren und die Rollen 35–40 Minuten backen, bis sie goldbraun sind und Fleischsaft austritt.

Zutaten

Eingelegte Quitten

500 g feinster Zucker
1 l Weißweinessig
6 Wacholderbeeren
4 Gewürznelken
5 Pfefferkörner
6 Quitten, geschält, entkernt und geviertelt

1 Kaninchen (1,5 kg), entbeint und in 3 cm große Stücke geschnitten, Knochen zurückbehalten (bitten Sie Ihren Schlachter um Hilfe)
1 Lorbeerblatt
1 Stange Staudensellerie, gehackt
1 Karotte, gehackt
30 ml natives Olivenöl extra

100 g rote Zwiebeln, fein gehackt
10 Knoblauchzehen, fein gehackt
6 Wacholderbeeren
20 Zweige Thymian, Blättchen abgezupft
100 g Staudensellerie, fein gehackt
100 g Gerstengraupen
½ TL Kartoffelstärke
5 g (1 TL) Salz
2½ g (½ TL) frisch gemahlener schwarzer Pfeffer
1 Rezeptmenge salziger Mürbeteig (siehe Seite 150–151)
½ Rezeptmenge Blätterteig (siehe Seite 162–165)
Eistreiche (siehe Seite 168)
Kreuzkümmelsamen zum Bestreuen

Kaninchen-Quitten-Pie

Ergibt 6 Pasteten

Die meisten Produkte aus der Bourke Street Bakery sind auf den Geschmack unserer Kunden zugeschnitten, denn natürlich soll es in erster Linie ihnen schmecken. Ab und zu bieten wir jedoch etwas an, wovon wir von vornherein wissen, dass es kein Bestseller wird, einfach, um mal etwas anderes auszuprobieren und uns selbst herauszufordern, in der Hoffnung, einen Zufallstreffer zu landen. Diese Pastete ist das Ergebnis so eines Experiments.

Die Kaninchen-Pie ist vor allem etwas für Ostern. Bugs Bunny wäre gern dafür gestorben und in seiner Ruhestätte aus Mürbeteig wären vollreife Quitten seine besten Freunde.

Zubereitung

Für die eingelegten Quitten den Zucker, den Weißweinessig, die Wacholderbeeren, die Nelken und die Pfefferkörner in einem schweren Edelstahltopf vermengen und bei mittlerer Temperatur erhitzen. Die Quitten zugeben, zum Kochen bringen und dann bei schwacher Hitze 2 Stunden garen, bis sie zart sind, aber noch etwas Biss haben. Die Früchte herausheben und abkühlen lassen. Sollten Sie nicht alle Quitten benötigen, können Sie die restlichen Früchte in dem Garsud aufbewahren. In einem sterilen Gefäß halten sie sich luftdicht aufbewahrt im Kühlschrank bis zu 3 Monate. Sie schmecken sehr gut zu Käse oder als Garnitur zu Pâté oder Salat.

Die Kaninchenknochen mit dem Lorbeerblatt, dem Sellerie und der Karotte in einen großen Topf geben. Mit 2½ Litern Wasser bedecken, zum Kochen bringen und 1 Stunde bei schwacher Hitze köcheln lassen. Den Fond durch ein Sieb passieren und beiseitestellen; die Knochen und anderen festen Zutaten wegwerfen.

Das Öl in einer Pfanne bei mittlerer Temperatur erhitzen. Die Zwiebeln und den Knoblauch darin in 5 Minuten glasig schwitzen. Die Wacholderbeeren, den Thymian, den Sellerie und das Kaninchenfleisch zugeben und rundherum 5 Minuten anbraten, bis das Fleisch Farbe genommen hat. So viel Fond zugießen, dass es bedeckt ist, zum Kochen bringen und bei schwacher Hitze 1 Stunde garen, bis das Fleisch fast zart ist.

Die Gerstengraupen unterrühren und alles weitere 30 Minuten bei schwacher Hitze köcheln lassen, bis sämtliche Zutaten gar sind. Die Garflüssigkeit durch ein Sieb in einen anderen Topf gießen; das Fleisch und die Graupen in eine große Schüssel geben. Den Schmorsaft abmessen – 200 Milliliter werden benötigt. Ist es mehr, die Flüssigkeit bei starker Hitze auf die gewünschte Menge einkochen. Die Kartoffelstärke mit zwei Teelöffeln Wasser verrühren und unter die Sauce rühren. Die Sauce über das Fleisch gießen, mit dem Salz und Pfeffer würzen und sorgfältig die Quitten untermengen. Abkühlen lassen.

Den Mürbeteig nach der Anleitung auf Seite 150–151 ausrollen und sechs Pastetenförmchen von 12,5 Zentimeter Durchmesser damit auskleiden. Den Blätterteig wie auf Seite 162–165 beschrieben ausrollen und sechs Kreise von 13,5 Zentimeter Durchmesser ausstechen – das sind die Pastetendeckel. Inzwischen den Ofen auf 200 °C vorheizen.

Die Füllung bis zum Rand der Formen einfüllen. Den Teigrand mit etwas Eistreiche einpinseln und die Blätterteigdeckel auflegen. Zum Versiegeln beide Teige mit Daumen und Zeigefinger behutsam zusammendrücken. Die Teigdeckel ebenfalls mit Ei bestreichen, mit dem Kreuzkümmel bestreuen und in der Mitte ein kleines Loch einstechen, damit der Dampf entweichen kann. Die Förmchen in den Ofen schieben, die Temperatur auf 180 °C reduzieren und die Pasteten 30–35 Minuten backen, bis sie goldbraun sind. Aus der Form lösen und vor dem Servieren etwas abkühlen lassen.

Zutaten

2 Rezeptmengen süßer Mürbeteig (siehe Seite 152–157)
6 Birnen, geschält, vom Kerngehäuse befreit, in 1 cm große Würfel geschnitten
40 g Butter, in 1 cm große Würfel geschnitten
50 g brauner Zucker
¼ TL gemahlener Zimt
2 TL frisch gepresster Zitronensaft
200 g Heidelbeeren
Eistreiche (siehe Seite 168)
Feinster Zucker zum Bestreuen

Direkt aus dem Ofen gegessen sind diese kleinen Pasteten ein ganz besonderer Genuss. Sie werden vor dem Füllen nicht blindgebacken. Um den Saft und das Aroma der Birnen zu konzentrieren, werden die Früchte zuvor mit braunem Zucker und etwas Zimt im Ofen gegart.

Birnen-Heidelbeer-Pie

Ergibt 20 Pies

Zubereitung

Den Mürbeteig nach der Anleitung auf Seite 152–157 ausrollen und 20 runde, gerippte Tarteförmchen von acht Zentimeter Durchmesser mit herausnehmbarem Boden damit auskleiden. Für die Deckel 20 Kreise von neun Zentimeter Durchmesser ausstechen. Die Formen und Teigdeckel für mindestens 20 Minuten in den Gefrierschrank legen. Den Ofen auf 200 °C vorheizen.

Die Birnen mit der Butter, dem Zucker, dem Zimt und dem Zitronensaft in einer Schüssel gründlich vermengen. Dicht an dicht höchstens zwei Zentimeter hoch in eine ofenfeste Form schichten und 12 Minuten im Ofen backen, bis die Früchte weich, jedoch nicht zerfallen sind. In eine Schüssel geben und sorgfältig die Heidelbeeren untermengen. Auf Raumtemperatur abkühlen und in einem Durchschlag abtropfen lassen.

Je 2½ Esslöffel der Fruchtmischung in die Teigböden füllen und etwas über den Formrand hinaus aufhäufen. Zum Verschließen den Teigrand der Böden und Deckel mit Eistreiche einpinseln und die Deckel auflegen. Teigrand und Deckel mit Daumen und Zeigefinger sanft zusammendrücken, um sie rundherum zu versiegeln. Die Deckel mit weiterer Eistreiche einpinseln und in der Mitte ein kleines Loch einstechen, damit der Dampf entweichen kann. Mit etwas feinstem Zucker bestreuen, auf Backbleche stellen und in den Ofen schieben. Die Temperatur auf 180 °C reduzieren und die Pies 20–25 Minuten backen, bis sie goldbraun sind. Sie schmecken am besten heiß, können aber auch kalt gegessen werden.

Zutaten

75 g Korinthen

75 g Rosinen

30 g gemischtes Zitronat und Orangeat

2 EL Weinbrand

80 ml Cidre

50 g Butter

75 g brauner Zucker

¼ TL Lebkuchengewürz

¼ TL gemahlener Zimt

300 g Äpfel, geschält, vom Kerngehäuse befreit und in 5 mm kleine Würfel geschnitten

25 g blanchierte und gehäutete Mandeln, grob gehackt

Fein abgeriebene Schale und Saft von ½ unbehandelten Zitrone

1 Rezeptmenge Zuckerteig (siehe Seite 159)

Feinster Zucker zum Bestreuen

Weihnachtsfrüchte-Pies (mince pies)

Ergibt 20 Pies

In Weinbrand oder Rum eingelegte Trockenfrüchte spielen bei vielen Rezepten für Weihnachtsgebäck eine tragende Rolle und da machen diese typisch britischen *mince pies* mit Fruchtfüllung keine Ausnahme. Wir verwenden dafür den sehr buttrigen Zuckerteig, der auf der Zunge förmlich zergeht. Es ist nicht die Art von Backwerk, das man bereits Wochen vor Weihnachten ins Regal oder in den Kühlschrank legt, auch wenn sich die Pies durchaus gekühlt bis zu fünf Tage halten und sogar bis zu drei Wochen einfrieren lassen. Am besten schmecken sie jedoch gleich, nachdem sie abgekühlt sind. Die Früchte müssen eine Woche vor der Zubereitung eingelegt werden.

Zubereitung

Die Korinthen, die Rosinen sowie das Zitronat und Orangeat in einer Schüssel mit dem Weinbrand und dem Cidre übergießen. Alles gründlich vermengen, mit Frischhaltefolie bedecken und mindestens 1 Woche ziehen lassen.

Die Butter in einer Pfanne bei mittlerer Temperatur zerlassen, den Zucker und die Gewürze hineingeben und gut verrühren. Die Äpfel zufügen und 2–3 Minuten garen, bis sie weich, jedoch nicht zerfallen sind. Von der Kochstelle nehmen und die Weinbrandfrüchte untermengen. Zuletzt die Mandeln, die Zitronenschale und den Zitronensaft zugeben und alles gründlich vermischen.

20 Tarte-Förmchen von 6,5 Zentimeter Durchmesser mit etwas flüssiger Butter einpinseln. Den Teig nach der Anleitung auf Seite 159 ausrollen, die Teigböden ausstechen und die Formen damit auskleiden. Die Teigreste erneut ausrollen und 20 Teigdeckel ausstechen.

Den Ofen auf 170 °C vorheizen. In jede Form etwa 2½ Esslöffel der Fruchtmischung füllen. Zum Verschließen den Teigrand der Böden und Deckel mit Eistreiche einpinseln und die Deckel auflegen. Die beiden Ränder rundherum mit Daumen und Zeigefinger sanft zusammendrücken und auf diese Weise versiegeln. In der Mitte ein kleines Loch einstechen, damit beim Backen der Dampf entweichen kann. Die Pasteten mit feinstem Zucker bestreuen und 20 Minuten backen, bis sie goldbraun sind.

Anmerkung

Tiefgefrorene bereits gebackene Pasteten lassen sich im 150 °C heißen Ofen in etwa 12 Minuten wieder aufbacken.

Zutaten

- 120 g getrocknete Kichererbsen
- 1 Rezeptmenge Empanada-Teig (siehe Seite 161)
- 400 g Auberginen, in 5 mm kleine Würfel geschnitten
- 50 ml (2½ EL) Olivenöl
- 2 Knoblauchzehen, fein gehackt
- 100 g Zwiebeln, fein gehackt
- 1 kleine Handvoll Koriandergrün
- 150 g Ziegenquark (ersatzweise Ziegenfrischkäse)
- 300 g Tomaten, in 5 mm kleine Würfel geschnitten
- Fein abgeriebene Schale von ½ unbehandelten Zitrone
- 2 hart gekochte Eier, fein gehackt
- 2 TL edelsüßes Paprikapulver
- 5 g (1 TL) Salz
- Eistreiche (siehe Seite 168)

Empanadas mit Kichererbsen, Auberginen und Ziegenquark

Ergibt 12 Empanadas

Zubereitung

Die Kichererbsen in einer Schüssel mit Wasser bedecken und über Nacht einweichen.

Den Empanada-Teig nach der Anleitung auf Seite 161 ausrollen und zwölf Kreise von 14 Zentimeter Durchmesser ausstechen.

Die Kichererbsen abtropfen lassen und in einem Topf mit frischem Wasser bedecken. Aufkochen und dann bei mittlerer Hitze köcheln lassen, bis sie weich sind. Abtropfen lassen. Die Hälfte der Kichererbsen mit der Klinge eines großen Messers oder im Mörser zermahlen und wieder unter die ganzen Kichererbsen mengen.

Die Auberginenwürfel auf einem Blech verteilen, leicht salzen und etwa 10 Minuten ziehen lassen; gründlich abspülen und trocken tupfen.

Das Öl in einer Pfanne bei mittlerer Temperatur erhitzen und die Auberginenwürfel darin 5 Minuten braten, bis sie rundherum gebräunt und gar sind. Den Knoblauch zugeben und in 4 Minuten goldgelb anschwitzen. Die Zwiebeln hinzufügen und 5 Minuten garen, bis sie weich sind. Abkühlen lassen und unter die Kichererbsen mengen. Das Koriandergrün, die Tomaten, den Ziegenquark, die Zitronenschale, die Eier, das Paprikapulver und das Salz gründlich untermischen.

Den Ofen auf 250 °C vorheizen. Jeweils 2–3 Esslöffel der Füllung in die Mitte der Teigkreise setzen. Diese zusammenfalten und den Rand zum Versiegeln mit den Zinken einer Gabel andrücken. Die Teigtaschen mit Eistreiche einpinseln und auf ein mit Backpapier bedecktes Blech legen. Die Backofenhitze auf 230 °C reduzieren und die Empanadas 20 Minuten backen, bis sie goldgelb sind; das Blech nach 10 Minuten umdrehen. Heiß servieren.

Zutaten

1 Rezeptmenge Empanada-Teig (siehe Seite 161)
110 g Rindertalg (siehe Anmerkung Seite 161)
6 Knoblauchzehen, fein gehackt
120 g Zwiebeln, fein gehackt
650 g Rinderhackfleisch
1 lange rote Chilischote, von den Samen befreit und fein gehackt
90 g Rosinen
100 g grüne Oliven, entsteint und fein gehackt
1 TL edelsüßes Paprikapulver
7 g (1½ TL) Salz
1 kleine Handvoll Petersilie
2 hart gekochte Eier, fein gehackt
Eistreiche (siehe Seite 168)

Rindfleisch-Empanadas

Ergibt 12 Empanadas

Zubereitung

Den Empanada-Teig nach der Anleitung auf Seite 161 ausrollen und zwölf Kreise von 14 Zentimeter Durchmesser ausstechen.

Den Rindertalg in einer Pfanne bei schwacher Hitze zerlassen, durch ein Sieb passieren und das reine Fett zurück in die Pfanne gießen – es sollten etwas 75 Milliliter ausgelassenes Fett sein. Den Herd auf mittlere Hitze stellen und den Knoblauch in dem Fett 1 Minute goldgelb anbraten. Die Zwiebeln zugeben und 3–4 Minuten anschwitzen, dann das Hackfleisch von allen Seiten 5 Minuten anbraten, etwaige Klumpen mit einem Holzlöffel zerdrücken. Den Chili, die Rosinen, die Oliven, das Paprikapulver und das Salz hinzufügen und alles weitere 5 Minuten unter Rühren garen. Vom Herd nehmen, die Mischung in eine Schüssel geben und sorgfältig die Petersilie und die Eier untermengen. Abkühlen lassen.

Den Ofen auf 250 °C vorheizen. Jeweils 2–3 Esslöffel der Füllung in die Mitte der Teigkreise setzen. Diese zusammenfalten und den Rand zum Versiegeln mit den Zinken einer Gabel andrücken. Die Teigtaschen mit Eistreiche einpinseln und auf ein mit Backpapier bedecktes Blech legen.

Die Hitze auf 230 °C reduzieren und die Empanadas 20 Minuten backen, bis sie goldgelb sind; das Blech nach 10 Minuten umdrehen. Heiß servieren.

Tartes, Quiches & Co.

Ein mürber, knuspriger Boden und eine köstliche Füllung – das sind die Zutaten für eine gute Tarte. Damit sie besonders gut schmecken, werden Tartes bei uns mehrmals am Tag frisch zubereitet. Die Kunden erwarten ofenfrisches Gebäck und so manch einer hat es seinen Gästen schon als selbst gemacht serviert. Mit den folgenden Rezepten können Sie es nun auch – sogar mit reinem Gewissen.

Zutaten

1 Rezeptmenge salziger Mürbeteig
(siehe Seite 150–151)

35 g Butter

1 große Stange Lauch (etwa 200 g),
nur das Weiße, gewaschen und in feine
Streifen geschnitten

80 ml Weißwein

300 ml Sahne

300 g Ziegenfrischkäse

4 Eier

3 Zweige Thymian, Blättchen abgezupft

½ TL Salz

½ TL frisch gemahlener schwarzer
Pfeffer

Sonntagsbrunch auf der Terrasse unter Weinranken, den Blick auf den Fluss in der Ferne gerichtet, ein Glas Semillon in der Hand und auf dem Tisch ein Rucola-Birnen-Salat mit Croûtons und eine Lauchquiche mit Ziegenkäse. Wenn Sie wollen, streuen Sie vor dem Backen noch geröstete Tomaten oder in Butter geschwenkte Pilze mit Petersilie darüber.

Lauchquiche mit Ziegenkäse

Ergibt 8 Quiches

Zubereitung

Den Mürbeteig nach der Anleitung auf Seite 150–151 ausrollen und acht gerippte Tarte-Förmchen von zehn Zentimeter Durchmesser mit herausnehmbarem Boden damit auskleiden. In den Kühlschrank stellen.

Die Butter in einer Pfanne bei mittlerer Temperatur zerlassen und den Lauch darin 5 Minuten anschwitzen, bis er weich ist. Den Wein zugießen, kurz durchschwenken und vollständig verkochen lassen. Von der Kochstelle nehmen und beiseitestellen.

Die Sahne in einem Topf bei mittlerer Temperatur erhitzen. Den Ziegenkäse hineinkrümeln und rühren, bis er sich aufgelöst hat und die Mischung sämig eingedickt ist. Beiseitestellen. Inzwischen den Ofen auf 220 °C vorheizen.

Die Eier in eine Schüssel schlagen und mit dem elektrischen Handrührgerät oder in der Küchenmaschine auf großer Stufe hellgelb und schaumig schlagen. Die Sahnemischung, den Thymian sowie das Salz und den Pfeffer zugeben und alles auf langsamer Stufe weitere 30 Sekunden gründlich vermengen.

Die vorbereiteten Formen auf ein Blech stellen und den abgekühlten Lauch darauf verteilen. Mit der Käse-Sahne-Mischung auffüllen und das Blech in der Ofenmitte einschieben. Die Temperatur auf 180 °C reduzieren und die Quiches 30–35 Minuten backen, bis sie goldbraun sind. Vor dem Servieren etwas abkühlen lassen.

Zutaten

1 Rezeptmenge salziger Mürbeteig (siehe Seite 150–151)

12 Stangen grüner Spargel, geputzt und in 5 cm lange Stücke geschnitten

8 Eier

400 ml Sahne

2½ g (½ TL) Salz

250 g Greyerzer, gerieben

4 Zweige Estragon, Blättchen abgezupft und grob gehackt

Frisch gemahlener schwarzer Pfeffer nach Geschmack

Ursprünglich war Quiche ein herzhafter Speckkuchen mit Eiercreme. Heute wird jede Tarte, die mit verschiedenerlei Gemüse, gelegentlich auch mit Fleisch belegt, mit Eierrahm übergossen und gebacken wird, Quiche genannt. Kreieren Sie ruhig Ihre eigenen Versionen, aber halten Sie sie einfach und kombinieren Sie nicht zu viele Zutaten – der Star der Show ist die Eiercreme. Sie sollte auf keinen Fall übergart werden, sondern seidig glänzen und zartschmelzend sein. Es ist wie beim Eierkochen, nur eine Minute mehr oder weniger und das Ergebnis ist ein völlig anderes.

Spargelquiche mit Greyerzer
Ergibt 8 Quiches

Zubereitung

Den Mürbeteig nach der Anleitung auf Seite 150–151 ausrollen und acht gerippte Tarte-Förmchen von zehn Zentimeter Durchmesser mit herausnehmbarem Boden damit auskleiden. In den Kühlschrank stellen. Den Ofen auf 220 °C vorheizen.

Den Spargel in kochendem Wasser 1 Minute blanchieren, sofort in kaltem Wasser abschrecken und abtropfen lassen.

In einer Schüssel die Eier, die Sahne und das Salz mit einer Gabel verschlagen. Die vorbereiteten Formen auf ein Blech stellen. Den Spargel und den Greyerzer gleichmäßig auf die Teigböden verteilen und mit dem Estragon bestreuen. Jede Form randvoll mit Eiercreme auffüllen, jedoch nicht überlaufen lassen und mit etwas Pfeffer würzen. Das Blech in die Ofenmitte schieben, die Temperatur auf 170 °C reduzieren und die Spargelquiches 30–35 Minuten backen, bis die Creme gerade gestockt ist und leicht Farbe genommen hat. Vor dem Servieren etwas abkühlen lassen.

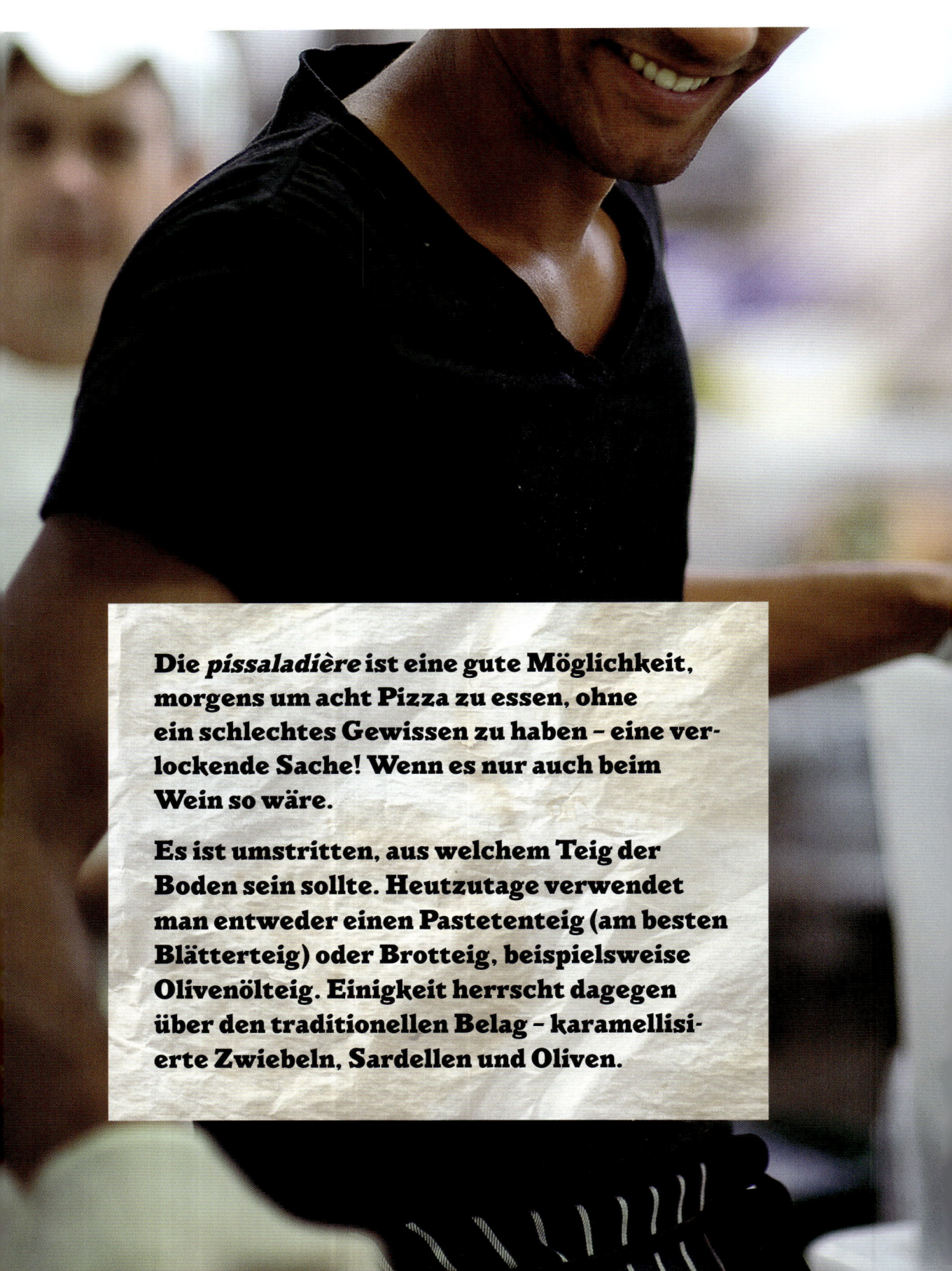

Die *pissaladière* ist eine gute Möglichkeit, morgens um acht Pizza zu essen, ohne ein schlechtes Gewissen zu haben – eine verlockende Sache! Wenn es nur auch beim Wein so wäre.

Es ist umstritten, aus welchem Teig der Boden sein sollte. Heutzutage verwendet man entweder einen Pastetenteig (am besten Blätterteig) oder Brotteig, beispielsweise Olivenölteig. Einigkeit herrscht dagegen über den traditionellen Belag – karamellisierte Zwiebeln, Sardellen und Oliven.

Zutaten

1 Rezeptmenge Blätterteig (siehe Seite 162 – 165)
Eistreiche (siehe Seite 168)
250 g Karamellzwiebeln (siehe Seite 134)
6 Scheiben roher Schinken
6 frische Feigen, geviertelt
90 g Gorgonzola
30 ml (1½ EL) Olivenöl

Im 14. Jahrhundert entrissen die Franzosen den Italienern zwei Grundpfeiler ihrer Gesellschaft – den Papst und die Pizza. Der Gegenpapst richtete sich in Avignon ein, wo die römischen Köche ihren französischen Kollegen vermutlich die Pizza erklärten. Die drückten ihr ihren eigenen Stempel auf und heraus kam die *pissaladière*.

Pissaladière mit Feigen, Schinken und Gorgonzola

Ergibt 6 Stück

Zubereitung

Für die Böden den Blätterteig etwa drei Millimeter dünn zu einem Rechteck von 25 × 38 Zentimeter Größe ausrollen. Die Ränder begradigen und die Teigplatte in sechs Quadrate von zwölf Zentimetern Kantenlänge schneiden – achten Sie darauf, den Schnitt in einer ziehenden Bewegung, nicht senkrecht zu führen. Die Quadrate im Abstand von drei Zentimetern auf ein mit Backpapier bedecktes Blech legen und die Ränder mit Eistreiche einpinseln.

Den Ofen auf maximaler Stufe vorheizen. Auf jedem Teigboden zwei Esslöffel Karamellzwiebeln verteilen, am Rand einen zwei Zentimeter breiten Streifen frei lassen. Mit je einer ganzen Scheibe Schinken und einer geviertelten Feige belegen. Den zerkleinerten Gorgonzola darüberstreuen und mit dem Olivenöl beträufeln.

Die Ofentemperatur auf 230 °C reduzieren und die *pissaladières* 15 Minuten backen, bis die Böden durchgegart sind; das Blech nach 10 Minuten umdrehen. Vor dem Servieren etwas abkühlen lassen.

Abwandlung

Sie können auch jede *pissaladière* in vier mundgerechte Häppchen von vier Zentimeter Kantenlänge schneiden, mit den entsprechend aufgeteilten Zutaten belegen und dann 10 Minuten bei 180 °C backen.

Zutaten
1 Rezeptmenge Blätterteig (siehe Seite 162 – 165)
Eistreiche (siehe Seite 168)
2 rote Paprikaschoten
250 g Karamellzwiebeln (siehe Seite 134)
18 Sardellenfilets
24 entsteinte Oliven, halbiert
120 g Ziegenfrischkäse
30 ml (1½ EL) Olivenöl

Pissaladière mit Paprika, Sardellen, Oliven und Ziegenkäse

Ergibt 6 Stück

Zubereitung
Den Blätterteig etwa drei Millimeter dünn zu einem Rechteck von 25 × 38 Zentimeter Größe ausrollen. Die Ränder begradigen und die Teigplatte in sechs Quadrate von zwölf Zentimeter Kantenlänge schneiden – achten Sie darauf, den Schnitt in einer ziehenden Bewegung, nicht senkrecht zu führen. Die Quadrate im Abstand von drei Zentimetern auf ein mit Backpapier bedecktes Blech legen und die Ränder mit Eistreiche einpinseln.

Die Paprikaschoten vierteln und von den Samen und Scheidewänden befreien. Mit der Haut nach oben unter den vorgeheizten Backofengrill legen, bis sie schwarz wird und Blasen schlägt. In einem Gefrierbeutel abkühlen lassen, häuten und das Fruchtfleisch in Streifen schneiden.

Den Ofen auf maximaler Stufe vorheizen. Auf jedem Teigquadrat zwei Esslöffel Karamellzwiebeln verteilen, am Rand einen zwei Zentimeter breiten Streifen frei lassen. Je drei Sardellenfilets nebeneinander in die Mitte legen und vier Paprikastreifen über Kreuz darüberlegen. Die Oliven und den zerbröckelten Ziegenkäse darüber verteilen und mit dem Olivenöl beträufeln.

Die Ofentemperatur auf 230 °C reduzieren und die *pissaladières* 15 Minuten backen, bis die Böden durchgegart sind; das Blech nach 10 Minuten umdrehen. Vor dem Servieren etwas abkühlen lassen.

Anmerkung
Blätterteigreste können Sie mit Olivenöl bestreichen, mit Salz und Pfeffer oder mit Käse bestreuen und im 180 °C heißen Ofen in 10 Minuten goldbraun backen.

Zutaten

1 Rezeptmenge Blätterteig (siehe Seite 162–165)
Eistreiche (siehe Seite 168)
600 g Pilze der Saison
125 ml Olivenöl
3 Zweige Rosmarin, Blättchen abgezupft
8 Zweige Thymian, Blättchen abgezupft
250 g Karamellzwiebeln (siehe Seite 134)
2 Kugeln Büffelmozzarella, in je drei Scheiben geschnitten
Salz und frisch gemahlener schwarzer Pfeffer

Pissaladière mit Pilzen und Kräutern

Ergibt 6 Stück

Zubereitung

Für die Böden den Blätterteig etwa drei Millimeter dünn zu einem Rechteck von 25 × 38 Zentimeter Größe ausrollen. Die Ränder begradigen und die Teigplatte in sechs Quadrate von zwölf Zentimeter Kantenlänge schneiden – den Schnitt nicht senkrecht, sondern in einer ziehenden Bewegung führen. Die Quadrate im Abstand von drei Zentimetern auf ein mit Backpapier bedecktes Blech legen und die Ränder mit Eistreiche einpinseln.

Den Ofen auf maximaler Stufe vorheizen. Die Pilze putzen und die Stiele kappen; stark verschmutzte Exemplare kurz unter fließendem kaltem Wasser waschen. Die Pilze mit einem kleinen Pinsel mit Olivenöl bestreichen und auf ein mit Backpapier bedecktes Blech legen. Mit dem Rosmarin und Thymian bestreuen und 7–10 Minuten im Ofen backen, bis sie fast weich sind. Abkühlen lassen.

Die Teigböden mit je zwei Esslöffeln Karamellzwiebeln bedecken; am Rand einen zwei Zentimeter breiten Streifen frei lassen. Die Pilze gleichmäßig darauf verteilen – große Exemplare zuvor halbieren – und mit den Mozzarellascheiben belegen. Mit Salz und frisch gemahlenem schwarzem Pfeffer würzen. Die Ofentemperatur auf 230 °C reduzieren und die *pissaladières* 15 Minuten backen, bis die Böden durchgegart sind. Das Blech nach 10 Minuten umdrehen. Vor dem Servieren etwas abkühlen lassen.

Zutaten

10 Eier
200 g feinster Zucker
250 ml frisch gepresster Zitronensaft
300 ml Sahne
1 Rezeptmenge süßer Mürbeteig (siehe Seite 152–157)

Die Füllung für diese Zitronentörtchen wird im Wasserbad gegart, wodurch sie besonders cremig und samtig wird. Für eine Version mit Passionsfrucht können Sie den Zitronensaft durch passierten Passionsfruchtsaft ersetzen.

Zitronencremetörtchen

Ergibt 20 Törtchen

Zubereitung

Für die Zitronencreme die Eier, den Zucker und den Zitronensaft in einer Schüssel aus Edelstahl 2–4 Minuten verschlagen, bis sich der Zucker aufgelöst hat. Die Sahne zugießen und gründlich unterrühren. Die Schüssel auf einen Topf mit köchelndem Wasser stellen und die Mischung mit dem Schneebesen etwa 10 Minuten beständig aufschlagen, bis sie sämig eindickt. Den Schüsselrand hin und wieder mit einem Gummispatel säubern. Zu Beginn ist die Creme sehr dünnflüssig und schaumig, wird dann im weiteren Verlauf allmählich dicker und bildet Blasen. Etwa 5 Minuten vor Ende des Garvorgangs verschwinden die Blasen wieder. Wichtig ist, dass Sie über die gesamte Gardauer beständig weiterschlagen, damit das Ei nicht stockt. Sobald die Creme dick und geschmeidig ist, aus dem Wasserbad heben und zum Abkühlen noch 1 Minute weiterschlagen. Ein Stück Frischhaltefolie direkt auf die Oberfläche der Creme auflegen und diese mindestens 8 Stunden oder über Nacht kalt stellen.

Den Mürbeteig nach der Anleitung auf Seite 152–157 ausrollen und 20 gerippte Tarte-Förmchen von acht Zentimeter Durchmesser mit herausnehmbarem Boden damit auskleiden. Die Formen mindestens 20 Minuten tiefkühlen.

Die Teigböden im 200 °C heißen Ofen 20–25 Minuten blindbacken (siehe Seite 155) und abkühlen lassen.

Mithilfe eines Spritzbeutels mit kleiner Lochtülle jeweils etwa zwei Esslöffel Zitronencreme in die Teigböden füllen und die Törtchen servieren.

Zutaten

- 2 Rezeptmengen süßer Mürbeteig (siehe Seite 152 – 157)
- 850 g gute Vollmilchschokolade, fein gehackt
- 500 ml Sahne

(handschriftliche Notizen am Rand: 1 · 425 · 250)

Im Gegensatz zu den meisten anderen Schokoladentörtchen werden unsere mit Vollmilch- statt Bitterschokolade zubereitet. Sie schmeckt nicht ganz so intensiv, sodass auch Nicht-Schokoholics keine Mühe haben, ein ganzes Törtchen mit wenigen Bissen zu bezwingen.

Schokoladencremetörtchen

Ergibt 20 Törtchen

Zubereitung

Den Mürbeteig nach der Anleitung auf Seite 152 – 157 ausrollen und 20 gerippte Tarte-Förmchen von acht Zentimeter Durchmesser mit herausnehmbarem Boden damit auskleiden. Die Formen mindestens 20 Minuten tiefkühlen.

Die Teigböden im 200 °C heißen Ofen 20 – 25 Minuten blindbacken (siehe Seite 155). Aus dem Ofen nehmen und abkühlen lassen.

Für die Füllung die Schokolade in eine Schüssel aus Edelstahl geben. Die Sahne in einem Topf bei starker Hitze zum Kochen bringen – das sollte möglichst schnell gehen, damit sie nicht teilweise verdampft. Die heiße Sahne über die Schokolade gießen und mit einem Gummispatel oder Holzlöffel sorgfältig verrühren, bis die Schokolade geschmolzen und die Mischung glatt ist. Beim Rühren darauf achten, dass keine Luft eingearbeitet wird, die sich später als Bläschen an der Oberfläche der Creme absetzt.

Die Schokoladencreme mithilfe einer Kanne bis zum Rand in die gebackenen Teigböden gießen.

Die Törtchen in einem luftdicht verschlossenen Kunststoffbehälter verstauen und über Nacht fest werden lassen. Sie sollten nicht in den Kühlschrank gestellt und innerhalb von 24 Stunden gegessen werden. Notfalls lassen sie sich auch bis zu 2 Tage im Kühlschrank aufbewahren und vor dem Servieren wieder auf Raumtemperatur bringen. Dabei setzt sich allerdings Kondenswasser auf der Oberfläche ab, das den optischen Eindruck etwas trübt.

Zutaten

750 ml Sahne

5 cm Ingwer, in feine Scheiben geschnitten

1 Kardamomkapsel

½ Zimtstange

10 Eigelb

80 g feinster Zucker, plus Zucker zum Karamellisieren

1 Rezeptmenge süßer Mürbeteig (siehe Seite 152 – 157)

1½ EL Pistazienkerne, gehackt

Karamellisierte Ingwercremetörtchen

Ergibt 20 Törtchen

Die Idee zu diesen Törtchen kam mir vor vielen Jahren, als ich durch den indischen Himalaja reiste. Dort trank ich das erste Mal *masala chai,* jenen süßen Gewürztee mit Milch, der in jedem indischen Teesalon angeboten wird. Zuerst schwebte mir eine Eiercreme mit diesen Gewürzen vor, doch Jahre später, als die Bäckerei ihre Türen öffnete, machte ich eine Art *Chai*-Crème-brûlée daraus. Wir verkaufen sie als Ingwercremetörtchen, doch enthält das bei unseren Kunden sehr populäre Gebäck auch einige der Gewürze, die für *masala chai* typisch sind.

Die Füllung gehört zu den anspruchsvollsten in diesem Buch, da sie genau auf den Punkt gegart werden muss, keine Minute kürzer oder länger. Für diese Version wird Sahne mit 35 Prozent Fett verwendet, daher fällt sie etwas weicher und cremiger aus als in unserer Bäckerei, wo 45-prozentige Sahne zum Einsatz kommt, die allerdings schwer zu finden ist.

Zubereitung

Die Sahne, den Ingwer, den Kardamom und den Zimt in einem Topf bei starker Hitze zum Kochen bringen. Sobald die Mischung aufwallt, vom Herd nehmen und in eine große Schüssel oder in ein anderes Gefäß gießen. Mit Frischhaltefolie zudecken und über Nacht in den Kühlschrank stellen, damit die Aromen durchziehen.

Die Sahne bei mittlerer bis hoher Temperatur erneut bis knapp an den Siedepunkt erhitzen. Vom Herd nehmen und bis zur weiteren Verwendung beiseitestellen.

Die Eigelbe in einer Edelstahlschüssel verschlagen. Den Zucker zugeben und 30 Sekunden weiterschlagen, bis er sich aufgelöst hat. Die erwärmte Sahne durch ein feines Sieb passieren (die Gewürze wegwerfen), in die Eigelbe gießen und gründlich unterschlagen.

Die Schüssel auf einen Topf mit kochendem Wasser setzen – der Boden darf das Wasser jedoch nicht berühren – und mit dem Schneebesen weitere 10–15 Minuten schlagen, bis die Mischung dick und cremig wird. Hin und wieder mit einem Gummispatel den Schüsselrand säubern. Wichtig ist, während der gesamten Garzeit beständig zu rühren, damit die Creme nicht gerinnt. Vom Wasserbad herunternehmen und zum raschen Abkühlen 2 Minuten kräftig schlagen. In der folgenden Stunde die Creme alle 10 Minuten durchrühren, bis sie vollständig abgekühlt ist. Den Schüsselrand mit dem Gummispatel sorgfältig säubern, Frischhaltefolie direkt auf die Oberfläche der Creme legen und diese über Nacht im Kühlschrank fest werden lassen.

Den Mürbeteig nach der Anleitung auf Seite 152–157 ausrollen und 20 gerippte Tarte-Förmchen von acht Zentimeter Durchmesser mit herausnehmbarem Boden damit auskleiden. Die Formen mindestens 20 Minuten tiefkühlen.

Die Teigböden im 200 °C heißen Ofen in 20–25 Minuten goldbraun blindbacken (siehe Seite 155). Aus dem Ofen nehmen und abkühlen lassen.

Die Creme in einen Spritzbeutel mit kleiner Lochtülle füllen, in die Teigböden spritzen – sie sollten reichlich gefüllt sein – und mit einer Palette glatt streichen, sodass Creme und Teigrand bündig abschließen. Erneut für 4 Stunden in den Kühlschrank stellen.

Die Törtchen mit je einem Teelöffel feinstem Zucker bestreuen und mit einem Gasbrenner oder unter dem heißen Backofengrill karamellisieren. Mit Pistazien bestreuen und servieren.

Abwandlung

Sie können sich das Karamellisieren auch sparen und die Törtchen schlicht mit Pistazien bestreut servieren.

Zutaten

Schokoladenmousse

200 g Bitterschokolade (55 % Kakaoanteil), fein gehackt
300 ml Sahne
3 Eigelb
25 g feinster Zucker für die Eigelbe
2 Eiweiß
10 g feinster Zucker für die Eiweiße

Himbeerpüree

125 g Himbeeren
65 g feinster Zucker

1 Rezeptmenge süßer Mürbeteig (siehe Seite 152 – 157)
Schokobiskuitkrümel (siehe Seite 307), zum Bestreuen

Schokoladen-Himbeer-Törtchen

Ergibt 20 Törtchen

Diese fabelhaften Törtchen vereinen zwei der am besten harmonierenden Dessertzutaten – Schokolade und Himbeeren. Gut versteckt unter der Mousse hält ein Klecks Himbeerpüree für Uneingeweihte eine köstliche Überraschung bereit und die knusprigen Kuchenkrümel sorgen für ein kleines schokoladiges Extra. Die Mousse lässt sich auch für andere Desserts verwenden, beispielsweise in einem Martiniglas mit frischen Beeren und Sahne als klassischer Abschluss eines Essens serviert oder auch als cremige Schicht in einem Schokoladenkuchen.

Damit die Mousse gelingt, muss zur rechten Zeit alles zusammenpassen. Es braucht etwas Übung, doch wie bei allen Rezepten mit Schokolade gilt: Wenn Sie Schokolade von guter Qualität verwenden und nicht zu heiß werden lassen, wird das Ergebnis mehr als annehmbar. Wer es etwas eilig hat, kann die Kuchenkrümel weglassen und durch frische Himbeeren ersetzen.

Zubereitung

Für die Mousse die Schokolade und 100 Milliliter der Sahne in eine Schüssel aus Edelstahl geben. In einem Topf Wasser zum Kochen bringen, vom Herd nehmen und die Schüssel daraufsetzen – der Boden sollte das Wasser nicht berühren. Die Schokolade auf dem heißen Wasserbad unter gelegentlichem Rühren langsam schmelzen – das dauert etwa 10 Minuten.

Inzwischen die restliche Sahne in einer weiteren Edelstahlschüssel steif schlagen, bis sich weiche Spitzen bilden; nicht zu lange schlagen. Bis zur Verwendung kalt stellen.

Die Eigelbe und den Zucker in einer Edelstahlschüssel gründlich verquirlen. Auf ein kochendes Wasserbad setzen, sodass der Boden keinen Kontakt zum Wasser hat, und 2–3 Minuten schlagen, bis die Mischung hellgelb und schaumig ist. Die vom Schneebesen ablaufende Masse sollte in der Schüssel noch einige Sekunden sichtbar bleiben, bis sie sich wieder glättet. Aus dem Wasserbad heben.

Die Eiweiße in einer sauberen Schüssel schaumig schlagen, den Zucker einstreuen und weiter steif schlagen, bis sich weiche Spitzen bilden.

Die Schlagsahne aus dem Kühlschrank nehmen (hat sie sich wieder leicht verflüssigt, erneut schlagen, bis sich weiche Spitzen bilden) und drei Esslöffel unter die geschmolzene Schokolade rühren. Dann die warme Eigelbmasse unterziehen – wichtig ist, dass beide Mischungen warm sind, damit sie sich miteinander verbinden (gegebenenfalls die Schokolade wieder etwas erwärmen). Den Eischnee unter die restliche Sahne heben und anschließend beides sorgfältig unter die Schokoladenmischung ziehen. Mit Frischhaltefolie bedecken und über Nacht im Kühlschrank fest werden lassen.

Für das Himbeerpüree die Früchte mit dem Zucker im Mixer pürieren, bis die Mischung glatt ist. Nach Belieben durch ein Sieb streichen, um die Kerne zu entfernen und bis zur Verwendung zugedeckt kalt stellen.

Den Mürbeteig nach der Anleitung auf Seite 152–157 ausrollen und 20 gerippte Tarte-Förmchen von acht Zentimeter Durchmesser mit herausnehmbarem Boden damit auskleiden. Die Formen mindestens 20 Minuten tiefkühlen.

Die Teigböden im 200 °C heißen Ofen in 20–25 Minuten goldbraun blindbacken (siehe Seite 155). Aus dem Ofen nehmen und abkühlen lassen.

In jeden Teigboden einen kleinen Teelöffel Himbeerpüree geben und mit einem Spritzbeutel mit Lochtülle eine reichliche Portion Schokoladenmousse einfüllen. Die Mousse nach Belieben mit einer Palette glatt streichen, sodass sie bündig mit dem Rand abschließt. Mit den Schokokrümeln bestreuen und servieren.

Zutaten
Erdbeerpüree
250 g Erdbeeren, gewaschen und entstielt
120 g feinster Zucker

Crème brûlée
750 ml Sahne
1 Vanilleschote, längs gespalten
10 Eigelb
80 g feinster Zucker, plus Zucker zum Karamellisieren

1 Rezeptmenge süßer Mürbeteig (siehe Seite 152–157)

Im Restaurant wird die klassische Crème brûlée nicht selten mit frischen Erdbeeren serviert. Hier wird sie auf einem Bett aus Erdbeerpüree in ein Törtchen gefüllt – ein komplettes Dessert, fein säuberlich und handlich verpackt. Sie können die Creme auch in der herkömmlichen Weise in kleinen Auflaufförmchen im Wasserbad garen und wie eine echte Crème brûlée karamellisieren. Wie bei den karamellisierten Ingwercremetörtchen erfordert die Füllung ein gutes Timing.

Crème-brûlée-Törtchen mit Erdbeerpüree

Ergibt 20 Törtchen

Zubereitung
Die Erdbeeren mit dem Zucker im Mixer pürieren, bis die Mischung glatt ist. In eine Schüssel füllen, mit Frischhaltefolie bedecken und bis zum Gebrauch kalt stellen.

Für die Creme die Sahne in einen Topf gießen. Das ausgekratzte Vanillemark und die Schote hinzugeben und die Sahne bei starker Hitze zum Kochen bringen. Nach dem ersten Aufwallen den Topf vom Herd nehmen und die Sahne etwa 10 Minuten ziehen lassen.

Die Eigelbe in einer Edelstahlschüssel verquirlen. Den Zucker zugeben und etwa 30 Sekunden schlagen, bis er sich aufgelöst hat. Die leicht abgekühlte Sahne durch ein feines Sieb passieren (die Vanilleschote wegwerfen), in die Eigelbmischung gießen und sorgfältig verrühren.

Die Schüssel auf einen Topf mit kochendem Wasser setzen, sodass der Boden das Wasser nicht berührt. Mit dem Schneebesen 10–15 Minuten schlagen, bis die Creme sämig eindickt; zwischendurch mit einem Gummispatel regelmäßig den Schüsselrand säubern. Wichtig ist, dass Sie ständig schlagen, sonst droht die Creme zu gerinnen. Die Creme aus dem Wasserbad heben und 2 Minuten kräftig weiterschlagen, damit sie schneller abkühlt. In der folgenden Stunde die Creme alle 10 Minuten durchrühren, bis sie völlig erkaltet ist. Den Schüsselrand mit einem Gummischaber sorgfältig säubern, direkt auf die Oberfläche der Creme Frischhaltefolie legen und die Creme über Nacht in den Kühlschrank stellen.

Den Mürbeteig nach der Anleitung auf Seite 152–157 ausrollen und 20 gerippte Tarte-Förmchen von acht Zentimeter Durchmesser mit herausnehmbarem Boden damit auskleiden. Die Formen mindestens 20 Minuten tiefkühlen.

Die Teigböden im 200 °C heißen Ofen in 20–25 Minuten goldbraun blindbacken (siehe Seite 155). Aus dem Ofen nehmen und abkühlen lassen.

In jeden Teigboden einen knappen Teelöffel Erdbeerpüree geben und mit einem Spritzbeutel mit Lochtülle eine reichlich bemessene Portion der Creme einfüllen. Die Creme mit einer Palette glatt streichen, sodass sie bündig mit dem Rand abschließt. Die Törtchen 4 Stunden kalt stellen.

Die Cremetörtchen mit je einem Teelöffel Zucker bestreuen und mit einem Gasbrenner oder unter dem sehr heißen Backofengrill karamellisieren. Sie können sie jedoch auch „ungebrannt" und ohne Zucker servieren.

Abwandlung
Für eine klassische Crème brûlée den Ofen auf 140 °C vorheizen. Wie in der Rezeptanleitung beschrieben die Eigelbe verschlagen und mit der leicht abgekühlten passierten Sahne verrühren. Die Mischung bis zum Rand in kleine Auflaufförmchen füllen und diese auf ein tiefes Blech oder in eine Bratenpfanne stellen. Blech oder Pfanne bis zur halben Höhe der Förmchen mit heißem Wasser füllen und die Creme 45 Minuten im Ofen garen, bis sie gerade gestockt ist. Abkühlen lassen und mindestens 4 Stunden kalt stellen. Mit je zwei Teelöffeln feinstem Zucker bestreuen und wie beschrieben karamellisieren.

Zutaten

Konditorcreme (crème pâtissière)
250 ml Milch
1 Vanilleschote, längs gespalten
50 g feinster Zucker
3 Eigelb
15 g Mehl

Mandelcreme (frangipane)
170 g feinster Zucker
170 g Butter
3 Eier
280 g gemahlene Mandeln
60 ml Grand Marnier

1 Rezeptmenge süßer Mürbeteig (siehe Seite 152–157)
20 pochierte Birnenspalten (siehe Seite 168), halbiert

Birnen-Mandel-Törtchen

Ergibt 20 Törtchen

Neben pochierten Birnen können Sie diese Törtchen auch mit gebackenem Rhabarber oder Pflaumen (siehe Seite 184) belegen. Die Mandelcreme *(frangipane)* lässt sich auch ohne Zugabe von Konditorcreme verwenden, doch wird das Ergebnis weniger cremig, eher wie ein Kuchen. Die Mandeln können Sie durch fein gemahlene Haselnüsse oder Pistazien ersetzen.

Zubereitung
Für die Konditorcreme die Milch in einen Topf gießen und das ausgekratzte Vanillemark und die Schote zugeben. Die Mischung bis knapp unter den Siedepunkt erhitzen, in eine Schüssel umfüllen und nach dem Abkühlen mindestens 6 Stunden im Kühlschrank durchziehen lassen.

Die Vanillemilch bei schwacher Hitze behutsam wieder erwärmen. Die Eigelbe in einer Edelstahlschüssel verschlagen und dabei nach und nach den Zucker zugeben und vollständig einarbeiten. Unter ständigem Weiterschlagen das Mehl einstreuen, bis die Mischung glatt ist. Durch ein feines Sieb die warme Milch zugießen und erneut glatt rühren. Die Creme in einen sauberen Topf füllen und unter Rühren mit einem Holzlöffel zum Kochen bringen. Die Hitze beim ersten Aufwallen sofort herunterstellen und die Creme 5 Minuten garen; dabei beständig weiterrühren. Abkühlen lassen und in ein fest verschließbares Gefäß füllen. Direkt auf die Oberfläche der Creme Frischhaltefolie legen, fest verschließen und bis zum Gebrauch kalt stellen. Die Konditorcreme kann im Voraus zubereitet und bis zu 3 Tage gelagert werden.

Für die Mandelcreme den Zucker und die Butter in einer Schüssel mit dem elektrischen Handmixer auf kleiner Stufe cremig rühren. Nacheinander die Eier hineinschlagen und vor jeder weiteren Zugabe vollständig einarbeiten. Die gemahlenen Mandeln zugeben und auf niedriger Stufe untermengen; anschließend den Grand Marnier unterrühren. Bis zur weiteren Verwendung beiseitestellen.

Den Mürbeteig nach der Anleitung auf Seite 152 – 157 ausrollen und 20 gerippte Tarte-Förmchen von acht Zentimeter Durchmesser mit herausnehmbarem Boden damit auskleiden. Die Formen mindestens 20 Minuten tiefkühlen.

Die Teigböden im 200 °C heißen Ofen in 20 – 25 Minuten goldbraun blindbacken (siehe Seite 155). Aus dem Ofen nehmen und abkühlen lassen.

Die Ofentemperatur auf 190 °C reduzieren. Die Mandelcreme und die Konditorcreme sorgfältig verrühren. In jeden Teigboden zwei Esslöffel der Creme füllen, die Birnen dekorativ darauf arrangieren und in 20 Minuten goldbraun backen.

Zutaten

1 Rezeptmenge süßer Mürbeteig (siehe Seite 152–157)
1 kg Ricotta
100 g Puderzucker, durchgesiebt
1 Vanilleschote, längs aufgeschlitzt
1 kg Erdbeeren, gewaschen, entstielt und geviertelt

Da sich diese Törtchen nur sehr begrenzt halten, haben wir sie selten im Programm. Zwar bereiten wir täglich drei- bis viermal frische Törtchen zu, doch diese halten nicht länger als zwei Stunden durch, was wirklich schade ist, da sie ebenso einfach wie lecker sind. Der Ricotta sollte recht trocken sein. Ist er zu weich und wässrig, lassen Sie ihn in ein sauberes Küchentuch eingeschlagen in einem Sieb über Nacht abtropfen. Im Herbst, wenn sie reif sind, bieten Feigen eine schmackhafte Alternative zu den Erdbeeren. Die Ricottacreme können Sie auch schlicht mit frischen Früchten auf einem Teller angerichtet als einfaches sommerliches Dessert servieren.

Erdbeer-Ricotta-Törtchen

Ergibt 20 Törtchen

Zubereitung

Den Mürbeteig nach der Anleitung auf Seite 152–157 ausrollen und 20 gerippte Tarte-Förmchen von acht Zentimeter Durchmesser mit herausnehmbarem Boden damit auskleiden. Die Formen mindestens 20 Minuten tiefkühlen.

Die Teigböden im 200 °C heißen Ofen in 20–25 Minuten goldbraun blindbacken (siehe Seite 155). Aus dem Ofen nehmen und abkühlen lassen.

Für die Füllung den Ricotta mit dem Puderzucker und dem ausgekratzten Vanillemark im Mixer pürieren, bis alle Zutaten gut vermengt sind und die Mischung glatt ist.

Die Ricottacreme mit einem Spritzbeutel bis zum Rand in die Teigböden füllen. Dekorativ mit den Erdbeeren garnieren und sofort servieren.

Zutaten
1 Rezeptmenge süßer Mürbeteig (siehe Seite 152 – 157)
30 entsteinte Backpflaumen, in je 3 Stücke geschnitten
80 ml Weinbrand

Eistreiche
2 Eigelb
25 ml Sahne

Vanillecreme
5 Eigelb
45 g feinster Zucker
400 ml Sahne
1 Vanilleschote, längs gespalten

Vanilletörtchen mit Backpflaumen
Ergibt 20 Törtchen

Bei diesen köstlichen Törtchen hat der französische Klassiker mit Pflaumen in Armagnac Pate gestanden. Im Sommer schmecken sie mit jeder Art von Steinobst, aber auch mit in Alkohol eingelegten Trockenfrüchten sind sie ein Genuss. Sogar die pochierten Birnen auf Seite 188 sind eine gute Option.

Die Törtchen erfordern etwas Fingerspitzengefühl und sind nicht ganz einfach hinzubekommen, doch wenn Sie nach einem Rezept suchen, das Ihnen todsicher jede Menge Komplimente einträgt, sind Sie hier richtig. Die Kunst besteht darin, die Eiercreme nicht gerinnen zu lassen. Die Früchte werden nicht vollständig mit Creme bedeckt, sondern nur sparsam umgossen, sodass sie noch herausgucken. Backen Sie die Törtchen im obersten Teil des Ofens bei starker Oberhitze, vorausgesetzt Ober- und Unterhitze lassen sich bei Ihrem Modell separat regeln. Die Temperaturangaben sind ungefähre Richtwerte, mehr als bei allen anderen Rezepten in diesem Buch sind Sie selbst gefordert, Garzeit und Temperatur Ihrem Ofen entsprechend anzupassen. Notieren Sie das Ergebnis, damit Sie beim nächsten Mal gleich Bescheid wissen.

Zubereitung

Die Backpflaumen in den Weinbrand einlegen, mit Frischhaltefolie bedecken und 24 Stunden einweichen.

Den Mürbeteig nach der Anleitung auf Seite 152–157 ausrollen und 20 gerippte Tarte-Förmchen von acht Zentimeter Durchmesser mit herausnehmbarem Boden damit auskleiden. Die Formen mindestens 20 Minuten tiefkühlen.

Die Teigböden im 200 °C heißen Ofen in 20–25 Minuten goldbraun blindbacken (siehe Seite 155). Aus dem Ofen nehmen und abkühlen lassen.

Für die Eistreiche die Eigelbe in einer Schüssel mit der Sahne kräftig verschlagen. Die vorgebackenen Teigböden und -ränder mit der Mischung einpinseln und erneut etwa 4 Minuten backen, um den Teig gewissermaßen zu „imprägnieren" – das getrocknete Ei hinterlässt einen glatten, schimmernden Belag auf der Oberfläche, eine Art Versiegelung, die verhindert, dass die Creme in den Teig sickert und ihn aufweicht.

Die Formen auf ein Blech stellen und in jeden Teigboden vier oder fünf abgetropfte Pflaumenstücke legen. Die Ofentemperatur auf 180 °C reduzieren.

Für die Creme die Eigelbe und den Zucker in eine Schüssel geben, das ausgekratzte Vanillemark zufügen und die Zutaten mit dem Handrührgerät auf mittlerer Stufe etwa 1 Minuten verschlagen, bis sie vermengt sind. Dann die Sahne zugießen und per Hand mit einem Schneebesen unterrühren. 30 Minuten stehen lassen.

Die Eiercreme um die Pflaumen in den Teigböden herumgießen. Die Törtchen in den oberen Teil des Ofens schieben und etwa 5 Minuten backen – die Creme hat jetzt eine leicht goldgelbe Farbe angenommen und beginnt gerade erst fest zu werden. Zur Kontrolle das Blech sanft rütteln. Am Rand sollte die Creme bereits leicht gestockt sein. Sie darf nicht kochen, sonst flockt sie aus. Die Temperatur des Ofens auf 110 °C reduzieren und die Ofentür einen Spaltbreit öffnen (falls nötig, zum Offenhalten einen Holzlöffel zu Hilfe nehmen). Die Vanilletörtchen in dem langsam abkühlenden Ofen weitere 20 Minuten garen. Zur Garprobe das Blech behutsam rütteln.

Die Törtchen schmecken am besten etwa 2 Stunden nach dem Backen, wenn sie auf Raumtemperatur abgekühlt sind.

Zutaten

1 Rezeptmenge süßer Mürbeteig (siehe Seite 152 – 157)

Vanille-Limetten-Panna-cotta

400 ml Sahne
200 ml Milch
120 g feinster Zucker
½ Vanilleschote, längs gespalten
Fein abgeriebene Schale von 2 unbehandelten Limetten
3 Blatt Gelatine oder 1½ TL Gelatinepulver (6 g)
1 EL frisch gepresster Limettensaft
1 EL Wasser

Limettengelee

320 ml frisch gepresster Limettensaft
80 ml Wasser
80 g feinster Zucker
6 Blatt Gelatine oder 3 TL Gelatinepulver (12 g)

Panna-cotta-Törtchen mit Vanille und Limetten

Ergibt 20 Törtchen

Panna cotta (wörtlich „gekochte Sahne"), ein ganz einfaches Dessert, ist eine Art Gelee auf Milch-Sahne-Basis. Dazu werden die Zutaten lediglich erwärmt und dann mit Gelatine gebunden. Die Vanillecreme mit einem Hauch von Limette schmeckt köstlich. Die Törtchen werden mit einer dünnen Schicht Limettengelee überglänzt, das einen zitrusfrischen Akzent setzt und ihnen im wörtlichen Sinne Glanz verleiht.

Zubereitung

Den Mürbeteig nach der Anleitung auf Seite 152–157 ausrollen und 20 gerippte Tarte-Förmchen von acht Zentimeter Durchmesser mit herausnehmbarem Boden damit auskleiden. Die Formen mindestens 20 Minuten tiefkühlen.

Die Teigböden im 200 °C heißen Ofen in 20–25 Minuten goldbraun blindbacken (siehe Seite 155). Aus dem Ofen nehmen und abkühlen lassen.

Für die *panna cotta* die Sahne, die Milch und den Zucker in einem Topf bei mittlerer Temperatur erhitzen. Das ausgekratzte Vanillemark und die Schote hineingeben und etwa 2 Minuten rühren, bis sich der Zucker aufgelöst hat. Die Mischung kurz vor dem Aufwallen vom Herd nehmen und die Limettenschale unterrühren. Bei Verwendung von Blattgelatine die Blätter etwa 2 Minuten in einem Liter kaltem Wasser einweichen, gut ausdrücken und mit dem Limettensaft und einem Esslöffel Wasser unter die Sahnemischung rühren. Bei Verwendung von Gelatinepulver die Gelatine in einem Topf bei schwacher Hitze in dem Limettensaft und Wasser auflösen und dann in die Sahnemischung gießen. Etwa 1 Stunde auf Raumtemperatur abkühlen lassen.

Die aromatisierte Milch-Sahne-Mischung durch ein feines Sieb gießen, um die Vanilleschote und die Limettenschale herauszufiltern. Die Teigböden vorsichtig zu drei Vierteln mit der noch flüssigen Creme füllen und diese etwa 2 Stunden im Kühlschrank gelieren lassen.

Während die *panna cotta* fest wird, das Limettengelee zubereiten. Den Limettensaft, das Wasser und den Zucker in einem kleinen Topf vermengen und bei mittlerer Temperatur nur kurz aufkochen. Vom Herd nehmen. Blattgelatine etwa 2 Minuten in einem Liter kaltem Wasser einweichen, sorgfältig ausdrücken und in dem heißen Limettensaft auflösen. Oder Pulvergelatine in einer Schüssel mit dem Wasser und zwei Esslöffeln Limettensaft gründlich verrühren. Den restlichen Limettensaft mit dem Zucker kurz aufkochen, vom Herd nehmen und die Gelatinemischung einrühren, bis sie sich aufgelöst hat.

Das Limettengelee auf Raumtemperatur abkühlen lassen und die *Panna-cotta*-Törtchen vorsichtig mit je 1–2 Esslöffeln Gelee überglänzen – die Creme muss in jedem Fall vollständig gestockt sein, sonst sickert das Gelee ein. Darauf achten, dass die glatte Oberfläche der Creme beim Auftragen des Gelees nicht verletzt wird. Für 1 weitere Stunde in den Kühlschrank stellen, bis das Gelee gestockt ist.

Abwandlung

Sie können die *panna cotta* auch in kleinen Auflaufförmchen oder Glasschälchen zubereiten und als Dessert servieren. Eine Rezeptmenge ergibt etwa sechs Portionen à 100 Milliliter. Zuerst eine dünne Schicht Limettengelee in die Formen gießen und gelieren lassen. Mit der *panna cotta* auffüllen und diese im Kühlschrank fest werden lassen.

Zutaten

Italienische Baisermasse
200 g feinster Zucker, plus 20 g extra
100 ml Wasser
4 Eiweiß

Bayerische Creme mit Passionsfrucht
300 ml Milch
3 Blatt Gelatine oder 1½ TL Gelatinepulver (6 g)
6 Eigelb
175 g feinster Zucker
250 ml Passionsfruchtsaft (siehe Anmerkung Seite 291)
350 ml Sahne

1 Rezeptmenge süßer Mürbeteig (siehe Seite 152–157)

Diese Törtchen werden mit Bayerischer Creme, einer Art Mousse ohne Eischnee, gefüllt. Bei der weichen Meringe handelt es sich um italienische Baisermasse, bei der während des Aufschlagens heißer Zuckersirup in den Eischnee eingearbeitet und die Masse auf diese Weise gegart wird. Für die Herstellung des Zuckersirups benötigen Sie ein Zuckerthermometer. Zusätzliches Garen der aufgeschlagenen Baisermasse ist nicht nötig, gewöhnlich wird sie aber vor dem Servieren mit einem Gasbrenner leicht gebräunt.

Baisertörtchen mit Passionsfruchtcreme

Ergibt 20 Törtchen

Zubereitung

Den Mürbeteig nach der Anleitung auf Seite 152–157 ausrollen und 20 gerippte Tarte-Förmchen von acht Zentimeter Durchmesser mit herausnehmbarem Boden damit auskleiden. Die Formen mindestens 20 Minuten tiefkühlen.

Die Teigböden im 200 °C heißen Ofen in 20–25 Minuten goldbraun blindbacken (siehe Seite 155). Aus dem Ofen nehmen und abkühlen lassen.

Für die Passionsfruchtcreme die Milch bei starker Hitze kurz aufkochen. Blattgelatine in einem Liter kaltem Wasser einweichen. Pulvergelatine mit zwei Esslöffeln der kalten Milch verrühren, dann die restliche Milch kurz aufkochen.

In einer Edelstahlschüssel die Eigelbe, den Zucker und den Passionsfruchtsaft verschlagen. Die Schüssel auf einen Topf mit kochendem Wasser setzen; der Boden darf das Wasser jedoch nicht berühren. Die heiße Milch zugießen und etwa 5 Minuten ständig schlagen, bis die Mischung relativ dick ist. Die eingeweichte Blattge-

latine gut ausdrücken und unter die Eiercreme rühren; bei Verwendung von Gelatinepulver einfach die angerührte Mischung unterschlagen. Die Masse durch ein feines Sieb passieren und für 30–60 Minuten in den Kühlschrank stellen, bis die Creme zu gelieren beginnt.

Die Sahne steif schlagen, bis sich weiche Spitzen bilden, und behutsam unter die noch nicht gelierte Creme heben. Nicht zu steif schlagen, sonst vermischt sie sich nur schwer mit der Creme. Die gebackenen Teigböden bis zum Rand mit der Creme füllen und 2–3 Stunden kalt stellen, bis sie fest geworden ist. Einen etwaigen Cremerest können Sie in kleine Glasschälchen füllen und als eigenständiges Dessert servieren.

Inzwischen die italienische Baiermasse zubereiten. Dazu benötigen Sie ein Zuckerthermometer. Ein Glas mit kaltem Wasser füllen und einen Backpinsel bereitlegen, um den Topfrand von kristallisierendem Zucker zu säubern.

Den Zucker und das Wasser in einem kleinen Topf mit schwerem Boden bei starker Hitze unter Rühren zum Kochen bringen. Sobald der Sirup aufkocht, nicht mehr rühren, da sonst der Zucker wieder kristallisiert. Mithilfe des Pinsels auf Höhe des Sirups ab und zu den Topfrand mit Wasser benetzen und die sich absetzenden Zuckerkristalle abstreifen. Den Sirup bis auf 118 °C erhitzen und sofort von der Kochstelle nehmen.

Die Eiweiße in einer ganz sauberen Schüssel mit dem elektrischen Handrührgerät auf hoher Stufe etwa 2 Minuten schaumig schlagen. Den Extrazucker einstreuen und weiterschlagen, bis sich weiche Spitzen bilden. Bei laufendem Gerät in kleinen Mengen langsam den Zuckersirup zugießen und vor jeder weiteren Zugabe sorgfältig einarbeiten. Den Sirup nicht direkt auf die Rührschlegel gießen, damit Sie sich nicht an den sehr heißen Spritzern verbrennen. Sobald sämtlicher Sirup eingearbeitet ist, den Mixer auf niedrige Stufe stellen und noch 10–15 Minuten weiterschlagen, bis die Masse kalt ist.

Die Baisermasse in einen Spritzbeutel füllen und auf die Törtchen dressieren, sodass die Creme vollständig bedeckt ist. Die Baiserhäubchen mit einer Palette nach eigenem Geschmack gestalten und verzieren und mit einem Gasbrenner oder unter dem sehr heißen Backofengrill in 30–45 Sekunden bräunen – Vorsicht, sie verbrennen leicht.

Anmerkung
Für den Passionsfruchtsaft das Fruchtmark mit einem Löffelrücken durch ein feines Sieb streichen und in einer Schüssel auffangen. Je nach Größe benötigen Sie für 250 Milliliter Saft 10–15 Früchte.

Zutaten

1 Rezeptmenge süßer Mürbeteig (siehe Seite 152 – 157)

750 g Konditorcreme (siehe Seite 276 – 277 – benötigt wird die dreifache Rezeptmenge)

20 ml Orangenlikör

80 ml Sahne

250 g Erdbeeren, gewaschen, entstielt und halbiert

125 g Himbeeren, gewaschen

125 g Heidelbeeren, gewaschen

125 g Brombeeren, gewaschen

Diese leckeren Fruchttörtchen sind ein großartiger Abschluss eines Barbecues. Damit der Teig möglichst knusprig bleibt, werden sie erst im letzten Moment fertiggestellt. Die Creme sollte von seidigem Glanz und geschmeidig sein und die Früchte von bester Qualität und perfekt gereift.

Sommerliche Fruchttörtchen

Ergibt 20 Törtchen

Zubereitung

Den Mürbeteig nach der Anleitung auf Seite 152 – 157 ausrollen und 20 gerippte Tarte-Förmchen von acht Zentimeter Durchmesser mit herausnehmbarem Boden damit auskleiden. Die Formen mindestens 20 Minuten tiefkühlen.

Die Teigböden im 200 °C heißen Ofen in 20 – 25 Minuten goldbraun blindbacken (siehe Seite 155). Aus dem Ofen nehmen und abkühlen lassen.

Die Konditorcreme und den Orangenlikör in der Küchenmaschine oder mit dem elektrischen Handrührgerät auf hoher Stufe glatt rühren. Die Sahne steif schlagen, bis sich weiche Spitzen bilden. Unter die Konditorcreme heben und 1 Stunde kalt stellen.

In jeden Teigboden zwei Esslöffel der Creme füllen und die Beeren dekorativ darauf arrangieren. Sofort servieren.

Zutaten

4 Granny-Smith-Äpfel

200 g brauner Zucker

4 unbehandelte Zitronen

½ Rezeptmenge Blätterteig (siehe Seite 162 – 165)

125 g Konditorcreme (siehe Seite 276 – 277)

Eistreiche (siehe Seite 168)

Wir nehmen für diesen Apfelkuchen Blätterteig, doch er schmeckt auch mit Plunderteig. Die sehr dünn geschnittenen Äpfel werden über Nacht eingelegt, über Konditorcreme auf den Teigboden geschichtet und dann im sehr heißen Ofen gebacken, bis sich ihr Rand goldbraun gefärbt hat. Zudem sollte der Teig sehr dunkel und knusprig werden, also lassen Sie den Kuchen ruhig drei oder vier Minuten länger im Ofen, als Sie vermutlich für nötig halten. Mit der Vorbereitung der Äpfel müssen Sie am Vortag beginnen.

Knuspriger Apfelkuchen
Für 6 Personen

Zubereitung

Die Äpfel schälen, vom Kerngehäuse befreien und zwei Millimeter dünn in halbmondförmige Spalten schneiden. Die Scheiben fächerförmig in eine quadratische oder rechteckige Form legen, in der sie eben Platz haben, und mit dem Zucker bestreuen. Die Schale der Zitronen in eine Schüssel reiben, den Saft der Früchte hineinpressen und die Mischung über die Äpfel gießen. Mit Frischhaltefolie bedecken und über Nacht in den Kühlschrank stellen.

Den Ofen auf maximaler Stufe vorheizen. Den Blätterteig drei Millimeter dünn ausrollen und ein Rechteck von etwa 17 × 30 Zentimeter Größe ausschneiden. Auf ein mit Backpapier bedecktes Blech legen und gleichmäßig mit Konditorcreme bestreichen; am Rand einen zentimeterbreiten Streifen frei lassen.

Die Äpfel gründlich abtropfen lassen, überschüssige Flüssigkeit behutsam ausdrücken. Die Scheiben fächerförmig, leicht überlappend auf dem Teig anordnen; den Rand frei lassen. Den Teigrand mit Eistreiche einpinseln und den Kuchen 12 – 15 Minuten backen, bis der Teig eine goldbraune, karamellähnliche Farbe angenommen hat. Vor dem Anschneiden auf dem Blech abkühlen lassen.

Noch mehr Süßes

Kuchen, Kekse & Muffins

Unsere Kuchen, Plätzchen und Muffins verkörpern den typisch ländlich-rustikalen Stil des Hausgemachten und sind dennoch von zarter Struktur und feinem Geschmack. Es ist die Art von Zuckerwerk, die immer willkommen ist, wenn einen die Naschlust überkommt. Das Gebäck in diesem Kapitel passt zum Morgenkaffee ebenso wie zum Nachmittagstee. Es ist ein leckerer nächtlicher Imbiss der etwas anderen Art und lässt sich mit Früchten, Sahne oder einer süßen Sauce auch als opulentes Dessert servieren.

Zutaten

70 g Walnusskerne

150 g Mehl

1½ TL Backpulver

1 Msp. Backnatron

¼ TL gemahlener Zimt

1 Msp. Nelkenpulver

1 Msp. geriebene Muskatnuss

¼ TL Salz

55 ml Eiweiß (etwa 2 Stück)

60 g Zucker für den Eischnee

1 Ei

1 Eigelb

160 g Zucker für das Eigelb

170 ml raffiniertes Olivenöl

125 g Karotten, geschält und geraspelt

Frischkäsecreme

20 g Puderzucker, plus Puderzucker zum Bestauben

20 g weiche Butter

150 g Frischkäse

40 ml (2 EL) Sahne

Karottenkuchen
Für 10 Personen

Dieses Rezept erfordert zügiges Arbeiten, damit es gelingt. Zuerst wird alles kräftig verschlagen, um möglichst viel Luft einzuarbeiten, dann zieht man rasch die trockenen Zutaten unter. Der Eischnee verleiht dem Kuchen eine wunderbar knusprige, baiserähnliche Kruste. In der Bäckerei stehen uns mehrere Mixer zur Verfügung, sodass wir sämtliche Bestandteile gleichzeitig anrühren können. Zu Hause erzielen Sie das beste Ergebnis, wenn Sie sich an die Reihenfolge in der Rezeptanleitung halten.

Zubereitung

Den Ofen auf 200 °C vorheizen. Eine runde Kuchenform von 18 Zentimeter Durchmesser einfetten und vollständig mit Backpapier auskleiden – das Papier sollte etwa 2,5 Zentimeter über den Rand hinausragen.

Die Walnusskerne auf einem Blech verteilen und 4–5 Minuten im Ofen rösten. Abkühlen lassen und in je drei Stücke schneiden. Das Mehl, das Backpulver, das Backnatron, die Gewürze und das Salz zweimal durchsieben, sodass alles gleichmäßig vermischt ist, und in eine Schüssel geben.

Die Eiweiße in einer ganz sauberen Schüssel mit dem elektrischen Handrührgerät oder in der Küchenmaschine auf hoher Stufe schlagen, bis sich weiche Spitzen zu bilden beginnen. Bei laufendem Gerät langsam den Zucker einstreuen. Den Eischnee nicht zu steif schlagen – er sollte lediglich weiche Spitzen bilden. Bis zur weiteren Verwendung beiseitestellen.

In einer Schüssel das Ei, das Eigelb und der Zucker vermengen und auf hoher Stufe 3–4 Minuten verschlagen, bis die Masse ihr Volumen verdoppelt hat und schaumig ist. Bei laufendem Gerät langsam in einem dünnen, stetigen Strahl das Öl einarbeiten; darauf achten, dass die Mischung nicht gerinnt oder wieder in sich zusammenfällt.

Mit einem Spatel oder per Hand mit einem Lebensmittelhandschuh vorsichtig die Mehlmischung untermengen. Die Karotten und die Walnüsse unterheben und rasch den Eischnee unterziehen – nur grob untermischen, sodass noch deutliche Eiweißstreifen erkennbar sind. Den Teig in die vorbereitete Form gießen und 1 Stunde 10 Minuten backen. Zur Garprobe mit einem Spieß einstechen. Haftet nach dem Herausziehen kein Teig mehr daran, ist der Kuchen fertig. Wird er zu schnell braun, die Temperatur nach 30 Minuten auf 180 °C reduzieren.

Inzwischen die Frischkäsecreme vorbereiten. Den Puderzucker und die Butter mit dem elektrischen Handrührgerät verschlagen, bis die Masse glatt und hellgelb ist. Nach und nach in kleinen Mengen den Frischkäse zugeben und vor jeder weiteren Zugabe vollständig unterrühren. Den Schüsselrand mit einem Teigschaber regelmäßig säubern, damit alle Zutaten gleichmäßig und restlos vermengt werden. Die Sahne zugießen und die Mischung glatt rühren, aber von nun an nicht mehr übermäßig bearbeiten, sonst kann die Sahne ausflocken. Ist der Frischkäse sehr fest, eventuell noch einen weiteren Schuss Sahne zugeben – die Masse sollte von streichfähiger Konsistenz, aber keinesfalls flüssig sein.

Den Kuchen aus dem Ofen nehmen, in der Form 30 Minuten abkühlen lassen und zum vollständigen Auskühlen auf ein Kuchengitter stürzen. Mit einem Sägemesser waagerecht in zwei gleich dicke Böden schneiden und einen Boden mit der Frischkäsecreme bestreichen. Den zweiten Boden auflegen, mit Puderzucker bestauben und servieren.

Zutaten

165 g Haferflocken
220 g Mehl
100 g Kokosraspel
200 g brauner Zucker
50 g getrocknete Berberitzen
50 ml kochendes Wasser
185 g Butter
60 g heller Zuckerrübensirup oder Honig
1½ TL Backnatron
60 ml Wasser

Dieses Rezept basiert auf den Anzac-Keksen, so genannt, weil sie für die Soldaten des Australian and New Zealand Army Corps (ANZAC) ein beliebter Gruß aus der Heimat waren. Diese Version wird mit Berberitzen gebacken, auch als Sauerdorn bekannt, kleine rote Beeren von leicht säuerlichem Aroma, die in der Küche des Nahen Ostens häufig verwendet werden. In der Bäckerei drücken wir die Kekse flach, damit sie möglichst dünn werden.

Haferflockenkekse mit Berberitzen

Ergibt 12 Stück

Zubereitung

Den Ofen auf 170 °C vorheizen. Die Haferflocken, das Mehl, die Kokosraspel und 175 Gramm des Zuckers in eine Schüssel geben und gründlich verrühren.

In einer weiteren Schüssel die Berberitzen mit dem restlichen Zucker vermengen und mit dem kochenden Wasser übergießen. Umrühren, bis sich der Zucker aufgelöst hat.

Die Butter und den Zuckerrübensirup oder Honig in einen Topf geben und bei schwacher Hitze unter Rühren schmelzen. Die Berberitzen mit ihrem Sirup untermischen und vom Herd nehmen. Das Natron mit dem Wasser verrühren und untermengen. Die Mischung, solange sie noch schäumt, in die trockenen Zutaten gießen und mit einem großen Rührlöffel sorgfältig einarbeiten.

Pro Keks drei Esslöffel Teig aufnehmen und zu gleich großen Kugeln formen – insgesamt sollten Sie zwölf Kugeln erhalten. Die Teigkugeln auf ein mit Backpapier bedecktes Blech legen und mit einem Metallspatel kreisrund möglichst flach drücken. Die Kekse 15–20 Minuten backen (mehrere Bleche nacheinander backen) und auf dem Blech abkühlen lassen. In einem luftdicht verschlossenen Behälter halten sich die Kekse bis zu 1 Woche.

Zutaten

2 Eier
150 ml Buttermilch
125 g Mehl
40 g Kartoffelstärke
½ TL Backpulver
1 Msp. Backnatron
65 g ungesüßter Kakao
¼ TL Salz
250 g feinster Zucker
110 g weiche Butter, in 3 cm große Würfel geschnitten
½ Rezeptmenge Schokoladenmousse für die Füllung (siehe Seite 268–269)
Himbeeren zum Servieren
Puderzucker zum Bestauben

Schokoladenkuchen
Für 10 Personen

Zubereitung

Den Ofen auf 180 °C vorheizen. Zwei runde Backformen von 20 Zentimeter Durchmesser einfetten und mit Backpapier auskleiden.

Die Eier und die Buttermilch in einer Schüssel gründlich verschlagen. Bis zur weiteren Verwendung beiseitestellen.

Das Mehl, die Kartoffelstärke, das Backpulver, das Backnatron, den Kakao und das Salz in die Rührschüssel der Küchenmaschine sieben und den Flachrührer einspannen. Den Zucker und die Butter zugeben und bei niedriger Geschwindigkeit etwa 1 Minute rühren, bis die Butter eingearbeitet ist. Die Geschwindigkeit auf mittlere Stufe erhöhen, in drei Portionen die Buttermilchmischung zugießen, jeweils etwa 30 Sekunden unterrühren und vor jeder weiteren Zugabe den Schüsselrand säubern. Den Teig auf die beiden Backformen verteilen und 20–25 Minuten backen. Zur Garprobe mit einem Spieß einstechen. Wenn nach dem Herausziehen kein Teig mehr an ihm haftet, sind die Böden fertig. Die Kuchen in der Form 10 Minuten abkühlen lassen und zum völligen Auskühlen auf ein Kuchengitter stürzen. Einen Boden mit der Schokoladenmousse bestreichen, den zweiten Boden auflegen und mit den Himbeeren dekorieren. Mit Puderzucker bestauben und servieren.

Anmerkung

Aus diesen Biskuitböden lassen sich die für die Törtchen auf Seite 268–269 benötigten Kuchenkrümel herstellen. Einen der Böden in drei Zentimeter große Würfel schneiden und auf einem Blech im 150 °C heißen Ofen etwa 30 Minuten trocknen. Portionsweise im Mixer grob zermahlen und erneut auf dem Blech 30 Minuten im Ofen trocknen. Wieder im Mixer zermahlen, abkühlen lassen und luftdicht verschlossen bis zu 5 Tage aufbewahren.

Zutaten

250 g Butter
300 g feinster Zucker
1 Vanilleschote, Mark herausgekratzt
4 Eier
300 g Mehl
2 TL Backpulver
200 g saure Sahne
24 pochierte Birnenspalten
(siehe Seite 188)
125 g frische Himbeeren

Wir füllen zuerst den Teig in die Form und verteilen dann die Früchte darauf. Während des Backens sinken sie bis auf den Formboden hinab.

Butterkuchen mit Birnen, Himbeeren und saurer Sahne

Für 16 Personen

Zubereitung

Den Ofen auf 200 °C vorheizen. Eine Backform von 28 Zentimeter Durchmesser so mit Backpapier auskleiden, dass das Papier 2,5 Zentimeter über den Rand hinausragt.

Die Butter, den Zucker und das Vanillemark in die Schüssel der Küchenmaschine geben und mit dem Rührbesen auf niedriger Stufe hellgelb und cremig rühren. Nacheinander die Eier hineinschlagen und vor jedem nächsten Ei vollständig einarbeiten. Das Mehl mit dem Backpulver mischen und durchsieben. Jeweils in zwei Portionen zuerst die saure Sahne, dann das Mehl zugeben und gründlich unterrühren. Die Masse mithilfe eines Teigschabers in die Form füllen und rundherum gleichmäßig die Birnenspalten darauf arrangieren. Die Himbeeren darüber verteilen und den Kuchen 55–75 Minuten backen. Zur Garprobe in der Mitte einen Spieß einstechen. Haftet nach dem Herausziehen kein Teig mehr daran, ist der Kuchen fertig. Wird er zu schnell braun, locker mit Backpapier bedecken. In der Form etwa 10 Minuten abkühlen lassen und zum vollständigen Erkalten auf ein Kuchengitter stürzen. Der Kuchen schmeckt am besten unmittelbar nach dem Abkühlen, lässt sich aber luftdicht verschlossen bis zu 3 Tage aufbewahren.

Abwandlung

Man kann auch zuerst die Früchte in die Form geben und dann den Teig einfüllen. Grundsätzlich sind alle frischen Früchte geeignet, solange sie nicht zu wasserhaltig sind. Feste Früchte sollten zuvor pochiert werden. Sie können den Kuchen auch ohne Früchte backen oder zwei Esslöffel Mohnsamen und die abgeriebene Schale von zwei unbehandelten Zitronen unter den Teig rühren.

Zutaten

7 Eier, raumtemperiert

175 g feinster Zucker

60 g Butter

170 g Mehl

200 ml Sahne, steif geschlagen

200 g Himbeerkonfitüre

Puderzucker zum Bestauben

Himbeer-Biskuittorte

Für 10 Personen

Den Ofen auf 190 °C vorheizen. Zwei runde Backformen von 20 Zentimeter Durchmesser einfetten und mit Backpapier auskleiden – das Papier sollte etwa 2,5 Zentimeter über den Formrand hinausragen.

Die Eier in die Rührschüssel der Küchenmaschine schlagen und den Rührbesen einspannen. Den Zucker einstreuen und bei hoher Geschwindigkeit 4–5 Minuten rühren, bis die Masse ihr Volumen fast verdreifacht hat. Inzwischen die Butter zerlassen und das Mehl dreimal durchsieben.

Die Schüssel von der Küchenmaschine herunternehmen und per Hand mit einem Schneebesen die Hälfte des Mehls unter die Eier-Zucker-Masse ziehen – sechs oder sieben Rührbewegungen sollten genügen. Das restliche Mehl ebenfalls rasch und behutsam unterheben, sodass die Luft nicht gänzlich wieder entweicht. Vorsichtig die zerlassene Butter einarbeiten; erneut darauf achten, dass der Teig möglichst wenig an Volumen einbüßt.

Den Teig in die vorbereiteten Formen gießen und 25–30 Minuten backen. Federt der Biskuit auf sanften Fingerdruck zurück, ist er fertig. Da er beim Backen leicht zusammenschrumpft, löst er sich vom Formrand. Die Biskuitböden in der Form 10 Minuten abkühlen lassen und dann zum vollständigen Erkalten auf ein Gitter stürzen.

Einen der Böden mit der Schlagsahne und der Himbeerkonfitüre bestreichen, den zweiten Boden auflegen und mit Puderzucker bestauben.

Zutaten

235 g Bitterschokolade (55 % Kakaogehalt), gehackt
150 g Mehl
40 g ungesüßter Kakao
1½ TL Backnatron
½ TL Salz
100 g Butter
240 g brauner Zucker
2 Eier
85 g getrocknete Sauerkirschen

Wenn perfekt gebacken, sind diese sehr gehaltvollen Kekse außen knusprig und innen cremig-zart. Der leicht säuerliche Anflug der getrockneten Sauerkirschen, auf die man sporadisch trifft, fängt den üppigen Eindruck etwas ab. Man kann sie durch andere Trockenfrüchte oder durch eine Nuss-Frucht-Mischung ersetzen.

Schokoladenkekse mit Sauerkirschen

Ergibt 12 Stück

Zubereitung

Den Ofen auf 165 °C vorheizen. Die Schokolade in eine große Edelstahlschüssel geben und auf einen Topf mit kochendem Wasser setzen, sodass der Schüsselboden das Wasser nicht berührt. Das Wasser noch 2 Minuten kochen lassen, dann den Herd ausschalten und die Schokolade unter Rühren schmelzen.

Das Mehl, den Kakao, das Backnatron und das Salz in eine Schüssel sieben.

Die Butter und den Zucker in die Rührschüssel der Küchenmaschine geben und den Rührbesen einspannen. Auf mittlerer Stufe hellgelb und cremig rühren. Nacheinander die Eier hineinschlagen, dabei jedes Ei einzeln vollständig einarbeiten, dann die geschmolzene Schokolade unterrühren. In drei Teilen die trockenen Zutaten zugeben und vor jeder weiteren Zugabe gründlich unterrühren.

Die Sauerkirschen unter den Teig heben. Der Teig kann sehr klebrig sein, in diesem Fall stellen Sie ihn vor dem Formen der Kekse 15 Minuten kalt. Pro Keks drei Esslöffel Teig aufnehmen und zu Kugeln rollen – insgesamt sollten Sie etwa zwölf Kugeln erhalten. Die Teigkugeln in ausreichendem Abstand voneinander auf ein mit Backpapier bedecktes Blech legen (am besten mit zwei Blechen arbeiten) und ein wenig flach drücken. Die ungebackenen Kekse 30 Minuten kalt stellen, damit sie sich etwas verfestigen, und dann 15–20 Minuten backen (mehrere Bleche nacheinander), bis sie knusprig und leicht aufgegangen sind. Auf dem Blech abkühlen lassen und genießen oder luftdicht verschlossen bis zu 3 Tage aufbewahren.

Zutaten

Bananenkuchen

250 g Butter

300 g feinster Zucker

1 Vanilleschote, längs gespalten

4 Eier

200 g saure Sahne

300 g Mehl

2 TL Backpulver

2–3 reife Bananen

20 g heller Zuckerrübensirup oder brauner Zucker

Karamellsauce

200 ml Sahne

100 ml Wasser

300 g feinster Zucker

30 ml Glukose (aus dem Reformhaus; nach Belieben)

80 g Butter

Bananenkuchen mit Karamellsauce

Für 16 Personen

Liegen zu Hause zu viele Bananen in der Obstschale, enden sie gewöhnlich in diesem Kuchen. Wenn es die Zeit erlaubt, sollten Sie sich unbedingt auch die Karamellsauce zum Übergießen des Kuchens gönnen, wenngleich er auch solo ausgezeichnet mundet. Die Zutaten für die Sauce sind sehr reichlich bemessen (kleinere Mengen drohen leichter anzubrennen), doch die Reste halten sich im Kühlschrank mindestens eine Woche und schmecken auch über Eiscreme gegossen hervorragend. Man kann den Karamell auch als Basis für eine Schokoladentarte verwenden. Der im Kühlschrank erstarrte Karamell lässt sich durch behutsames Erwärmen wieder verflüssigen. Die Glukose verhindert das Auskristallisieren des Zuckers, ist aber nicht obligatorisch.

Zubereitung

Den Ofen auf 200 °C vorheizen. Eine runde Backform von 28 Zentimeter Durchmesser einfetten und mit Backpapier auskleiden – das Papier sollte 2,5 Zentimeter über den Rand hinausragen.

Den Rührbesen in die Küchenmaschine einspannen. Die Butter, den Zucker und das ausgekratzte Vanillemark in die Schüssel geben und auf niedriger Stufe hellgelb und cremig rühren. Nacheinander die Eier hineinschlagen und vor jedem nächsten Ei gründlich einarbeiten. Jeweils in zwei Portionen zuerst die saure Sahne, dann das mit dem Backpulver vermischte und durchgesiebte Mehl unterrühren.

Die Bananen leicht zerdrücken und mit dem Zuckerrübensirup beträufeln oder mit dem braunen Zucker bestreuen. Die Masse leicht unter den Teig ziehen, die Mischung in die vorbereitete Form füllen und 55–75 Minuten backen. Zur Garprobe mit einem Spieß einstechen. Wenn nach dem Herausziehen kein Teig mehr anhaftet, ist der Kuchen fertig. Wird er zu schnell braun, mit einem Stück Backpapier locker bedecken.

Inzwischen für die Karamellsauce die Sahne in einem Topf bei starker Hitze bis knapp unter den Siedepunkt erwärmen.

Das Wasser, den Zucker und die Glukose, falls verwendet, in einem großen Topf vermengen und bei starker Hitze erwärmen. Sobald sich der Zucker aufgelöst hat, nicht mehr rühren und den Sirup weitere 7–10 Minuten erhitzen, bis er sich goldbraun gefärbt hat. Von der Kochstelle nehmen (der Karamell dunkelt noch etwas nach, also rechtzeitig vom Herd nehmen).

Die heiße Sahne in den Karamell gießen – seien Sie sehr vorsichtig und halten Sie etwas Abstand, da der kochend heiße Karamell im Topf schlagartig aufwallt und sein Volumen dabei fast vervierfacht. Wieder auf den Herd stellen und glatt rühren. Die Sauce etwas abkühlen lassen und die Butter unterschlagen.

Den Kuchen aus dem Ofen nehmen und etwa 10 Minuten abkühlen lassen. Aus der Form lösen und auf einer großen Platte anrichten. Die Oberfläche mit einem Spieß etwa 40-mal einstechen und mit der Karamellsauce überziehen, solange der Kuchen noch warm ist.

Zutaten

250 g Bitterschokolade (55 % Kakaoanteil), fein gehackt

135 ml Milch

40 g Joghurt

4 Eier

100 g feinster Zucker für die Eier

4 Eiweiß

150 g feinster Zucker für die Eiweiße

125 ml Sahne

55 g ungesüßter Kakao, durchgesiebt

Dies ist ein fabelhafter Kuchen – im Grunde ist es eher so eine Art gegarte Mousse. Beim Backen geht er enorm auf, um gleich wieder zusammenzufallen, sobald er aus dem Ofen kommt, sodass der Kern relativ kompakt ist. Am besten schmeckt er innerhalb der ersten vier Stunden, solange die Kruste noch knusprig ist. Das Schöne an diesem Kuchen – und an Schokoladengebäck ganz allgemein: Selbst, wenn nicht alles ganz rund läuft, schmeckt das Ergebnis immer noch ganz passabel, es sei denn, man lässt ihn verbrennen.

Schokoladenkuchen ohne Mehl

Für 12 Personen

Zubereitung

Den Ofen auf 150 °C vorheizen. Eine Springform von 20 Zentimeter Durchmesser einfetten und mit Backpapier auskleiden – das Papier sollte etwa 2,5 Zentimeter über den Rand hinausragen.

Die Schokolade in eine Edelstahlschüssel geben und auf einen Topf mit kochendem Wasser setzen – die Schüssel darf das Wasser nicht berühren und sollte groß genug sein, um sämtliche Zutaten aufzunehmen. Das Wasser noch 2 Minuten köcheln lassen, dann den Herd ausschalten und die Schokolade unter Rühren langsam schmelzen.

Die Milch und den Joghurt in einem Topf auf mittlerer bis hoher Stufe aufkochen. Die Herdplatte ausschalten – die Mischung sollte jetzt geronnen sein.

Die Eier und den Zucker für die Eier in die Schüssel der Küchenmaschine geben und mit dem Rührbesen bei mittlerer Geschwindigkeit etwa 10 Minuten verschlagen, bis die Masse sehr hell ist und ihr Volumen verdoppelt hat.

Die Eiweiße in einer ganz sauberen Schüssel steif schlagen, bis sich weiche Spitzen bilden. Nach und nach den Zucker einstreuen und weiterschlagen, bis der Eischnee glänzt; jedoch nicht zu lange schlagen. In den Kühlschrank stellen.

Die Sahne steif schlagen, bis sich weiche Spitzen bilden, und ebenfalls bis zur Verwendung kalt stellen.

Zum Mischen des Teiges die geschmolzene Schokolade, die Milch-Joghurt-Mischung, die verschlagenen Eier, den Eischnee, die Schlagsahne und den Kakao bereitstellen. Die geronnene Milch in die Schokolade gießen und mit dem Schneebesen unterrühren. Sorgfältig den Kakao untermischen und in drei Portionen die verschlagenen Eier einarbeiten. Insbesondere die erste Portion vollständig unterrühren – bei den folgenden dürfen ruhig noch Streifen von Ei die Masse durchziehen. Den Eischnee locker unter die Schlagsahne heben, sodass möglichst wenig Luft entweicht, und die Mischung in drei Portionen unter die Schokomasse ziehen. Vor jeder weiteren Zugabe erst vollständig einarbeiten.

Den Teig mithilfe eines Teigschabers in die vorbereitete Form füllen. Zum Glätten des Teiges die Form zweimal sanft auf die Arbeitsfläche aufschlagen lassen. Den Kuchen 75–90 Minuten backen. (Wenn schon in den ersten 25 Minuten der Duft von Kuchen in der Luft liegt, ist die Ofentemperatur zu hoch und muss reduziert werden.) Den Kuchen innerhalb der ersten 45 Minuten in Ruhe lassen und dann drehen, damit er gleichmäßig backt. Eventuell mit Backpapier bedecken oder die Hitze etwas herunterstellen, wenn er zu schnell bräunt. Zur Garprobe die Oberfläche des Kuchens sanft mit der Handfläche berühren (passen Sie auf, dass Sie sich nicht verbrennen) und behutsam rütteln; so lässt sich ertasten, ob die Masse gestockt ist. Aus dem Ofen nehmen und etwa 30 Minuten in der Form abkühlen lassen. Aus der Form lösen und nach dem völligen Erkalten auf einer Platte anrichten.

Zum Schneiden des Kuchens eignet sich am besten ein Messer mit schmaler Klinge. Eine Kanne mit heißem Wasser bereitstellen, die Klinge etwa 10 Sekunden hineintauchen, mit einem Küchentuch abtrocknen und ein Stück abschneiden. Vor jedem weiteren Stück das Messer erneut ins Wasser tauchen.

Anmerkung

Dieser Schokoladenkuchen hält sich in einem luftdicht verschlossenen Behälter bei Raumtemperatur 1–2 Tage, im Kühlschrank bis zu 5 Tage. Vor dem Servieren sollte er mindestens 2 Stunden wieder auf Raumtemperatur erwärmt oder, besser noch, im 150 °C heißen Ofen etwa 10 Minuten aufgebacken werden. Sie können ihn auch portionsweise 6–8 Minuten dämpfen und mit frischen Beerenfrüchten und Schlagsahne garniert servieren.

Zutaten

150 g gemahlene Mandeln

90 g Mehl

240 g Puderzucker

1 TL Backpulver

280 ml (etwa 8) Eiweiß

250 g Butter, zerlassen

6 Erdbeeren, entstielt und halbiert

Diese kleinen Mandelbiskuits, auch *friands* genannt, pflegten wir immer so zu backen, dass sie pünktlich zur Ladenöffnung für unsere Kunden zum Morgenkaffee fertig waren – ein feines Frühstücksgebäck, das sich in kleinen Förmchen gebacken auch für *petits fours* eignet. Garniert wird es mit einem Stückchen einer saisonalen Frucht, beispielsweise Erdbeeren, Blaubeeren, Himbeeren, Mango oder Kiwi. Sie können die gemahlenen Mandeln zur Hälfte durch gemahlene Kokosraspel oder gemahlene Pistazien ersetzen, um Geschmack und Konsistenz etwas abzuwandeln. Eventuell verbliebener Teig lässt sich etwa 3 Tage im Kühlschrank aufbewahren.

Erdbeer-Financiers

Ergibt 12 Stück

Zubereitung

Den Ofen auf 190 °C vorheizen. Ein Standard-Muffin-Blech mit zwölf Vertiefungen leicht ausbuttern.

Die gemahlenen Mandeln, das Mehl, den Puderzucker und das Backpulver in einer großen Schüssel vermengen. Nach und nach die Eiweiße zugeben und vor jeder weiteren Zugabe gründlich unterrühren. Die zerlassene Butter zugießen und weiterrühren, bis sämtliche Zutaten gut vermengt sind.

Den Teig bis fast zum Rand in die vorbereiteten Muffin-Formen füllen und in die Mitte behutsam eine halbe Erdbeere setzen. Die kleinen Biskuits etwa 30 Minuten backen, bis sie goldgelb sind. Zur Garprobe mit einem Spieß einstechen. Haftet nach dem Herausziehen kein Teig mehr daran, sind sie fertig. Aus der Form lösen und auf einem Kuchengitter abkühlen lassen.

Zutaten

- 400 g Mehl
- 2 TL Backpulver
- 300 g feinster Zucker
- 300 g Butter
- 480 ml Buttermilch
- 3 Eier
- 150 g Erdbeeren, entstielt und in Scheiben geschnitten
- 150 g Himbeeren
- 150 g Blaubeeren
- 30 g Demerara-Zucker

Muffins oder nicht? Puristen sagen nein, da Muffins gewöhnlich weniger Zucker enthalten und mit Pflanzenöl statt mit Butter gebacken werden. Außerdem ist ihr Mehlanteil relativ gering, was sich in einer mehr puddingähnlichen Konsistenz niederschlägt, wie unsere Kunden es beschreiben. Muffins hin oder her, es ist in jedem Fall ein bei Naschkatzen sehr populäres Frühstücksgebäck. Die möglichen Fruchtkombinationen sind nahezu unbegrenzt, lassen Sie Ihrer Fantasie freien Lauf, aber wählen Sie saisonale Früchte.

Beeren-Muffins

Ergibt 12 Muffins

Zubereitung

Den Ofen auf 190 °C vorheizen. Zwei große Muffinformen mit je sechs Vertiefungen mit Papierförmchen auskleiden.

Das Mehl und das Backpulver in eine große Schüssel sieben, den Zucker zugeben und gründlich vermengen.

Die Butter in einem Topf bei mittlerer Hitze zerlassen, vom Herd nehmen und die Buttermilch einrühren. Mit einem Schneebesen die Eier unterschlagen, die Mischung in die trockenen Zutaten gießen und verrühren – keine Sorge, wenn zu diesem Zeitpunkt noch ein paar kleine Mehlklümpchen im Teig sind. Mit einem großen Rührlöffel vorsichtig die Früchte unterziehen.

Den Teig nicht ganz bis zum Rand in die vorbereiteten Muffinformen füllen und mit dem Demerara-Zucker bestreuen. Die Ofentemperatur auf 180 °C reduzieren und die Muffins 25–30 Minuten backen. Falls sie sich bereits 10 Minuten vor Ende der Backzeit braun färben, die Temperatur noch einmal herunterstellen. Zur Garprobe mit dem Finger leicht andrücken (sie sollten sich fest anfühlen) und ein Muffin aus der Form heben – es sollte auch von unten gebräunt sein. Die Muffins 10 Minuten in den Formen abkühlen lassen und zum vollständigen Erkalten auf ein Gitter setzen.

Zutaten

400 g Mehl
2 TL Backpulver
300 g feinster Zucker
300 g Butter
480 ml Buttermilch
3 Eier
225 g Bitterschokolade (55 % Kakaogehalt), grob gehackt
225 g Himbeeren
50 g Demerara-Zucker
Puderzucker zum Bestäuben

Dies sind die beliebtesten Muffins bei uns in der Bourke Street Bakery. Warm aus dem Ofen genossen, solange die Schokolade noch weich ist, sind sie wirklich ein absoluter Leckerbissen.

Himbeer-Muffins mit Schokolade

Ergibt 12 Muffins

Zubereitung

Den Ofen auf 190 °C vorheizen. Zwei große Muffinformen mit sechs Vertiefungen mit Papierförmchen auskleiden.

Das Mehl und das Backpulver in eine große Schüssel sieben, den Zucker zugeben und gründlich untermengen.

Die Butter in einem Topf bei mittlerer Hitze zerlassen, vom Herd nehmen und die Buttermilch einrühren. Mit einem Schneebesen die Eier unterschlagen, die Mischung in die trockenen Zutaten gießen und verrühren – es macht nichts, wenn sich ein paar kleine Mehlklümpchen bilden. Mit einem großen Rührlöffel vorsichtig die Schokolade und die Himbeeren unterziehen.

Den Teig nicht ganz randhoch in die vorbereiteten Muffin-Formen füllen und mit dem Demerara-Zucker bestreuen. Die Ofentemperatur auf 180 °C reduzieren und die Muffins 25 – 30 Minuten backen. Die Temperatur 10 Minuten vor Ende der Backzeit eventuell noch einmal herunterstellen, falls sich die Muffins schon braun färben. Zur Garprobe mit dem Finger leicht andrücken (es sollte sich fest anfühlen) und ein Muffin aus der Form heben, um sicherzustellen, dass es auch von unten gebräunt ist. Aus dem Ofen nehmen und in der Form 10 Minuten abkühlen lassen. Vor dem Servieren mit Puderzucker bestäuben.

Zutaten

300 g entsteinte Backpflaumen, halbiert
200 ml Weinbrand, Cognac oder heißer schwarzer Tee
55 g Mehl
40 g ungesüßter Kakao
¼ TL Salz
2 TL Backpulver
300 g gute Bitterschokolade (55 % Kakaogehalt)
80 g Butter
300 g feinster Zucker
4 Eier
100 g saure Sahne
150 g dunkle Schokoladentröpfchen (55 % Kakaogehalt)

Durch die Pflaumen in Weinbrand wird dieser Brownie besonders saftig. Anstelle des Alkohols können Sie schwarzen Tee nehmen, der ebenfalls für ein wunderbares Aroma sorgt. Die Pflaumen lassen sich durch andere Trockenfrüchte und Nüsse ersetzen.

Schokoladen-Brownies mit Pflaumen

Ergibt 32 Brownies

Zubereitung

Die Backpflaumen in einer Schüssel mit dem Weinbrand, Cognac oder Tee übergießen und zugedeckt 3 Tage quellen lassen.

Den Ofen auf 170 °C vorheizen. Eine viereckige Backform mit den Maßen 20 × 30 × 4 Zentimeter einfetten und Boden und Rand mit Backpapier auskleiden. Das Mehl, den Kakao, das Salz und das Backpulver in eine Schüssel sieben.

Die Schokolade, die Butter und den Zucker in eine Edelstahlschüssel geben und auf einen Topf mit kochendem Wasser setzen – der Schüsselboden darf das Wasser nicht berühren. 10 Minuten umrühren, bis die Schokolade geschmolzen ist. Die Mischung abkühlen lassen und in die Rührschüssel der Küchenmaschine geben. Nach und nach die Eier hineinschlagen und vor jedem nächsten Ei mit dem Flachrührer auf mittlerer Stufe gründlich einarbeiten. Zuerst die Mehlmischung unterrühren, dann die saure Sahne, die Schokoladentröpfchen und die Backpflaumen samt Einlegeflüssigkeit zugeben und zügig untermengen.

Den Teig in die vorbereitete Form füllen und 1 Stunde backen, bis er nur eben gestockt ist. Zur Garprobe mit der Hand in der Mitte sanft berühren und leicht rütteln, so lässt sich ertasten, ob der Teig fest ist. Vollständig abkühlen lassen, aus der Form lösen und mit einem heißen Messer in quadratische Stücke schneiden. In Frischhaltefolie gewickelt halten sich die Brownies bei Raumtemperatur etwa 4 Tage.

Zutaten

1,125 kg Mehl
5 g Salz
5 g Backnatron
15 g gemahlener Ingwer
5 g gemahlener Zimt
5 g abgeriebene Muskatnuss
400 g Butter
400 g brauner Zucker
320 g heller Zuckerrübensirup oder Honig
1 Ei
4 Eigelb

Zuckerguss
250 g Puderzucker
1 Eiweiß
½ TL frisch gepresster Zitronensaft

Ingwerkekse

Ergibt 48 Kekse

Diese Ingwerkekse sind vor allem für Kinder ein Heidenspaß, weil man sie in alle möglichen Figuren schneiden, anschließend mit Zuckerguss bemalen und mit kleinen Bonbons verzieren kann. Man kann sogar ein Lebkuchenhaus daraus bauen: aus dem rohen Teig werden zunächst die Einzelteile in der gewünschten Größe zugeschnitten – nicht zu dünn ausrollen, sonst zerbrechen sie später zu leicht – und nach dem Backen auf einer festen Unterlage Stück für Stück zusammengesetzt. Als Mörtel dient Zuckerguss.

Zubereitung
Den Ofen auf 170 °C vorheizen. Für den Teig das Mehl, das Salz, das Natron und die Gewürze in eine große Schüssel sieben. Die Butter, den Zucker und den Zuckerrübensirup in eine weitere große Schüssel geben und mit dem elektrischen Handrührgerät auf mittlerer Stufe hellgelb und cremig schlagen. Nach und nach in kleinen Mengen das Ei und die Eigelbe zugeben und sorgfältig unterrühren. In drei Portionen die trockenen Zutaten hinzufügen und vollständig einarbeiten. Den Teig in vier gleich große Portionen teilen und jede Portion zu einer runden Scheibe abflachen. Einzeln in Frischhaltefolie wickeln und mindestens für 20 Minuten oder bis zu 3 Tage in den Kühlschrank legen.

Den Teig aus dem Kühlschrank nehmen und etwas erwärmen lassen, damit er wieder geschmeidig wird. Jede Teigportion zwischen zwei Lagen Backpapier etwa drei Millimeter dünn ausrollen und mit Ausstechern oder einem Messer in die gewünschten Formen und Figuren schneiden. Die Teigreste erneut ausrollen und zuschneiden, bis sämtlicher Teig verwertet ist.

Die Plätzchen auf mit Backpapier ausgekleidete Bleche legen und blechweise 15–20 Minuten backen, bis sie goldbraun und leicht aufgegangen sind. Auf dem Blech abkühlen lassen.

Inzwischen den Zuckerguss vorbereiten. Den Puderzucker fein sieben. Das Eiweiß in eine Schüssel geben, einen Esslöffel Puderzucker hinzufügen und mit einem Holzlöffel zu einer glatten Paste verrühren. Esslöffelweise weiteren Puderzucker einstreuen, dabei jede Portion sorgfältig unterrühren. Zuletzt den Zitronensaft untermengen – die Masse sollte sich durch eine feine Spritztülle pressen lassen. Sie können den Zuckerguss auch in kleinere Portionen teilen und mit Lebensmittelfarbe unterschiedlich einfärben. Den Zuckerguss in einen Spritzbeutel mit feiner Tülle oder in ein Spritztütchen aus Backpapier füllen und die Plätzchen dekorativ verzieren. Nach dem Aushärten des Zuckergusses die Plätzchen servieren oder luftdicht verschlossen bis zu 2 Wochen aufbewahren.

Zutaten

175 g Butter
250 g Mehl
60 g Reismehl
1 TL Backpulver
½ TL Salz
125 g feinster Zucker
80 g Macadamia-Nüsse, gehackt

Bei diesem sehr buttrigen Shortbread (ursprünglich ein schottisches Mürbeteiggebäck) kann man die Macadamia-Nüsse durch jede andere Sorte von Nüssen ersetzen oder auch ganz weglassen. Achten Sie darauf, dass der Teig beim Backen nicht zu dunkel wird. Shortbread sollte goldgelb sein.

Shortbread mit Macadamia-Nüssen

Ergibt 16 Stück

Zubereitung

Den Ofen auf 180 °C vorheizen. Eine quadratische Backform mit 20 Zentimeter Kantenlänge und etwa vier Zentimeter Höhe mit Backpapier auskleiden.

Die Butter 20 Minuten vor der Verarbeitung aus dem Kühlschrank nehmen. Das Mehl, das Reismehl, das Backpulver und das Salz in eine Schüssel sieben. Den Zucker zugeben und vermengen.

Die Butter in 1,5 Zentimeter kleine Würfel schneiden und mit den Fingern sanft in die trockenen Zutaten reiben, bis die Mischung von krümeliger Beschaffenheit ist. Die Macadamia-Nüsse zugeben, die Zutaten weiter ineinanderreiben und zu einem Teig kneten.

Den Teig in die vorbereitete Form drücken und mit dem Rücken eines Löffels sorgfältig glätten, sodass er überall gleichmäßig dick ist. Im Kühlschrank 20 Minuten ruhen lassen.

Das Shortbread 30–40 Minuten backen, bis es goldgelb ist und sich fest anfühlt. In der Form abkühlen lassen, stürzen und mit einem Sägemesser in fingergroße Stücke schneiden. Shortbread lässt sich in einem luftdicht verschlossenen Behälter bis zu 5 Tage aufbewahren.

Zutaten

Weihnachtlicher Früchtemix
(die Früchte 5 Wochen im Voraus einlegen)

50 g feinster Zucker
50 ml Wasser
160 ml Weinbrand
90 g Sultaninen
80 g Korinthen
80 g entsteinte Backpflaumen
80 g entsteinte frische Datteln
150 g Rosinen
50 g Orangeat und Zitronat
135 g getrocknete Feigen, gehackt

Kuchen
100 g Mehl
½ TL Lebkuchengewürz
15 g gemahlene Mandeln
110 g Butter
100 g brauner Zucker
2 TL Honig
2 EL dunkler Zuckerrübensirup
1 TL Orangenmarmelade
3 Eier, leicht verquirlt
150 ml Weinbrand, zum Tränken

Weinbrandbutter
200 g weiche Butter
125 g Puderzucker, gesiebt
60 ml Weinbrand

Weihnachtsfrüchtekuchen
Für 12–16 Personen

Zubereitung

Für die eingelegten Früchte den Zucker und das Wasser in einem Topf bei starker Hitze unter Rühren aufkochen, bis sich der Zucker aufgelöst hat; abkühlen lassen. Den Weinbrand und den abgekühlten Sirup in einen luftdicht verschließbaren Behälter gießen, sorgfältig die Früchte untermischen und diese fest verschlossen 5 Wochen bei Raumtemperatur stehen lassen. In der ersten Woche die Früchte täglich umrühren, in den folgenden Wochen genügt einmaliges Rühren pro Woche – am Ende sollte sich ein sämiger Sirup-Früchtemix gebildet haben. Möchten Sie den Kuchen zu einem späteren Zeitpunkt backen, können Sie die Früchte bis zu 2 Monate im Kühlschrank lagern – sie werden nur noch besser.

Sobald Sie startbereit sind, den Ofen auf 190 °C vorheizen und zwei runde Backformen von 12,5 Zentimeter Durchmesser einfetten und vollständig mit Backpapier auskleiden.

Das Mehl, das Lebkuchengewürz und die Mandeln in eine Schüssel sieben. Die Butter, den Zucker, den Honig, den Zuckerrübensirup und die Marmelade mit dem Flachrührer in der Küchenmaschine hellgelb und cremig rühren. In kleinen Mengen die verquirlten Eier einarbeiten und vor jeder weiteren Zugabe gründlich unterrühren – darauf achten, dass die Mischung nicht gerinnt – wenn sich die Zutaten ansatzweise wieder trennen, einfach ein wenig von der Mehlmischung zugeben, damit sie sich wieder verbinden. Bei laufendem Gerät das Mehl einstreuen. Sobald das Mehl untergemengt ist, die Küchenmaschine sofort ausschalten. Per Hand mit einem Lebensmittelhandschuh 900 Gramm der eingelegten Früchte unter den Teig ziehen.

Den Teig auf die vorbereiteten Formen aufteilen und diese kräftig auf die Arbeitsfläche aufschlagen, damit sich der Teig glättet. Die Formen auf ein Blech stellen und in den Ofen schieben. Die Temperatur auf 160 °C reduzieren und die Kuchen etwa 40 Minuten backen. Das Blech drehen und die Kuchen weitere 20 Minuten backen. Zur Garprobe in der Mitte einen Spieß einstechen. Die Kuchen sind fertig, wenn nach dem Herausziehen kein Teig mehr an dem Spieß haftet. Insgesamt kann das Backen bis zu 1 Stunde 20 Minuten dauern. Bräunt der Kuchen zu schnell, die Oberfläche mit einem Stück Backpapier bedecken. Aus dem Ofen nehmen und in der Form abkühlen lassen.

Die Kuchen aus der Form lösen und mit einem Spieß je 20–30-mal etwa drei Viertel tief einstechen. Je zwei große Bögen Alufolie und Backpapier zuschneiden. Die Alubögen nebeneinander auf die Arbeitsfläche legen und mit dem Backpapier bedecken. Die Kuchen daraufstellen und die Folie mit dem Backpapier rundherum so hochschlagen, dass sie ganz eng anliegt. Über den Kuchen verschließen, sodass eine undurchlässige Hülle entsteht, die später beim Tränken durchsickernden Weinbrand zurückhält.

Zum Tränken die Hülle oben öffnen und die Oberfläche jedes Kuchens mit etwa einem Teelöffel Weinbrand beträufeln. Diesen Vorgang 8–10 Wochen lang alle 3–4 Tage wiederholen, bis der Teig keine Flüssigkeit mehr aufnimmt. Achten Sie darauf, die Folie nach dem Tränken wieder fest zu verschließen, damit der Weinbrand nicht verdunstet und der Kuchen am Ende austrocknet. Am besten lagern Sie die Kuchen zusätzlich in einem luftdicht verschlossenen Behälter, damit sie sicher vor Ameisen und anderen Insekten sind, die ebenfalls Kuchen (und Alkohol) nicht verschmähen. Die gesättigten Kuchen sorgfältig eingewickelt in dem Behälter bis zum Servieren an einem dunklen Ort lagern.

Für die Weinbrandbutter die Butter und den Puderzucker in der Küchenmaschine auf mittlerer Stufe hellgelb und schaumig schlagen. Bei laufendem Gerät nach und nach den Weinbrand zugießen und vor jedem nächsten Schuss gründlich unterrühren. Die fertige Weinbrandbutter fest verschlossen im Kühlschrank lagern. Gut gekühlt hält sie sich 2 Wochen. Vor dem Servieren wieder auf Raumtemperatur bringen.

Unsere Weihnachtskuchen werden von Hand in Kaliko verpackt, verschnürt und in den Wochen vor Weihnachten zum Verkauf ausgestellt. Da sie sehr gehaltvoll sind und nach einem üppigen Weihnachtsessen gewöhnlich bereits eine kleine Portion genügt, sind es relativ kleine Kuchen. Sie backen sehr langsam – bei einem größeren Format sollte die Form mit Backpapier ausgelegt werden, damit der Kuchen an den Seiten nicht verbrennt. Das Rezept ergibt zwei kleine Kuchen, doch können Sie die Mengen problemlos verdoppeln oder verdreifachen, solange Sie eine ausreichend große Küchenmaschine haben, die damit fertig wird.

Der Teig ist ziemlich kompakt und strotzt vor Früchten. Wie jeder gute Früchtekuchen muss er einige Monate im Voraus gebacken und anschließend bis zu zehn Wochen lang alle drei oder vier Tage getränkt werden. Sie können ihn auch im Dämpftopf oder in der Mikrowelle erhitzen und warm mit Weinbrandbutter servieren. Die Weinbrandbutter lässt sich ebenfalls im Voraus zubereiten, sodass Sie am Tag X weniger Arbeit haben.

Desserts

Hier finden Sie ein paar Süßspeisen, die wir liebend gern zubereiten, aber nur zu besonderen Anlässen anbieten. So unterschiedlich sie sind, sie alle geben ein wunderbares Dessert ab, sei es auf einem Büfett, zu Hause auf dem Esstisch oder zu einem festlichen Anlass.

Zutaten

100 g (etwa 3) Eiweiß
200 g feinster Zucker

Wir haben festgestellt, dass für einzelne Baisers mit weichem Kern die einfache Baisermasse, auch Schweizer Baisermasse genannt, am besten geeignet ist. Das Grundrezept besteht aus Zucker und Eiweiß im Verhältnis zwei zu eins. Die Masse wird zunächst im Wasserbad erwärmt, um den Zucker aufzulösen, und anschließend steif geschlagen, bis sich feste Spitzen bilden. Als kleine geschmackliche Beigabe können Sie die Baisers kurz vor dem Backen mit ein wenig ungesüßtem Kakaopulver bestauben oder aus einer Quetschflasche (wie für Ketchup) einige Schnörkel Fruchtsauce aus pürierten Himbeeren, Erdbeeren oder anderen Früchten aufspritzen.

Baisers

Ergibt 12 – 18 kleine oder 4 – 6 große Baisers

Zubereitung

Den Ofen auf 130 °C vorheizen. Die Eiweiße und den Zucker in einer ganz sauberen Edelstahlschüssel verrühren. Die Schüssel auf einen Topf mit kochendem Wasser setzen und beständig rühren, bis sich der Zucker aufgelöst hat; regelmäßig mit einem Gummispatel den Schüsselrand säubern, damit sich keine Zuckerkristalle absetzen. Sobald sich der Zucker vollständig aufgelöst hat und eine klare Flüssigkeit entstanden ist, die Schüssel vom Topf nehmen und den Boden abtrocknen, damit kein Wasser in die Mischung geraten kann. Die warme Flüssigkeit in die saubere Schüssel der Küchenmaschine gießen und mit dem Rührbesen 10 Minuten auf hoher Stufe schlagen, bis die Masse kalt ist und feste Spitzen zieht.

Die Baisermasse mit dem Löffel oder einem Spritzbeutel in der gewünschten Form direkt auf mit Backpapier ausgekleidete Bleche auftragen. Die Bleche in den Ofen schieben, die Temperatur auf 100 °C reduzieren und die Baisers etwa 1 Stunde 30 Minuten backen, bis sie außen knusprig, innen aber noch weich sind. Wer sie durchgebacken bevorzugt, kann die Baisers bis zu 6 Stunden im Ofen trocknen lassen. Der Gargrad lässt sich am einfachsten testen, indem man ein Baiser auseinanderbricht – es sollte außen knusprig und im Kern gestockt und warm, jedoch noch weich wie ein Marshmallow sein. Die Garzeit kann je nach Größe der Baisers erheblich variieren. Die Baisers auf Kuchengittern abkühlen lassen und servieren. In einem luftdicht verschlossenen Behälter halten sie sich 2 – 3 Tage.

Abwandlung

Schokoladenbaisers sind bei Kindern und Erwachsenen beliebt. Wir machen sie nur, wenn sie in den Zeitplan passen oder wir reichlich Eiweiß von anderen Zubereitungen übrig haben. Manchmal gehen bis zur nächsten Produktion sechs Monate ins Land, in denen die Proteste immer lauter und beharrlicher werden.

Nachdem Sie die Baisermasse fertiggestellt haben, 100 Gramm ungesüßten Kakao in eine große Schüssel sieben. Mit einem großen Servierlöffel ein Baiser von Tennisballgröße abstechen und durch leichtes Schwenken der Schüssel in dem Kakao wenden, bis es rundherum bedeckt ist. Vorsichtig herausheben und auf ein mit Backpapier bedecktes Blech setzen. Die restliche Masse in gleicher Weise verarbeiten, das ergibt insgesamt sechs Baisers. Die Fingerspitzen leicht in die Baisers tauchen und wieder herausziehen, sodass sich weiß-braune Spitzen bilden. Die Baisers bei 100 °C etwa 1 Stunde 30 Minuten backen, bis sie außen knusprig, innen jedoch noch weich sind.

Wie man erfolgreich Baisers backt

- Für ein erstklassiges Ergebnis muss sämtliches Arbeitsgerät makellos sauber sein. Schüsseln und Rührwerkzeuge zuerst gründlich abwaschen, etwaige Fettrückstände mit Zitronensaft entfernen und sorgfältig abtrocknen.
- Trennen Sie die Eier ganz sauber. Bereits geringste Spuren von Eigelb im Eiweiß verhindern, dass der Eischnee sein volles Volumen erreicht; schlimmstenfalls wird er überhaupt nicht steif.
- In einer Kupferschüssel aufgeschlagene Baisermasse entwickelt besonders viel Volumen und ist formbeständiger.
- Hohe Luftfeuchtigkeit in der Küche kann sich nachteilig auf die Baisermasse auswirken. Die Masse sollte nach dem Aufschlagen nicht lange in der Schüssel ruhen, sondern möglichst unverzüglich weiterverarbeitet und gebacken werden.

Zutaten

Baisermasse

4 Eiweiß

250 g feinster Zucker

⅓ TL natürlicher Vanilleextrakt

⅓ TL Weißweinessig

Mascarponecreme

2 Eiweiß

25 g feinster Zucker für die Eiweiße

2 Eigelb

35 g feinster Zucker für die Eigelbe

500 g Mascarpone

2–3 reife Mangos

125 ml Passionsfruchtmark

Baiserschichttorte mit Passionsfrucht und Mango

Für 10 Personen

Dieses Dessert ist eine Kreuzung aus der klassischen Pavlova-Baisertorte und dem italienischen Tiramisu. Anstelle der Löffelbiskuits im traditionellen Tiramisu verwenden wir für unsere Version Baiserplatten, die mit Mascarpone, frischen Mangos und Passionsfrüchten in eine Form geschichtet werden. Sie können das Dessert im Büfettstil in der Form servieren, sodass sich jeder selbst bedienen kann oder, wenn es etwas festlicher zugehen soll, in eine Springform mit 30 Zentimeter Durchmesser schichten, wie eine Torte in Stücke portionieren und auf Einzeltellern angerichtet servieren.

Zubereitung

Den Ofen auf 140 °C vorheizen. Drei Backbleche von 30 × 20 Zentimeter Größe mit Backpapier auskleiden.

Für die Baisermasse die Eiweiße in die ganz saubere Schüssel der Küchenmaschine geben, den Rührbesen einspannen und die Eiweiße auf hoher Stufe steif schlagen, bis sich feste Spitzen bilden. Bei laufendem Gerät langsam den Zucker einstreuen und weiterschlagen, bis die Masse glänzt. Mit einem Gummispatel den Vanilleextrakt und den Essig unterziehen. Die Baisermasse auf die Bleche verteilen, mit einer Palette zügig und gleichmäßig verstreichen und 20–25 Minuten backen, bis sie leicht Farbe zu nehmen beginnt. Die Bleche während des Backens zweimal umschichten. Die Baiserplatten auf ihrem Blech abkühlen lassen und mit einem Messer rundherum vom Rand lösen. Herunternehmen und bis zur Weiterverarbeitung kühl lagern.

Für die Mascarponefüllung die Eiweiße in der ganz sauberen Schüssel der Küchenmaschine auf hoher Stufe steif schlagen, bis sich weiche Spitzen formen. Bei laufendem Gerät nach und nach den Zucker einstreuen – die Masse nicht zu steif schlagen. In eine andere Schüssel umfüllen und bis zur Verwendung kalt stellen.

Schüssel und Rührbesen der Küchenmaschine gründlich reinigen, die Eigelbe und den Zucker hineingeben und auf mittlerer Stufe hellgelb schlagen. Den Mascarpone zugeben und etwa 30 Sekunden unterrühren, bis die Mischung relativ glatt ist. Die Schüssel aus der Maschine ausspannen und in zwei Portionen den gekühlten Eischnee unterziehen; sehr behutsam vorgehen, damit die eingearbeitete Luft nicht wieder entweicht.

Die Mangos schälen und etwa fünf Millimeter dünn in Scheiben schneiden. Die erste Baiserplatte in eine Auflaufform von 20 × 30 × 6 Zentimeter Größe legen; falls nötig an den Rändern passend zurechtschneiden. Die Hälfte der Mascarponecreme einfüllen und mit einer Palette gleichmäßig bis an den Rand und in die Ecken verstreichen. Mit einer Schicht Mangoscheiben und der Hälfte des Passionsfruchtmarks bedecken und eine zweite Baiserplatte darauflegen. Mit der restlichen Mascarponecreme bestreichen und die verbliebenen Früchte darauf arrangieren. Zuoberst mit der dritten Baiserplatte abschließen. Vor dem Servieren für mindestens 4–6 Stunden kalt stellen, bis die Creme fest geworden ist.

Abwandlung

Es gibt unendlich viele Fruchtkombinationen für dieses Dessert. Wir haben es mit frischem Rhabarber probiert, der zunächst mit Zucker bestreut und im Ofen gebacken wird, ebenso mit frischen Pfirsichen, die in der Saison fantastisch schmecken. Zusätzlich können Sie auch einige Kokosraspel oder gemahlene Mandeln unter die Baisermasse ziehen.

Zutaten

Birnengelee
12 Blatt Gelatine oder 1½ EL Gelatinepulver (24 g)
600 ml Birnensirup (siehe Seite 188)
500 ml Wasser

Orangengelee
12 Blatt Gelatine oder 1½ EL Gelatinepulver (24 g)
200 ml Wasser
200 g feinster Zucker
800 ml frisch gepresster Orangensaft, durchgeseiht

Englische Creme (crème anglaise)
750 ml Milch
200 g feinster Zucker
1 Vanilleschote, längs aufgeschlitzt
9 Eigelb, leicht verquirlt
1 Biskuitboden (siehe Seite 311)
185 ml Sherry
4 Pfirsiche, entsteint und in je 8 Spalten geschnitten
250 g Erdbeeren, entstielt und halbiert

Pfirsich-Erdbeer-Trifle

Die für dieses Trifle verwendete Englische Creme (im Grunde eine echte Vanillesauce) hat etwa die Konsistenz von flüssiger Sahne, auch wenn das Dessert dadurch zu einer etwas suppigen Angelegenheit wird, anders als die festeren Trifles, mit denen die meisten vertraut sind. Die Sauce passt warm oder kalt auch perfekt zu frischen saisonalen Früchten und macht sich hervorragend zu dem mehllosen Schokoladenkuchen auf Seite 318–319. Falls Sie dieses Trifle zu einem Picknick mitnehmen wollen, sollten Sie besser Konditorcreme verwenden (siehe Seite 276–277), die etwas fester ist. Auch die Vanille-Limetten-Panna cotta auf Seite 286–287 ist eine Option. Beide müssen vor dem Stocken über das Trifle gegossen werden.

Zubereitung

Für das Birnengelee die Blattgelatine in einer großen Schüssel mit kaltem Wasser 2–3 Minuten einweichen. Gelatinepulver mit 100 Milliliter des Wassers verrühren. Den Birnensirup und das (restliche) Wasser in einem Topf bei mittlerer Hitze zum Kochen bringen; etwaige Trübstoffe von der Oberfläche abschöpfen. Vom Herd nehmen. Blattgelatine gut ausdrücken und unter den Sirup rühren, bis sie sich aufgelöst hat. Angerührtes Gelatinepulver einfach in den Sirup gießen und rühren, bis es aufgelöst ist. Abkühlen lassen, in eine Schüssel gießen und über Nacht im Kühlschrank gelieren lassen.

Für das Orangengelee die Blattgelatine 2–3 Minuten in reichlich kaltem Wasser einweichen; Gelatinepulver mit 100 Milliliter des Wassers verrühren. Das (restliche) Wasser und den Zucker bei mittlerer Temperatur zum Kochen bringen und umrühren, bis sich der Zucker aufgelöst hat. Den Sirup nach dem Aufwallen sofort vom Herd nehmen und die gut ausgedrückte Blattgelatine darin auflösen; eingeweichtes Gelatinepulver einfach in den heißen Sirup rühren, bis es sich aufgelöst hat. Das Gelee durch ein feines Sieb gießen und etwas abkühlen lassen. Den Orangensaft unterrühren, in eine Schüssel gießen und über Nacht im Kühlschrank gelieren lassen.

Für die Englische Creme die Milch und den Zucker in einem Topf bei mittlerer Temperatur erhitzen. Das ausgekratzte Vanillemark und die Schote hineingeben und rühren, bis die Mischung fast kocht und sich der Zucker aufgelöst hat. Von der Kochstelle nehmen.

Die heiße Vanillemilch in die verquirlten Eigelbe gießen und kräftig verrühren. Die Mischung zurück in den Topf gießen und bei schwacher bis mäßiger Hitze unter ständigem Rühren mit einem Holzlöffel 8–12 Minuten garen, bis die Sauce sämig eindickt – auf keinen Fall aufkochen, sonst gerinnt das Ei. Profiköche testen den Gargrad, indem sie etwas Sauce über den Löffelrücken laufen lassen und mit dem Finger eine Spur ziehen. Bleibt sie stehen, ist die Creme fertig. Die Creme durch ein feines Sieb passieren und noch einige Minuten schlagen, bis sie etwas abgekühlt ist, dann mit Frischhaltefolie bedeckt bis zur Verwendung kalt stellen.

Zum Fertigstellen des Trifles den Biskuitboden in 3–4 Zentimeter große Würfel schneiden und in eine große Servierschüssel geben. Mit dem Sherry beträufeln und die Früchte darüber verteilen. Die Gelees in 2–3 Zentimeter große Würfel schneiden und über die Früchte streuen. Mit der Hälfte der Vanillesauce übergießen und vor dem Servieren etwa 2 Stunden im Kühlschrank durchziehen lassen. Die restliche Sauce separat dazu reichen.

Die meisten Australier, die in den Sechziger und Siebzigerjahren aufwuchsen, kennen Trifle von ihrer Tante oder Großmutter als eine Mischung aus Fertiggelee, Puddingpulver, altbackenem Kuchen und überfälligen Früchten. Meist in einer großen Bowlenschüssel angerichtet war es so etwas wie ein Friedhof für Kuchen und altes Obst. Sicher waren auch viele gelungene Trifles darunter, doch ich lernte schnell, die Finger davon zu lassen. Erst als Trifle in den Achtzigerjahren in edlen Restaurants als elegantes in feinstes Kristall geschichtetes Dessert auftauchte, war mein Interesse wieder geweckt. Trifle ist eine herrliche Süßspeise und ihre Vielseitigkeit wird nur durch die Verfügbarkeit der Früchte und die eigene Fantasie begrenzt. In einer großen Schüssel angerichtet ist es ideal für ein sommerliches Picknick mit Freunden oder Büfett.

Register

A
Apfel-Haferflocken-Brot 86
Arbeitsgeräte 20
Auberginen
    Empanadas mit Kichererbsen, Auberginen und Ziegenquark 242
    Hähnchenpastete mit Auberginen und Champignons 198
    Lamm-Pie mit Kichererbsen und Auberginen 228
    Ratatouille-Pastete 226
Äpfel
    Apfel-Haferflocken-Brot 86
    Apfel-Weizenmischbrot mit Joghurt und Zimt 112
    Knuspriger Apfelkuchen 295
    Schweinefleischpasteten mit Apfelrotkohl 212
    Weihnachtsfrüchte-Pies 238

B
Backpflaumen
    Schokoladen-Brownie mit Pflaumen 330
    Vanilletörtchen mit Backpflaumen 282
Backstein 39
Baguette 100
Baisers 344
    Baiserschichttorte mit Passionsfrucht und Mango 348
    Baisertörtchen mit Passionsfruchtcreme 288
Bananenkuchen mit Karamellsauce 314
Banetton 36
Batards 30
Beeren-Muffins 324
Berberitzen
    Feigen-Berberitzen-Brot 68
    Haferflockenkekse mit Berberitzen 304
Birnen
    Birnen-Heidelbeer-Pie 236
    Birnen-Mandel-Törtchen 276
    Birnen-Plunder 188
    Butterkuchen mit Birnen, Himbeeren und saurer Sahne 308
Biskuit
    Himbeer-Biskuittorte 311
Blätterteig 162
    Blätterteigrollen mit Hähnchen und Speck 230
    Blätterteigrollen mit Lamm, Harissa und Mandeln 214
    Blätterteigrollen mit Rindfleisch und Bohnen 202
    Blätterteigrollen mit Schweinefleisch und Fenchel 222
    Einfache Rindfleischpastete 194
    Hähnchen-Pies mit Süßkartoffeln und Lime Pickle 206
    Hähnchenpastete mit Auberginen und Champignons 98
    Kaninchen-Quitten-Pie 232
    Knuspriger Apfelkuchen 295
    Lamm-Pie mit Kichererbsen und Auberginen 228
    Pissaladière mit Feigen, Schinken und Gorgonzola 253
    Pissaladière mit Pilzen und Kräutern 256
    Ratatouille-Pastete 226
    Schweinefleischpasteten mit Apfelrotkohl 212
    Spinat-Ricotta-Pie 218
    Teigtaschen mit Kichererbsenfüllung 210
Brioche 116

Brombeeren, Sommerliche Fruchttörtchen 292
Brotteig mischen und bearbeiten 29
Brownie, Schokoladen-Brownie mit
  Pflaumen 330
Butterkuchen mit Birnen, Himbeeren und
  saurer Sahne 308

C

Champignons, Hähnchenpastete mit Auber-
  ginen und Champignons 198
Chorizo-Thymian-Brötchen 138
Crème-brûlée-Törtchen mit Erdbeerpüree 272
Croissants 168
Croissantteig 148

D

Desserts
  Baisers 344
  Baiserschichttorte mit Passionsfrucht
    und Mango 348
  Pfirsich-Erdbeer-Trifle 352
Dinkelsauerteigbrot 56

E

Einfache Rindfleischpastete 194
Empanada-Teig 161
  Empanadas mit Kichererbsen, Auber-
    ginen und Ziegenquark 242
  Rindfleisch-Empanadas 243
Erdbeeren
  Beeren-Muffins 324
  Crème-brûlée-Törtchen mit Erdbeer-
    püree 272
  Erdbeer-Financiers 322
  Erdbeer-Ricotta-Törtchen 279
  Pfirsich-Erdbeer-Trifle 352
  Sommerliche Fruchttörtchen 292

F

Feigen
  Feigen-Berberitzen-Brot 68
  Pissaladière mit Feigen, Schinken und
    Gorgonzola 253
Fenchelsamen
  Blätterteigrollen mit Schweinefleisch und
    Fenchel 222
  Grissini 137
  Sauerteigbrot mit Rosinen und Fenchel-
    samen 90
Fladenbrot 126
  Fladenbrot mit geröstetem Knoblauch
    und Sumach 130
  Fladenbrot mit Kirschtomaten,
    Basilikum und Parmesan 130
  Fladenbrot mit Paprika 127
  Fladenbrot mit Rosmarin und Oliven 127
  Kartoffel-Schiacciata 134
  Trauben-Schiacciata 133
Frangipane, Plundertaschen 190

G

Gärhilfe 121
Gorgonzola, Pissaladière mit Feigen,
  Schinken und Gorgonzola 253
Greyerzer, Spargelquiche mit
  Greyerzer 250
Grissini 137

H

Haferflocken
  Apfel-Haferflocken-Brot 86
  Haferflockenkekse mit Berberitzen 304
Halbsauerteig, Baguette 100
Harissa 214
  Blätterteigrollen mit Lamm, Harissa und
    Mandeln 214
Hartweizen
  Croissantteig 148
  Olivenölteig 122
  Pizzateig 141
  Plunderteig 148
Haselnuss-Rosinen-Brot 64

Hähnchen-Pies mit Süßkartoffeln und Lime Pickle 206
Hähnchenpastete mit Auberginen und Champignons 198
Hefe 19
    Apfel-Weizenmischbrot mit Joghurt und Zimt 112
    Baguette 100
    Brioche 116
    Hefebrot 96
    Helles Halbsauerteigbrot 98
    Kartoffelbrot junior 108
    Olivenölteig 122
    Pizzateig 141
    Plunderteig 148
    Roggenmischbrot 106
Heidelbeeren
    Beeren-Muffins 324
    Birnen-Heidelbeer-Pie 236
    Sommerliche Fruchttörtchen 292
Helles Halbsauerteigbrot 98
Himbeeren
    Beeren-Muffins 324
    Butterkuchen mit Birnen, Himbeeren und saurer Sahne 308
    Himbeer-Biskuittorte 311
    Himbeer-Muffins mit Schokolade 329
    Schokoladen-Himbeer-Törtchen 268
    Sommerliche Fruchttörtchen 292
Huhn
    Blätterteigrollen mit Hähnchen und Speck 230
    Hähnchen-Pies mit Süßkartoffeln und Lime Pickle 206
    Hähnchenpastete mit Auberginen und Champignons 198

I

Ingwer
    Karamellisierte Ingwercremetörtchen 264
    Ingwerkekse 333
    Schokoladen-Brownies mit Pflaumen 330

K

Kaninchen-Quitten-Pie 232
Karamellisierte Ingwercremetörtchen 264
Karamellsauce, Bananenkuchen mit Karamellsauce 314
Karottenkuchen 300
Kartoffeln
    Kartoffel-Schiacciata 134
    Kartoffelbrot 92
    Kartoffelbrot junior 108
Käse (*siehe* Gorgonzola, Greyerzer, Mozzarella, Parmesan, Ziegenkäse)
Kekse
    Haferflockenkekse mit Berberitzen 304
    Ingwerkekse 333
    Schokoladenkekse mit Sauerkirschen 312
    Shortbread mit Macadamia-Nüssen 337
Kichererbsen
    Empanadas mit Kichererbsen, Auberginen und Ziegenquark 242
    Lamm-Pie mit Kichererbsen und Auberginen 228
    Teigtaschen mit Kichererbsenfüllung 210
Kidneybohnen, Blätterteigrollen mit Rindfleisch und Bohnen 202
Knoblauch, Fladenbrot mit geröstetem Knoblauch und Sumach 130
Knuspriger Apfelkuchen 295
Konditorcreme 276
    Birnen-Plunder 188
    Knuspriger Apfelkuchen 295
    Krokantschnecken 180
    Rhabarber-Plunder 184
    Rosinenschnecken 176
    Sommerliche Fruchttörtchen 292
Korinthen-Rosinen-Mix 64
    Gewürzbrot aus Sauerteig 76

Sauerteigbrot mit Rosinen und
   Fenchelsamen 90
Walnuss-Korinthen-Brot 84
Korinthen, Haselnuss-Rosinen-Brot 64
Krokantschnecken 180
Kuchen
   Bananenkuchen mit Karamellsauce 314
   Butterkuchen mit Birnen, Himbeeren
      und saurer Sahne 308
   Himbeer-Biskuittorte 311
   Karottenkuchen 300
   Schokoladenkuchen 307
   Schokoladenkuchen ohne Mehl 318
   Weihnachtsfrüchtekuchen 338
Kümmel, Weizenmischbrot mit Kümmel 72

L

Lamm
   Blätterteigrollen mit Lamm, Harissa und
      Mandeln 214
   Lamm-Pie mit Kichererbsen und
      Auberginen 228
Lauchquiche mit Ziegenkäse 249
Leinsamenbrot mit Soja 80
Limetten, Panna-cotta-Törtchen mit Vanille
   und Limetten 286

M

Macadamia-Nüsse, Shortbread mit Macadamia-Nüssen 337
Mandeln
   Birnen-Mandel-Törtchen 276
   Blätterteigrollen mit Lamm, Harissa und
      Mandeln 214
   Erdbeer-Financiers 322
   Krokantschnecken 180
Mango, Baiserschichttorte mit Passionsfrucht und Mango 348
Mehl 15
Mozzarella, Pissaladière mit Pilzen und
   Kräutern 256

Muffins
   Beeren-Muffins 324
   Himbeer-Muffins mit Schokolade 329
Müllerbrot 52
Mürbeteig (*siehe* Salziger Mürbeteig, Süßer
   Mürbeteig)

O

Oliven
   Fladenbrot mit Rosmarin und Oliven 127
   Pissaladière mit Paprika, Sardellen,
      Oliven und Ziegenkäse 255
Olivenölbrote 120
Olivenölteig 122
   Chorizo-Thymian-Brötchen 138
   Fladenbrot 126
   Fladenbrot mit geröstetem Knoblauch
      und Sumach 130
   Fladenbrot mit Kirschtomaten,
      Basilikum und Parmesan 130
   Fladenbrot mit Paprika 127
   Fladenbrot mit Rosmarin und Oliven 127
   Grissini 137
   Kartoffel-Schiacciata 134
   Panini 124
   Trauben-Schiacciata 133

P

Panini 124
Panna-cotta-Törtchen mit Vanille und
   Limetten 286
Paprikaschoten
   Fladenbrot mit Paprika 127
   Pissaladière mit Paprika, Sardellen,
      Oliven und Ziegenkäse 255
   Ratatouille-Pastete 226
Parmesan, Fladenbrot mit Kirschtomaten,
   Basilikum und Parmesan 130
Passionsfrucht
   Baiserschichttorte mit Passionsfrucht
      und Mango 348

Baisertörtchen mit Passionsfrucht-
creme 288
Pasteten & Pies
Birnen-Heidelbeer-Pie 236
Einfache Rindfleischpastete 194
Hähnchenpastete mit Auberginen und
Champignons 198
Hähnchen-Pies mit Süßkartoffeln und
Lime Pickle 206
Kaninchen-Quitten-Pie 232
Lamm-Pie mit Kichererbsen und
Auberginen 228
Ratatouille-Pastete 226
Schweinefleischpasteten mit Apfel-
rotkohl 212
Spinat-Ricotta-Pie 218
Pfirsich-Erdbeer-Trifle 352
Pies (*siehe* Pasteten & Pies)
Pilze, Pissaladière mit Pilzen und
Kräutern 256
Pissaladière
Pissaladière mit Feigen, Schinken und
Gorgonzola 253
Pissaladière mit Paprika, Sardellen,
Oliven und Ziegenkäse 255
Pissaladière mit Pilzen und Kräutern 256
Pizzateig 141
Plunderteig 148
Plundertaschen 190
Birnen-Plunder 188
Croissants 168
Krokantschnecken 180
Rhabarber-Plunder 184
Rosinenschnecken 176
Schoko-Croissants 173

Q
Quiche
Lauchquiche mit Ziegenkäse 249
Spargelquiche mit Greyerzer 250
Quitten, Kaninchen-Quitten-Pie 232

R
Ratatouille-Pastete 226
Reines Roggenbrot 58
Rhabarber-Plunder 184
Ricotta
Erdbeer-Ricotta-Törtchen 279
Spinat-Ricotta-Pie 218
Rindfleisch
Blätterteigrollen mit Rindfleisch und
Bohnen 202
Einfache Rindfleischpastete 194
Rindfleisch-Empanadas 243
Roggenbrote
Apfel-Weizenmischbrot mit Joghurt
und Zimt 112
Müllerbrot 52
Reines Roggenbrot 58
Roggenmischbrot 106
Roggenstarter 43
Weizenmischbrot mit Kümmel 72
Rosinen
Haselnuss-Rosinen-Brot 64
Rosinenschnecken 176
Weihnachtsfrüchte-Pies 238
Rosmarin
Fladenbrot mit Rosmarin und Oliven 127
Grissini 137
Kartoffel-Schiacciata 134
Kartoffelbrot 92
Kartoffelbrot junior 108
Pissaladière mit Pilzen und Kräutern 256
Trauben-Schiacciata 133

S
Salziger Mürbeteig 150
Einfache Rindfleischpastete 194
Hähnchenpastete mit Auberginen und
Champignons 198
Hähnchen-Pies mit Süßkartoffeln und
Lime Pickle 206
Kaninchen-Quitten-Pie 232

Lamm-Pie mit Kichererbsen und
    Auberginen 228
Lauchquiche mit Ziegenkäse 249
Ratatouille-Pastete 226
Schweinefleischpasteten mit Apfelrot-
    kohl 212
Spargelquiche mit Greyerzer 250
Spinat-Ricotta-Pie 218
Sardellen, Pissaladière mit Paprika, Sardel-
    len, Oliven und Ziegenkäse 255
Sauerkirschen, Schokoladenkekse mit
    Sauerkirschen 312
Sauerteig 49
    Apfel-Haferflocken-Brot 86
    Feigen-Berberitzen-Brot 68
    Gewürzbrot aus Sauerteig 76
    Haselnuss-Rosinen-Brot 64
    Helles Halbsauerteigbrot 98
    Kartoffelbrot 92
    Leinsamenbrot mit Soja 80
    Sauerteigbrot 50
    Sauerteigbrot mit Rosinen und Fenchel-
        samen 90
    Walnuss-Korinthen-Brot 84
    Weizenmischbrot mit Kümmel 72
Schinken
    Kartoffel-Schiacciata 134
    Pissaladière mit Feigen, Schinken und
        Gorgonzola 253
Schokolade
    Himbeer-Muffins mit Schokolade 329
    Schoko-Croissants 173
    Schokoladen-Brownies mit Pflaumen
        330
    Schokoladen-Himbeer-Törtchen 268
    Schokoladencremetörtchen 260
    Schokoladenkekse mit Sauerkirschen 312
    Schokoladenkuchen 307
    Schokoladenkuchen ohne Mehl 318
Schweinefleisch
    Blätterteigrollen mit Schweinefleisch und
        Fenchel 222
    Schweinefleischpasteten mit Apfelrot-
        kohl 212
Shortbread mit Macadamia-Nüssen 337
Soja
    Kartoffelbrot 92
    Leinsamenbrot mit Soja 80
Sommerliche Fruchttörtchen 292
Spargelquiche mit Greyerzer 250
Spinat
    Spinat-Ricotta-Pie 218
    Teigtaschen mit Kichererbsenfüllung 210
Starterkulturen 41
Sumach, Fladenbrot mit geröstetem
    Knoblauch und Sumach 130
Süßer Mürbeteig 152
    Baisertörtchen mit Passionsfrucht-
        creme 288
    Birnen-Heidelbeer-Pie 236
    Birnen-Mandel-Törtchen 276
    Crème-brûlée-Törtchen mit Erdbeer-
        püree 272
    Erdbeer-Ricotta-Törtchen 279
    Karamellisierte Ingwercremetörtchen 264
    Panna-cotta-Törtchen mit Vanille und
        Limetten 286
    Schokoladen-Himbeer-Törtchen 268
    Schokoladencremetörtchen 260
    Sommerliche Fruchttörtchen 292
    Vanilletörtchen mit Backpflaumen 282
    Zitronencremetörtchen 259
Süßkartoffeln, Hähnchen-Pies mit Süßkar-
    toffeln und Lime Pickle 206

T

Teigtaschen mit Kichererbsenfüllung 210
Thymian
    Chorizo-Thymian-Brötchen 138
    Pissaladière mit Pilzen und Kräutern 256
Tomaten, Fladenbrot mit Kirschtomaten,
    Basilikum und Parmesan 130

Törtchen
- Baisertörtchen mit Passionsfruchtcreme 288
- Birnen-Mandel-Törtchen 276
- Crème-brûlée-Törtchen mit Erdbeerpüree 272
- Erdbeer-Ricotta-Törtchen 279
- Panna-cotta-Törtchen mit Vanille und Limetten 286
- Schokoladen-Himbeer-Törtchen 268
- Schokoladencremetörtchen 260
- Sommerliche Fruchttörtchen 292
- Vanilletörtchen mit Backpflaumen 282
- Zitronencremetörtchen 259
- Karamellisierte Ingwercremetörtchen 264

Trauben-Schiacciata 133
Trifle, Pfirsich-Erdbeer-Trifle 352

V

Vanille
- Crème-brûlée-Törtchen mit Erdbeerpüree 272
- Panna-cotta-Törtchen mit Vanille und Limetten 286
- Vanilletörtchen mit Backpflaumen 282

W

Walnüsse
- Karottenkuchen 300
- Walnuss-Korinthen-Brot 84

Weihnachtsfrüchtekuchen 338
Weihnachtsfrüchte-Pies 238
Weintrauben, Trauben-Schiacciata 133
Weizenbrote
- Apfel-Haferflocken-Brot 86
- Apfel-Weizenmischbrot mit Joghurt und Zimt 112
- Baguette 100
- Brioche 116
- Feigen-Berberitzen-Brot 68
- Haselnuss-Rosinen-Brot 64
- Helles Halbsauerteigbrot 98
- Kartoffelbrot junior 108
- Leinsamenbrot mit Soja 80
- Müllerbrot 52
- Roggenmischbrot 106
- Sauerteigbrot 50
- Sauerteigbrot mit Rosinen und Fenchelsamen 90
- Walnuss-Korinthen-Brot 84
- Weizenmischbrot mit Kümmel 72

Weizenstarter 42

Z

Ziegenkäse
- Lauchquiche mit Ziegenkäse 249
- Pissaladière mit Paprika, Sardellen, Oliven und Ziegenkäse 255

Ziegenquark, Empanadas mit Kichererbsen, Auberginen und Ziegenquark 242
Zimt
- Apfel-Weizenmischbrot mit Joghurt und Zimt 112
- Gewürzbrot aus Sauerteig 76
- Schokoladen-Brownies mit Pflaumen 330

Zitronencremetörtchen 259
Zucchini, Ratatouille-Pastete 226
Zuckerteig 159
- Zuckerteig, Weihnachtsfrüchte-Pies 238

Zwiebeln
- Chorizo-Thymian-Brötchen 138
- Kartoffel-Schiacciata 134
- Pissaladière mit Feigen, Schinken und Gorgonzola 253
- Pissaladière mit Paprika, Sardellen, Oliven und Ziegenkäse 255
- Pissaladière mit Pilzen und Kräutern 256

Danksagung

Zuerst einen Dank an unser tapferes Personal: Mary, die beste Croissantbäckerin in der Truppe; Nadine für die vielen Rezepte aus der Anfangszeit: Cleggy für die E-Mails, Kearns, Finger weg von der Schokolade; Dan Zanello, ich bin doch nur ein Eichhörnchen, das eine Nuss sucht; Katrina, sei um vier Uhr früh da; Giddo, ich arbeite nur freitags; Ji, die beste Croissantbäckerin außerhalb der Truppe; Cibej, putz unsere Fenster; Cooper, ist das meine Bäckerei? Danke auch an unsere unerschütterlichen Manager Rob und Ren; an Jason Warwick, der uns so unglaublich viel über das Backen beigebracht hat; Val, ohne ihn wäre all das hier ein einziges Chaos; an alle unsere früheren und jetzigen Mitarbeiter; an unsere Händler, Designer und Zulieferer, danke für die Qualität.

Danke an das Team von Murdoch Books, dass dieses Buch Wirklichkeit wurde.

Paul

Für uns ist die Bourke Street Bakery so etwas wie eine Gemeindebäckerei, zu deren Erfolg so viele Menschen aus diesem Viertel einen kleinen, aber wichtigen Teil beitragen. All jenen, die mithelfen und organisieren, Mundpropaganda betreiben, Vorschläge machen und geduldig in der Schlange stehen, während sie eine Teigtasche verdrücken und Kaffee trinken – wir danken Ihnen. Sie sind es, die die Bäckerei bekannt und dieses Buch erst möglich gemacht haben.

Ein paar Hauptbeteiligte möchte ich besonders herausstellen. Zuerst meine Eltern, die jede Woche in aller Herrgottsfrühe nach Flemington aufbrechen, um das beste Obst und Gemüse aufzutreiben, und die auch für die Blumengestecke verantwortlich sind. Ich schätze ihre Hilfe über alle Maßen und kann ihnen gar nicht genug danken. Meine Frau Jessica, der hellste Stern in meinem Leben; ich liebe das Leben mit ihr und bin dankbar für ihr Vertrauen, ihre Hingabe und ihren Glauben an mich. Unseren kleinen Sohn Gideon, der das alles ganz nüchtern betrachtet – ich wusste gar nicht, dass man ein Wesen so lieben kann.

Dankbar bin ich auch meinen Bossen aus alten Zeiten, Kim de Laive und Alex Herbert, die mir beigebracht haben, dass das Beste gerade gut genug ist; meiner engagierten Korrektorin Katja Grynberg, dank derer dieses Buch noch ein Stück besser geworden ist, meiner Schwester Gabrielle, die in der Anfangszeit immer einen guten Rat in Sachen Design auf Lager hatte, und Bob Grynberg, der stets ein Quell der Weisheit und ein Ausbund an Großzügigkeit und guter Laune ist.

David

Einen Dank an meine Partnerin Sam, den gütigsten und fürsorglichsten Menschen, den ich kenne, für ihre Rolle als schärfste Kritikerin und zugleich stolzeste Anhängerin der Bäckerei. Zur Eröffnung kaufte sie drei Tassen, eine für mich, eine für Paul und eine dritte für den Fall, dass wir noch jemanden einstellen würden – wir taten es. Dank an unsere Tochter Safina dafür, dass sie, während dieses Buchs entstand, auf die Welt gekommen ist. Sie macht mein Leben von Tag zu Tag reicher. Danke meinem Bruder Rod, der seinen Urlaub abbrach, um die Tischlerarbeiten für die erste Bäckerei in der Bourke Street zu erledigen. Danke an Mum und Dad, es gibt keine besseren Eltern als sie. Danke an euch alle.

Jessica, danke für die beständige Unterstützung im Hintergrund, die von allen hoch geschätzt wird. Danke an die Grynberg-Familie für ihre Großzügigkeit vom allerersten Tag an.

Unser Verlagsprogramm finden Sie unter
www.christian-verlag.de

Übersetzung aus dem Englischen: Helmut Ertl
Textredaktion: Anja Ashauer-Schupp
Korrektur: Petra Tröger
Satz: Studio Fink, Krailling
Umschlaggestaltung: Caroline Daphne
Georgiadis, Daphne Design

Copyright © 2010 für die deutschsprachige
Ausgabe: Christian Verlag GmbH, München

Die Originalausgabe mit dem Titel *Bourke Street Bakery* wurde erstmals 2009 im Verlag Murdoch Books Pty Limited veröffentlicht.

Copyright © 2009 für den Text: Paul Allam, David McGuinness
Copyright © 2009 für die Fotos: Alan Benson
Copyright © 2009 für Layout und Design: Murdoch Books Pty Limited

Die Deutsche Nationalbibliothek verzeichnet diese Publikation in der Deutschen Nationalbibliografie; detaillierte bibliografische Daten sind im Internet über http://dnb.d-nb.de abrufbar.

Gesamtherstellung GeraNova Bruckmann Verlagshaus GmbH

Alle deutschsprachigen Rechte vorbehalten.

ISBN 978-3-88472-894-9

Alle Angaben in diesem Werk wurden von den Autoren sorgfältig recherchiert und auf den aktuellen Stand gebracht sowie vom Verlag geprüft. Für die Richtigkeit der Angaben kann jedoch keinerlei Haftung übernommen werden. Für Hinweise und Anregungen sind wir jederzeit dankbar. Bitte richten Sie diese an:
Christian Verlag
Postfach 400209
80702 München
E-Mail: lektorat@verlagshaus.de

ACHTUNG: Durch Salmonellenerkrankungen besonders gefährdete Personen (ältere Menschen, schwangere Frauen, Kleinkinder und Personen mit geschwächtem Immunsystem) sollten sich vor dem Verzehr roher oder nicht durchgegarter Eier bei ihrem Arzt über mögliche Risiken erkundigen.

HINWEISE ZU GARZEITEN: Die Garzeiten können je nach Art und Funktionsweise des Ofens abweichen. Heizen Sie Umluftöfen generell 20 °C niedriger vor als in dem Rezept angegeben.